人類の歴史を

先史時代の名もなき
天才たち

Who Ate the First Oyster?
The Extraordinary People
Behind the Greatest Firsts in History
Cody Cassidy

つくった

コーディー・
キャシディー著

梶山あゆみ訳

17の大発見

河出書房新社

人類の歴史をつくった17の大発見　目次

人類の歴史をつくった17の大発見

先史時代の名もなき天才たち

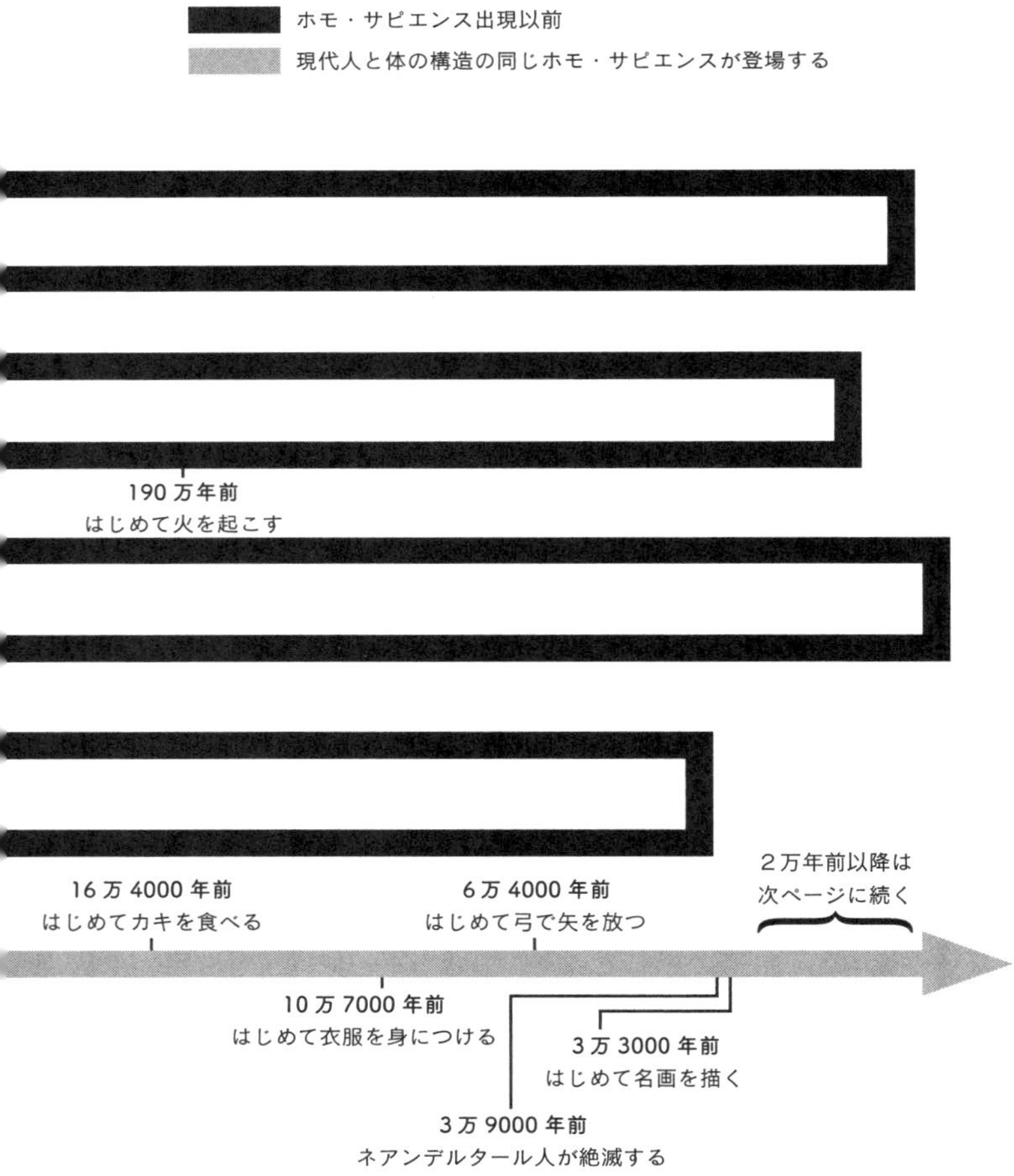

ホモ・サピエンス出現以前
現代人と体の構造の同じホモ・サピエンスが登場する
190万年前
はじめて火を起こす
16万4000年前
はじめてカキを食べる
6万4000年前
はじめて弓で矢を放つ
2万年前以降は
次ページに続く
10万7000年前
はじめて衣服を身につける
3万3000年前
はじめて名画を描く
3万9000年前
ネアンデルタール人が絶滅する

300万年間の出来事

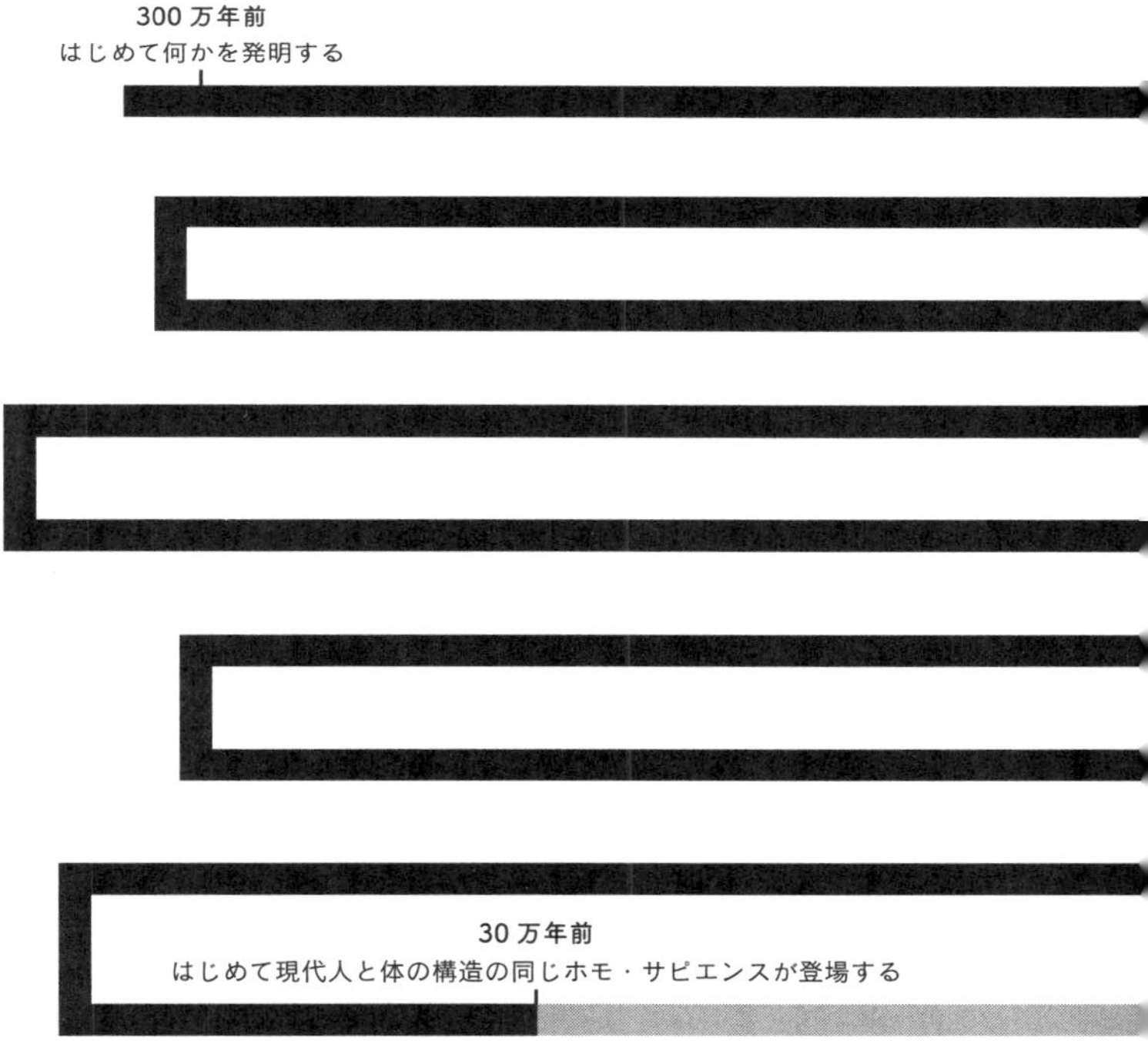

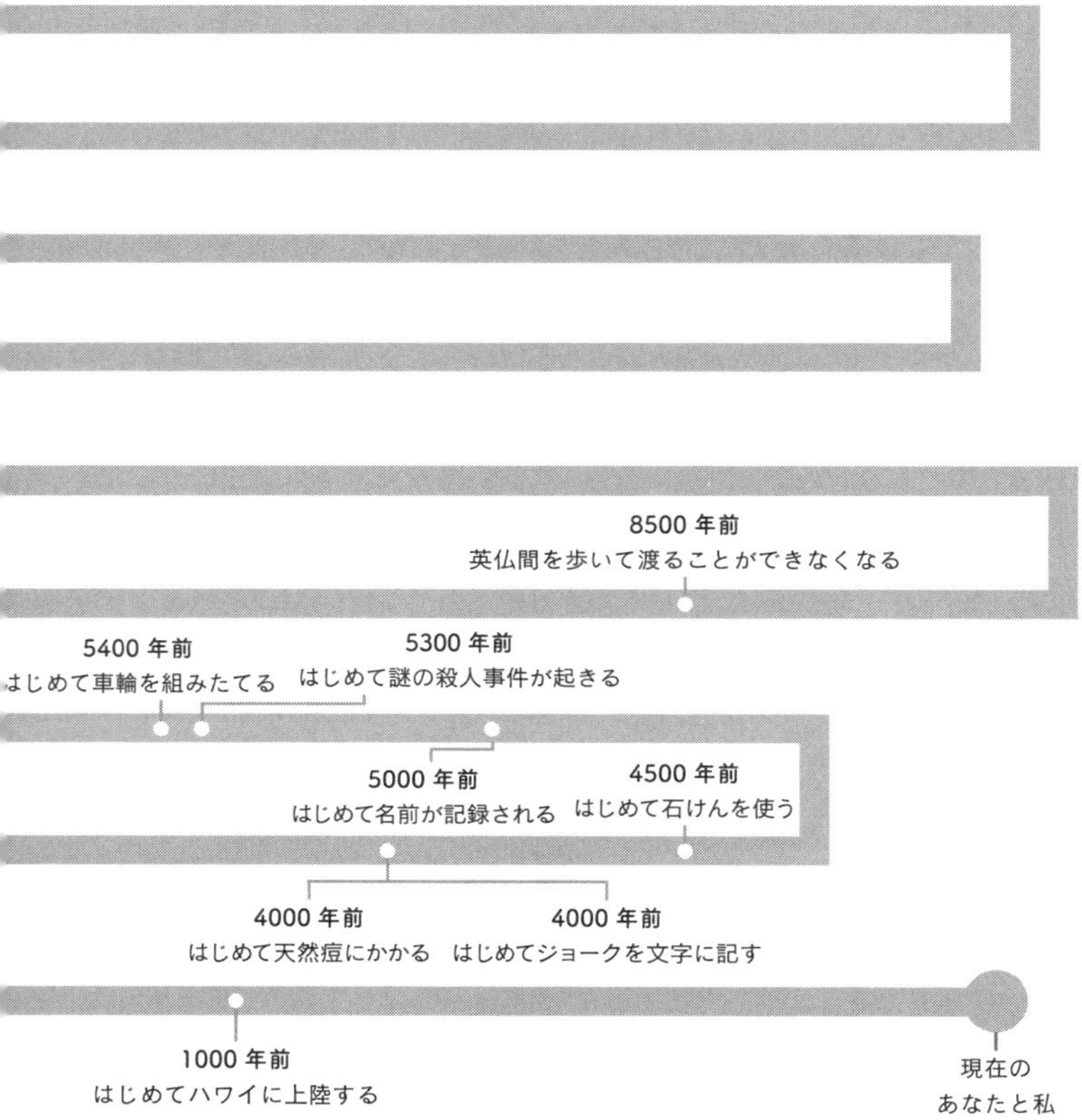
8500 年前
英仏間を歩いて渡ることができなくなる
5400 年前
はじめて車輪を組みたてる
5300 年前
はじめて謎の殺人事件が起きる
5000 年前
はじめて名前が記録される
4500 年前
はじめて石けんを使う
4000 年前
はじめて天然痘にかかる
4000 年前
はじめてジョークを文字に記す
1000 年前
はじめてハワイに上陸する
現在の
あなたと私

2万年前以降の出来事

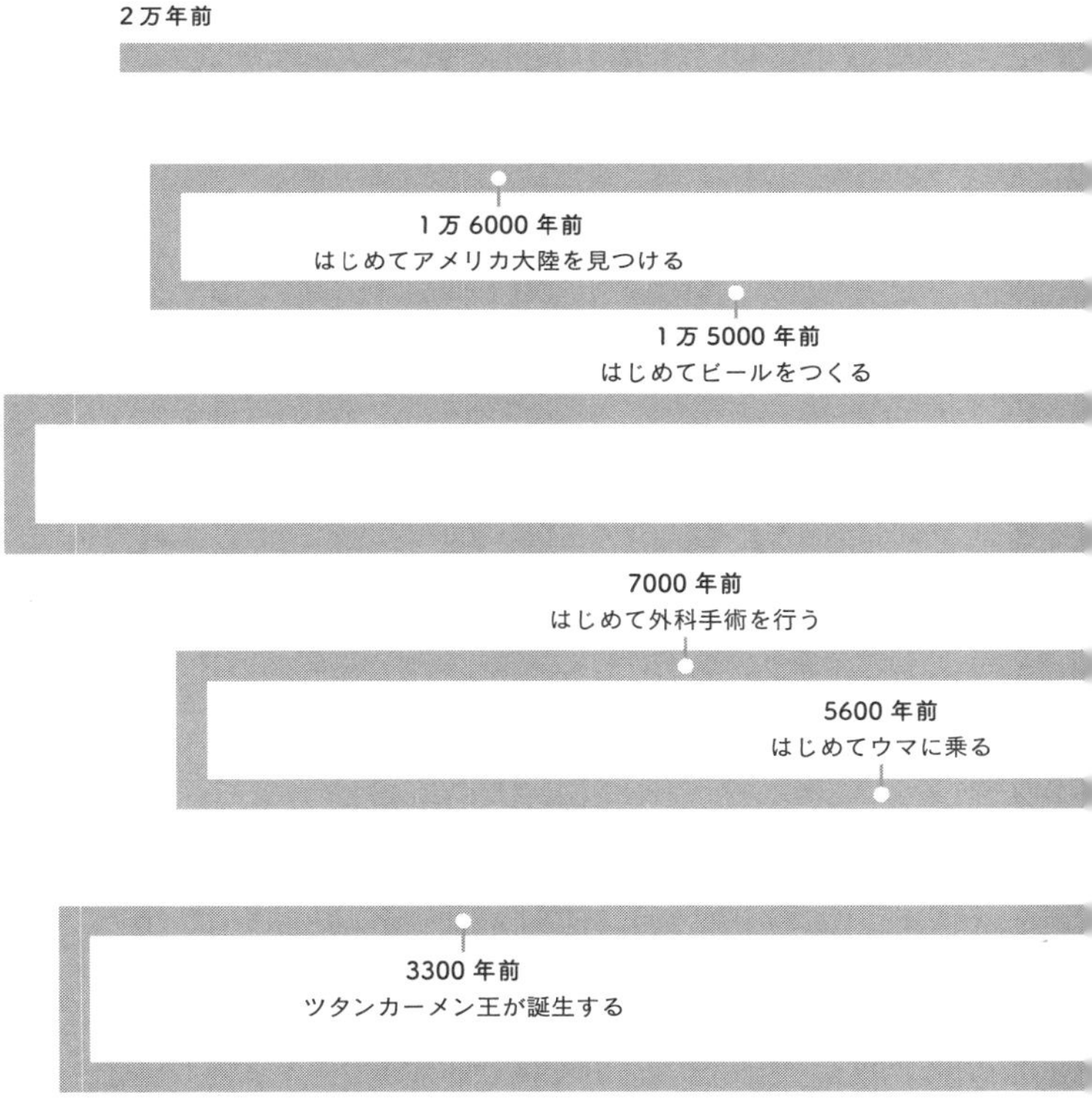
2万年前
1万6000年前
はじめてアメリカ大陸を見つける
1万5000年前
はじめてビールをつくる
7000年前
はじめて外科手術を行う
5600年前
はじめてウマに乗る
3300年前
ツタンカーメン王が誕生する

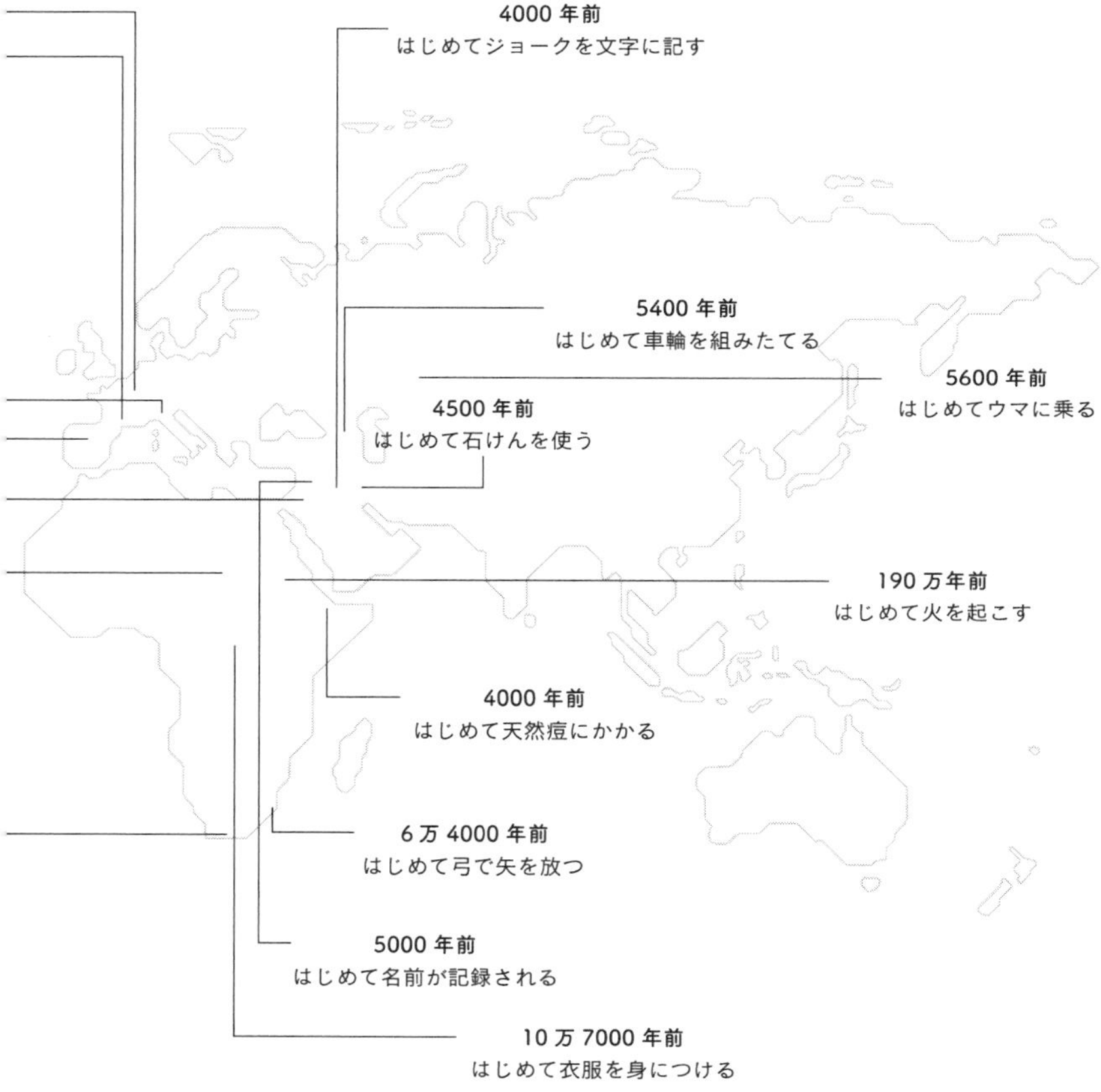
4000年前
はじめてジョークを文字に記す
5400年前
はじめて車輪を組みたてる
5600年前
はじめてウマに乗る
4500年前
はじめて石けんを使う
190万年前
はじめて火を起こす
4000年前
はじめて天然痘にかかる
6万4000年前
はじめて弓で矢を放つ
5000年前
はじめて名前が記録される
10万7000年前
はじめて衣服を身につける

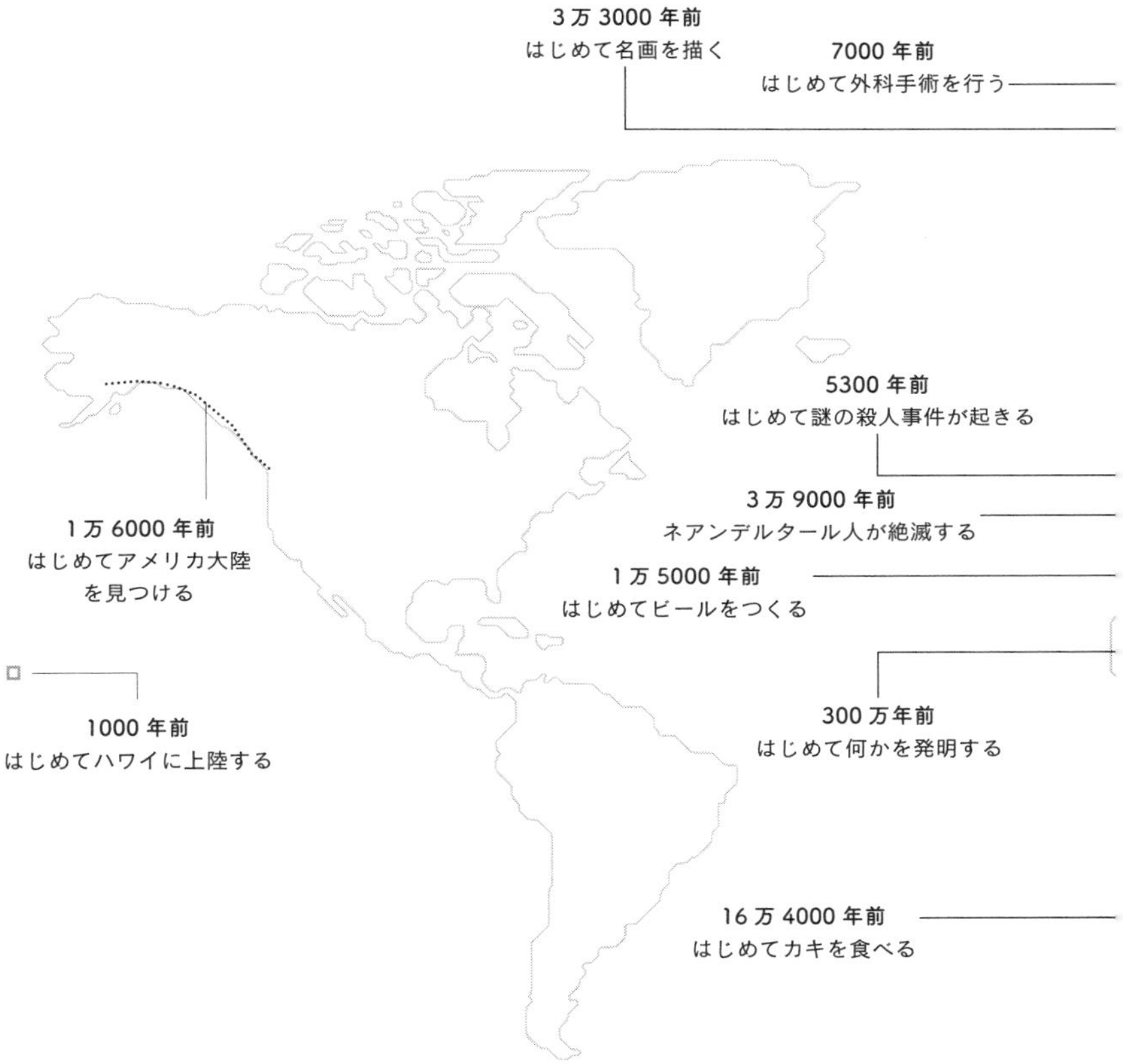
3万3000年前
はじめて名画を描く
7000年前
はじめて外科手術を行う
5300年前
はじめて謎の殺人事件が起きる
1万6000年前
はじめてアメリカ大陸
を見つける
3万9000年前
ネアンデルタール人が絶滅する
1万5000年前
はじめてビールをつくる
1000年前
はじめてハワイに上陸する
300万年前
はじめて何かを発明する
16万4000年前
はじめてカキを食べる

ママとパパへ

はじめに

はじめて牡蠣《かき》を食した者は大胆な人間であった。

——ジョナサン・スウィフト

一九九一年、標高およそ三二〇〇メートルの地点で、世界一興味をそそる殺人事件が明るみに出た。遺体が発見されたのは、アルプス山脈の中の「エッツタール・アルプス」と呼ばれる場所。オーストリアの国境から北イタリアに一〇〇メートルくらい入ったところである。被害者の男は五三〇〇年ほど前に背中を矢で射られていた。遺体は「エッツィ」〔訳注：「アイスマン」の通称でも知られる〕と名づけられ、以後は史上類を見ないほど徹底した調査の対象となっている。二〇一七年の秋、私はこの殺人現場を訪ねてみることにした。犯罪捜査に乗りだすのはこれがはじめてだったが、名探偵ならかくあらんと思われるやり方にならうことにし、被害者の最後の足跡《そくせき》をたどることに決めた。

殺人が起きたのは、ギザの大ピラミッドが建設されるより一〇〇〇年近く前のこと。なのに実際に足取りを追えるのだから驚く。科学者が遺体の消化管から花粉を発見し、それがどこのどんな植物のものかを突きとめたおかげで、今やエッツィの最後の一二時間はかなり正確に物語れるようになっている。探偵がどれだけ粘り強く調べたとしても、ここまで詳しい事実はとうてい割りだせなかっただろう。

　エッツィが最後に歩いた場所は今ではイタリア北部に属しており、かつてのオーストリア＝ハンガリー帝国から第一次世界大戦後に切りとられた地域である。けれど私は実際に訪れてみて、誰かそのことを住民に教えてあげたのだろうかと首をひねった。というのも、建物も食べ物も、文化も標識も、あいさつの言葉さえも、何から何までオーストリア式だったからである。いつのまにか国境を越えてしまったかしらと、思わず地図を確かめたほどだ。

　亡くなった当日のエッツィは元気溌剌《はつらつ》だったに違いないと、早朝に歩きはじめてすぐに気づいた。私が慣れ親しんでいたのはアメリカのシエラネバダ山脈のふもとにある丘がせいぜいなのだが、エッツタール・アルプスはそういうゆるやかな起伏とは似ても似つかず、川の流れる谷底から山が垂直にそそり立つかのようである。おかげで、エッツィの選んだ比較的穏やかな道でさえ、ジグザグに折れまがりながら急角度で雪と霧に消えていた。

　これまでの捜査により、エッツィは山の峠でのんびり昼食をとったあとに死亡したことがわかっている。だとすれば、天候を読む力は私よりずいぶん優れていたに違いない。私が峠に着いた頃には、雪が降りだしていたうえにあたりが厚い霧に閉ざされていた。エッツィの永眠の地へは、そこから斜面をくだっていくので危険である。どうしたものかと考えあぐねていると、その日はじめて人の姿を目にした。数人の登山者が、靴底にアイゼンをつけた姿で歩いてきたのである。互いに言葉はほとんど通じなかったものの、私のテニスシューズをくり返し指差す様子から、このまま進んだらエッツィの永眠の地が私自身の永眠の地になりかねないという結論にどちらもが至った。殺害の現場まであと五キロちょっと、そして故郷から一万キロ近く離れた地で、私は心を決める。この事件に関しては、現場を調べた考古学者の話を聞けば十分だろう、と。

　結局はこうして途中で挫折したとはいえ、そもそもなぜこの旅に出たのかといえば、三年間に及ぶ一大プロジェクトの一環だったからだ。そのプロジェクトの成果として誕生したのが、本書である。最初は人類のなし遂げた数々の「はじめて」を調べるだけのつもりだったが、すぐにもっと範囲を広げて、それを実際に行った個人の横顔も併せて知りたいと考えるようになった。先史時代になされた発見について学べば学ぶほど、発見した人そのものへの興味が高まっていったからである。ところが、先史時代の出来事を再現した本などを読むと、個人の存在がまったくかえりみられていないケースがほとんどだ。個としての人間についてではなく、集団としての「●●人」が語られているだけなのである。

　だから私は、遠い昔に生きた素晴らしき一人の人間を見つけたいと思った。そのために一〇〇人以上の専門家に会って話を聞き、何十冊もの本と何百件もの研究論文を読んだ。インターネットで黒曜石を注文して、それでひげを剃《そ》れるかどうか試してもみたし、人類初の名画を見に行ったり、火打石と白鉄鉱《はくてっこう》で火を起こしたりもしている。太古の弓のレプリカで矢を放ち、オートミール粥《がゆ》を発酵させてビールをつくってもみた。あげくに、危うくエッツィと同じ場所で永眠しそうになったわけである。

　最終的には一七人をリストアップした。いずれも、文字のない時代や文字をもたない文化に暮らした人たちであり、彼らのような人物が実際にいたのは間違いないと研究者も考えている。その驚くべき行動が、あるいはのちの人類の運命を変えることになるその行為が、現代の暮らしの礎《いしずえ》を築いた。それから私は、考古学者から技術者まで、遺伝学者から弁護士まで、さらには占星術師から醸造家まで、ありとあらゆる人に質問をして、この名もなき人たちがどういう一生を送った可能性があるかを探った。何を思い、どこで生まれ、（言葉があったとしたら）何を語り、どういう服装をし、何を信じ、どんな場所で生活し、どのように生涯を終え、どうやってそれぞれの発見をなし遂げたのか。そして何よりも、その発見がなぜ重要なのか、である。

＊　＊　＊

長い長い時を隔てた現在から眺めると、文化にしろ技術にしろ、あるいは人類そのものにしろ、なめらかな一本の直線状に変化してきたように思えるものだ。石器は徐々に金属製へと姿を変え、毛皮は少しずつ布織物に取ってかわられ、木の実の採集はしだいに作物の栽培に道を譲る。このようにゆっくりとなだらかに移ろっていったように見えるせいで、まるで人類の歴史はこういうふうにしかなりようがなかったかのような、そして人類は長い時間をかけてじわじわと進化してきたかのような、そんな印象を受ける。だから、たった一人の人間がそこに重大な役割を果たすことなどあるはずがないと、つい考えたくなる。

しかし、これは私たちの錯覚だ。技術はもちろん進化でさえも、けっしてそういうかたちで進んできたわけではない。実際には、変化も進化もときどき思いだしたように訪れたのであって、その最前線には個人の存在があった。丸太を敷いて重い物を運ぶ工夫が編みだされたからといって、そこからひとりでに荷《に》車《ぐるま》が誕生するわけではない。誰かが車輪と車軸を発明した（これを人類史上最高の装置の発明と見る学者は多い）。弓矢にしても、最初の弓で最初の矢を放った誰かがいた（敵を倒す仕組みとしては世界で最も成功したといっていいだろう）。あいにく、文字で綴《つづ》られた歴史にはカバーできる範囲に限りがあり、そうした人たちの名前はすでに失われてしまっている。だが、名前は情報のひとつにすぎない。今や現代科学のおかげで、先史時代の天才の姿をもっとはるかに具体的な細部まで描きだせるようになっている。

＊＊＊

「先史時代」と「天才」――一緒に組みあわされることがあまりない言葉である。どうしてないかというと、漫画や昔の風刺画のせいで型にはまったイメージがつくられ、それに私たちが影響されているからだ。もっといえば、道具や技術のレベルがそのまま知性のレベルを表しているという、間違った見方に走りたくなるせいでもある。「先史時代」とは、文字が生まれる前の時代を指しているにすぎない。にもかかわらず、その言葉を類語辞典で調べると、まっ先に出てくる単語は「未開」だ。いわんとするところは明らかである。「歴史の夜明け前」に生きた人たちは「無知蒙昧《もうまい》な野蛮人」だということだ。獣《けだもの》にも等しく理性もなく、暗い洞窟《どうくつ》でうなり声の合間にマンモスバーガーを食らっていたというわけである。

　だが、型にはまったイメージというものがたいていそうであるように、これについてもほんの少し調べるだけでデタラメとわかる。穴居人《けっきょじん》と呼ばれる人たちは（実際は洞穴《ほらあな》の中にばかりいたわけではなかったのだが）、今の私たちより圧倒的に幅広い知識を必要とした。現代のように食料を大量生産できるわけでもなければ、その道の専門家に助けてもらえるわけでもない。自分の置かれた環境に関して、ひとりひとりが百科事典並みの知識をもっていなければ生きのこれなかった。食料にしても住居にしても、あるいは道具にしても、そのほぼすべてを自力で見つけ、集め、追い、仕留め、こしらえなくてはならない。どの植物が命にかかわるか、どれが命を救ってくれるか、どの植物がどんな場所でどういう季節に生長するか、それが全部頭に入っていなくてはだめだ。自分たちの獲物についても、季節ごとの移動パターンを把握していないといけない。私が話を聞いた研究者たちによれば、太古の昔のほうが今より天才が少なかったとする証拠はいっさい存在しない。それどころか、現代より多かったことを示す証拠なら、少なくともいくつかは見つかっている。

先史時代に天才がいたなんて、断言したら物議をかもしそうだし、当て推量にすぎないようにすら思える。だが、けっしてそうではない。

はるかな昔にももちろん困った人たちはそれなりにいただろう。愚か者に間抜け、裏切り者に臆病者、ろくでなしに悪党、復讐《ふくしゅう》に燃える殺人犯（本書にもひとり登場する）。それと同じで、後世のダ・ヴィンチやニュートンに匹敵する人物もまた存在した。これは単なる推測ではなく、証明も確認も可能な、紛れもない事実だ。その証拠はフランスの洞窟の壁に描かれ、中東の粘土板に刻まれている。南太平洋の島々からも発掘されているし、ロシアで四つの車輪に乗って埋葬されてもいる。微分積分法を編みだしたニュートンが崇《あが》められているのなら、そもそも数学そのものを生みだした人間をどう考えたらいいのだろう。偶然アメリカ大陸に行きあたったコロンブスが讃《たた》えられているのなら、一万六〇〇〇年前にはじめて本当に新世界を発見した人物はどういう位置づけになるのか。あるいは、コロンブスが（たまたま）大陸に出くわす五〇〇〇年前に、世界で最も隔絶された孤島群を自ら探しもとめ、しかも見事に見つけだした人をどう評価すればいいだろう。

「先史時代」とは、人の名前や物語が記録されずに終わったことを指しているにすぎず、それ以上でもそれ以下でもない。その時代に暮らした人たちの生涯が、けっして有史以後より見劣りするものだったわけではないのである。むしろ少なくともいくつかの事例では、以後の人々より格段に目を見張るものだった。常識で考えれば、それが当然だととっくに気づいていいはずだった。ようやく現代科学のおかげで、それが疑いようのない事実であることが裏づけられてきている。

　これまでは、先史時代の「個人」について書かれることがほとんどなかった。それは、手に入る情報があまりに少なかったせいもある。ひと昔前の考古学者は骨や道具を見つけはしても、その持ち主がどんな個性や人間性を備え、どんな思いにつき動かされて行動していたかについては、何かいえるだけの材料をもち合わせていなかった。

　ところが二〇～三〇年ほど前から、最新の科学の力で驚くほど明るい光が先史時代に当たるようになっている。ＤＮＡを復元して解析する技術が進歩したおかげで、誰も知らなかった思いがけない事実を古い骨が語りはじめた。それは、人類が極限の地で生きのびた物語であり、伝染病が誕生した話である。果ては、衣服がどのようにして考えだされたかということまで明らかになっている。古言語学の研究は太古の言語を再現することによって、人口が移動する様子や、人々の生活様式や、いくつかの発明がなされた場所すらも突きとめてきた。かの車輪がどこで発明されたかも、おおよそとはいえ特定されている。

　昔ながらの考古学でさえ、ここ二〇年のあいだに大きく様変わりした。発見が爆発的に増えているせいで、論文や書籍の著者はかならず注釈を添えるようになっている。発表を待つあいだにもかならず新たな発見があるはずなので、その点は許してほしい、というひと言だ（本書についてもそう願いたい）。今や先史時代については書く話題に事欠かず、まるでモグラ叩《たた》きゲームのようになっている。それは、新しい発見が次々と顔を出してくるというだけでなく、古い発見を新しいツールで見直した結果でもある。

人類学における近年の研究からは、先史時代の人々の物の考え方までもが浮きぼりになっている。カリフォルニア大学サンタバーバラ校のドナルド・ブラウンをはじめとする研究者たちは、一見かけ離れているように思えるさまざまな文化（たとえばパプアニューギニアの高地人とウォール街の銀行家）に注目すべき類似点があることを見出してきた。ブラウンたちがリストアップした数々の項目は、今では「普遍文化」と呼ばれている（「ヒューマン・ユニヴァーサル」とも）。不思議なまでに具体的ないくつもの特徴が、あらゆる文化に共通するというのだからじつに興味深い。

ひとつ例をあげると、一三世紀の終わりにマルコ・ポーロが東方への旅から帰ってきたとき、タイとミャンマーの国境地帯に住む「首長族《くびながぞく》」の話にヨーロッパの人々は肝をつぶした。しかし、だったら西洋の蝶《ちょう》ネクタイはどうだろうか。首を長くすることとはまったく違った発想から生まれたようでいて、じつはどちらもすべての人間がもつ欲求に根差している。つまり、自らに個性を与えたい、身体を装飾したいという思いだ。仮に誰も自身を飾らない文化をポーロが発見したのだとしたら、そちらのほうがよほど奇妙だったろう。現に、人類学者はそうした文化をまだひとつも見つけていない。身体装飾のほかにも、ブラウンたちが突きとめた普遍文化は数百項目にのぼる。この普遍文化というレンズを通せば、遺跡や遺物が残っていない時代の文化ものぞくことができると、大勢の研究者が確信している。個人個人がどうかを説明してくれるわけではないにせよ、人間とはどういう存在かを理解する手がかりになる。

このように、遠い昔を掘りおこせる強力なツールを今の私たちは手に入れた。そうはいっても、根本的な疑問の多くは依然として謎のままである。世界を代表するふたりの考古学者に会ったとき、私はそれぞれに同じ問いをぶつけてみた。ホモ・サピエンスが完全な言語を話しはじめて、現代人のように思考するようになったのはいつからか。すると、ふたりの答えには一〇万年以上の開きがあった。私たちの過去は、かくも頑《かたく》ななまでに不透明なのである。

　それでも最新のツールのおかげで、研究者はかつてないほどの情報を手にしている。そしてその情報にもとづいて、先史時代の偉大な人たちや素晴らしい瞬間や、数々の「はじめて」を探れるようになった。それだけは間違いない。

＊　＊　＊

　何か奇想天外なことを試してみようとするとき、人類のしでかしたおかしな「はじめて」にはどんなものがあったかと、思いをめぐらせたことのある人はきっと大勢いるだろう。私にも覚えがある。もっとも私は、この問題をそれほど深く考えたことはなかった。ところがあるとき、古代エジプトの医師が自分の乳がん患者について記した文章を読む機会があった。歴史家によれば、がんの症例記録としてはそれが世界最古のものらしい。患者の腫瘍《しゅよう》がどのように広がっているかを長々と詳しく述べたあと、医師はたったひと言こうつけ加えていた。「治療法はない」

　そのとき、いにしえの病気に苦しむひとりのいにしえの女性を思って、ふと胸が詰まった。そして気づいた。遠い昔について書かれたものは集団としての「●●人」の話がほとんどで、生身の人間としての「顔」が欠けているのではないか。そこで私は、昔々に起きた「はじめて」をただ見つけるだけでなく、その「はじめて」をなし遂げた個人について知りたいと思った。

彼らはどういう人たちだったのか。具体的に何をしたのか。なぜそのことが大きな意味をもっているのか。それを綴ったのが本書である。

「大きな数字問題」についてひと言

読者であれ私であれ誰であれ、それをいうなら学者であっても、長い長い時の流れを本当の意味で把握することはできない。二万年前も三万年前も、あるいは三〇万年前も、私たちにしてみればただの「昔々」だ。これほど大きな数字になると、あまりに現実離れしていて実感が湧かず、いっそ役立たずといいたくなるほどに理解不能である。天文学も同じで、宇宙空間がどんなに広大かとか、白色矮星《はくしょくわいせい》はどれだけ重いかといった話になると、心の壁に突きあたる。私たちの精神はそれほどの莫大《ばくだい》な数量を扱えるようにはできていないので、想像を絶する大きな数字を目にすると、「とんでもなく広い」とか「とてつもなく遠い」とか「ものすごく昔」といった言葉を使って、そこをそそくさと通りすぎてしまいがちである。

いうまでもないが、それではまずい。いくら私たちには大きな数字が全部同じに見えるとしても、実際には違うからである。とくに人類の歴史を語る際には、その違いが非常に大きな意味をもってくる。たとえば考古学における近年の発見により、現生人類であるホモ・サピエンスとネアンデルタール人はヨーロッパで五〇〇〇年あまり共存していたことが明らかになった。だとすればそれは、文字が誕生してからのすべての歴史時代とほぼ同じ長さということになる。一〇〇〇年と五〇〇〇年では大違いなのだと正しく認識できれば、「知性の高い現生人類が圧倒的な力でネアンデルタール人を滅ぼした」という通説に当然ながら大きな疑問符がつく。さらには、彼らの知的能力を低く評価してきたのが正しかったのかどうかも見直さざるを得なくなる。

さまざまな時代のヒトや文化は互いにどういう関係にあるのか。ヒトの進化はどういう性質をもつのか。そういった問題を理解しようと思うなら、こうした大きな数字の違いを感じとれないといけない。そこで、その役に立ちそうな仕掛けを私はいくつか考えた。時間の長さに関していうと、最初は年数を金額として表そうかと思った。そうすれば一〇〇〇年が一〇〇〇ドルになって、雲をつかむような数字の大きさを実感しやすくなる。だが結局それはやめて、もっと時間となじみやすい時計を使うことにした（ただし最初のふたつの章は、現生人類が登場するよりはるか昔の話なので例外とする）。現代人と体の構造の同じホモ・サピエンスが誕生してから、現在までは約三〇万年。この期間を一日（二四時間）に縮めたとすると、歴史時代が始まるのはだいたい夜中の〇時三〇分前であり、それまでの二三時間三〇分が「先史時代」ということになる。推定一五億の名もなき人たちが暮らした舞台だ。

本書では「大きな数字問題」を考慮して、年数にはなるべく大きな数字をもち出さないようにした。そのかわり、歴史上の大きな出来事を目印にしながら、登場人物の生きた時代背景を説明している。とはいえ、理解しがたい巨大な数字をどうしても取りあげなければならないときもある。そういう場合は、（私が最初に試みたように）金額に置きかえたり、年表のように線を引いて考えたり、一年を一時間と読みかえたりすると、その大きさをとらえる役に立つかもしれない。

第1章

はじめて何かを発明したのは誰？

まだホモ・サピエンスが誕生していない
300万年前の出来事

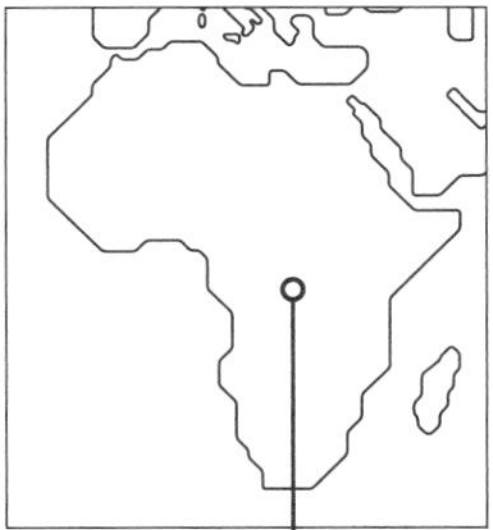

300万年前
はじめて何かを発明する

一九六〇年一〇月、当時二六歳だったイギリスの動物行動学者ジェーン・グドールは、一匹のチンパンジーを観察していた。それは、グドールが「灰色ひげのデイヴィッド」と名づけた一匹である。するとそのデイヴィッドは、一本の長い小枝を手に取って葉をむしり、シロアリの巣に差しこんでから引きあげて、小枝についたシロアリをなめ取った。デイヴィッドにとってはただのおやつでも、科学界にとっては驚天動地の出来事である。なにしろ当時は、道具を使うのはホモ・サピエンスだけだと考えられていたのだから。グドールは急いで電報を打ち、指導を受けていた古人類学者のルイス・リーキーに発見を知らせた。そのときリーキーがこう返信したのは有名な話である。「こうなったら、道具の定義を改めるか、ヒトの定義を見直すか、さもなくばチンパンジーをヒトと認めるかしかない」

さあ困った。自分たちが唯一無二の存在であることを今後はどういい表わせばいいのか。人類学者たちは紆《う》余曲折《よきょくせつ》の末、「道具を使って別の道具をつくることのできる生物」という説明に落ちつく。灰色ひげのデイヴィッドは確かに小枝の葉をむしり取ったかもしれないが、葉をむしるための専用の道具を発明できるのはヒト亜族だけ、というわけである（「ヒト亜族」とは、現生人類ホモ・サピエンスと、類人猿から枝分かれしたあとに絶滅したサピエンスの祖先すべてを含む総称のこと）。私が話を聞いた大勢の研究者によると、どうすべきかを計画したうえで複雑な仕掛けを使って問題を解決できるのは、人類だけがもつ特徴である。いや、ただの特徴ではない。その能力のおかげで人類が誕生したとみなせる面があるという。別の言い方をすれば、私たちは進化したから発明ができるようになったのではなく、発明があったからこういう道筋で進化したと見られるのだ。私たち現代人は、新しい暮らし方や新しい経済活動を生みだすものが発明だと思っている。しかし、少なくとも最初のいくつかの事例では、発明のおかげで私たちの進化そのものがうながされた。

そのことが何よりも当てはまるのが、ヒトによるはじめての発明である。その発明をなし遂げたのは、地球上にホモ・サピエンスが登場するよりずっと前に生きたひとりの祖先だった。

いったい何者だったのだろうか。

ここではその発明家第一号を《ママ》と呼ぼう〔訳注：以下、本書では著者が創作した固有名詞を《 》で囲んで表記する〕。というのも、それは若い母親だったからである。そして発明家の例に漏れず、この母親も悩みを抱えていた。

《ママ》は私たちの遠い祖先にあたる「アウストラロピテクス」に分類され、およそ三〇〇万年前に生まれた。場所はアフリカ、おそらくは東アフリカである。アウストラロピテクスの化石が集中して産出するのがこの地域であり、一九七四年に発見された有名な「ルーシー」の化石もそのひとつだ。三〇〇万年前といえば、類人猿とヒトが分かれてから現在までの時間のだいたい半分にあたる。だから、《ママ》の見た目やふるまいがホモ・サピエンスとチンパンジーのちょうど中間くらいだったとしても、少しも不思議ではない。

《ママ》は身長が一二〇センチほどで、体重は三〇キロに届かない。顔には毛がはえていないものの、それ以外は黒っぽい色の厚い被毛《ひもう》に全身が覆われている。現代のチンパンジーよりは肉を多く食べたが、生きた動物を仕留めるのではなく死骸《しがい》をあさっていた。肉のほかには、植物の根や塊茎《かいけい》（養分を蓄えた地下茎）、ナッツ類や果実なども口にした。現代人が《ママ》を見たら、チンパンジーが上手にバランスを取りながら歩いていると思うかもしれない。確かにそう勘違いしたくなる面はたくさんあるが、明らかに違うのは、一風変わった独創的な方法で器用に石を使う点である。《ママ》は石をとがらせて動物の骨を割り、骨髄を取りだしていた。こうして、ほかの腐肉食動物には手の出せない栄養価の高い食事をすることができた。

猿人としては賢い《ママ》も、アフリカの大型ネコ科動物から見ればただの餌《えさ》にすぎない。だから《ママ》は日中は直立二足歩行で食料を探しながらも、夜になったら夜行性の捕食動物を避けるために木の上のねぐらに戻った。考古学の調査からは、アウストラロピテクスの大腿骨《だいたいこつ》と腕の骨が洞穴の中に散らばり、その脇で捕食動物の骨格が完全なまま残っているのが発見されている。残酷ではあるが、誰が誰を食べていたかがよくわかろうというものだ。

《ママ》に食指を動かす捕食動物は何種類もいた。当時は火がなかったので、現代のヒョウに似た動物から《ママ》はとりわけ狙われやすかった。もっとも、食物連鎖に占める位置がきわめて低かったせいで、ワシでさえときおりアウストラロピテクスを餌食《えじき》にしていた。

火を起こして制御することができなかったとすると、はるかに深刻なもうひとつの結果がもたらされる。食物をすべて生《なま》で食べていたということである。

生の食物では、加熱したものに比べて消化器系から摂《と》りこめるカロリーが少ないうえに、噛《か》むのは格段に骨が折れる。当然ながら、《ママ》は食物の採集と食事に現代人より長い時間をかけなくてはいけなかった。現代のチンパンジーの場合、その大きな歯と強いあごをもってしても生の食物の咀嚼《そしゃく》に一日六時間も費やしている。一方、平均的な現代人が火の通った食物を食べる場合、一日分はわずか四五分くらいで完了だ。《ママ》が生食だったことを思うと、食料を集めて腹に収める作業をほとんど一日がかりでする必要があっただろう。その合間にワシやヒョウをかわし、木を登ったりおりたりし、開けた原野をさまよい歩いて動物の死骸や果実を探していたわけである。

ただでさえ大変な労力なのに、こうしたすべてをこなすのが輪をかけて難しくなる出来事が訪れた。《ママ》が一〇代の前半で子どもを産んだのである。騒々しくて、自力では何もできず、動くことすらままならない存在を。

ホモ・サピエンスの赤ん坊はじつに風変わりな進化を遂げた。ほとんどの哺乳類は生まれてすぐに歩いたり駆けたりすることができ、そうでないにしても母親にしがみつくくらいはできる。理由は火を見るより明らかであり、子どもと母親が離れていると母と子の両方の命に危険が及ぶからである。オマキザルの赤ん坊はほぼ瞬時に母親の被毛につかまる。もっと脳の大きいチンパンジーの場合は、生後まもないわが子を母親が運んでやらねばならないが、それも最初の二か月だけである。それにひきかえホモ・サピエンスの赤ん坊は、完全なる無力といっていいような状態で一年あまりを過ごす。最初は歩いたり這《は》ったりはおろか、自分の体重を自力で支えることすらできない。進化の失敗作といいたくなるほどだ。しかし、私たち最大の強みと見られる特徴を成りたたせるためには、じつはやむを得ないことでもある。その特徴とは、並外れて大きな脳だ。無力な期間が長い理由のひとつは、脳内に何百兆個ものシナプス（神経細胞どうしの接合部）をつくるのに時間がかかるからである。脳が大きければ大きいほど、自力で身を守れない赤ん坊の死亡率は高まり、これはヒトに限らずどんな霊長類の場合も変わらない。脳の大きさを取るか、死亡率の低さを取るか。これは一種の交換条件なので、どの種もこの図式のどこかに落としどころを見つけて両者のバランスを取っている。研究者がかねてから疑問に思ってきたのは、ヒトがなぜこれほど偏ったバランスに落ちついたのかということだ。

ヒトがチンパンジーの系統から枝分かれしたばかりの頃、おそらく赤ん坊は母親にすぐにしがみつけたはずである。ところが、どこかの時点でそれが変わりはじめた。私は、シアトルパシフィック大学の生物学教授キャラ・ウォール＝シェフラーに質問をぶつけた。赤ん坊が無力なせいで、ヒトの若い母親がはじめて耐えがたい状況に追いこまれたのはいつだったのだろうか。ウォール＝シェフラーの考えでは、母親と新生児が危険な状態に陥ったのは、ほぼ三〇〇万年前に二足歩行を始めたときだった。

理由はじつにわかりやすい。直立して歩くようになると、赤ん坊が母親にしがみつくのは相当に難しくなる。しかも、直立二足歩行をするには骨盤が小さいほうが都合がいいのだが、そうなると産道が狭まるために、赤ん坊の頭が小さくなる必要が生じた。ところが、ヒトの頭は縮みもしなければ、赤ん坊の能力が高まることもなかった。逆に、頭のサイズは大きくなり、赤ん坊はよりいっそう無力になった。現代のホモ・サピエンスは直立二足歩行であるにもかかわらず、体に対する頭の比率は動物界でも有数の大きさである。この奇妙な矛盾を生物学者は「賢い二足動物のパラドックス」と呼んでいる。

なぜそんなことになったのか。それは、《ママ》のようなヒトの母親が、いわば妊娠期間の終わらないうちに子どもを産むようになったからである。要するに《ママ》の赤ん坊は、頭が出口より小さいうちに二～三か月早く未熟な状態で生まれた。《ママ》よりあとの時代になると、この変化はなおのこと顕著になっていく。仮にホモ・サピエンスがチンパンジーの赤ん坊と同じ発達段階で出産しようとすると、二〇か月間も妊娠していないといけない。赤ん坊がそこまで成長したら産道を通れないのはもちろんのこと、妊娠中の母親にかかる負担が大きくなりすぎる。結果として、人間の赤ん坊は生後の七か月ほどをまだ子宮の中にいるかのようにして過ごす。自力では何もできず、すべてを母親に頼りきった状態で。そしてその間《かん》、毎分一〇億個あまりのシナプスを脳につけ加えていく。

《ママ》にとって、赤ん坊が無力なせいで何より大変だったのは食料の採集だったろう。現代の霊長類を見渡してみると、雄と雌が子育てを分担する種は私たち以外にない。だとすると、《ママ》もたぶん子どもの父親から助けてはもらえなかった。長い時間、赤ん坊を地面に置いておくわけにもいかなかったはずである。あまりに危険すぎるので、そんな真似《まね》をする野生の霊長類はただの一匹もいない。《ママ》が赤ん坊をねぐらに残したまま、食料を集めに出かけたらどうなるか。きっとその子は、同じ状況に置かれた現代の赤ん坊のように大声を上げたに違いない。結局、帰ってきたら子どもの姿がないという羽目《はめ》になる。

　さまざまな研究結果を総合すると、《ママ》は目覚めている時間のほとんどを食料探しに充てながら、少なくとも生後六〜七か月のあいだは赤ん坊を運ばなければならなかったと考えられている。これに必要なエネルギーひとつをとってみても、命にかかわりかねないほどの大きな負担だ。ウォール＝シェフラーはその大変さを人間工学の視点から分析して、《ママ》のような母親が赤ん坊を抱えているときはエネルギー消費量が通常より二五パーセント多かったと結論づけている。そうでなくても授乳のせいでかなりのエネルギーを消費しているのに、それをさらに大きく上回るわけである。ウォール＝シェフラーの計算によれば、この負担のあまりの激しさに、なんらかの解決策を見出さない限り直立二足歩行そのものが危うくなりそうなところまできていた。

《ママ》の編みだした解決策は、信じがたいほど革命的なものだったとウォール＝シェフラーは語る。それはまさに生物の未来を変える発想だった。単に何かを考えだしたというにとどまらず、史上最も重大な結果をもたらす道具を発明したのである。

それは抱っこひも（スリング）だった。

《ママ》が抱っこひもに使った材料は、とりたてて珍しいものではなかったはずである。おそらくは植物のつるを切りだして、端と端を結んで輪状にした程度の簡単なものではなかっただろうか。物を結びあわせるような高度なことがアウストラロピテクスにできたのか、と思うかもしれないが、大型の類人猿はどれも結び目をつくることができる。だから、「単純な輪っかをひとつこしらえるくらい、アウストラロピテクスにとって不可能の領域にはなかったと思われる」とウォール゠シェフラーは説明している。

そう考えると、抱っこひもをつくることの難しさは技術の面というより、考えを組みたてる面にあったといえるかもしれない。道具を用いて道具を製作するには、心理学で「ワーキングメモリ」と呼ばれるものが必要になる。要は頭の中に情報を保持し、操作し、それから活用する能力のことだ。

私たちは四六時中ワーキングメモリを使っている。食料品店で買い物をする際には、頭の中に料理を思いうかべたうえで必要な食材を買う。ジグソーパズルをつくるときは、完成形をイメージできるからこそピースをどこに置けばいいかがわかる。ひとつの課題をこなすのにかかわる段階の数が増えれば増えるほど、より多くのワーキングメモリが求められる。ロケットの部品を組みたてる場合なら、何千という構成要素どうしが複雑に作用しあうので、夕食の買い物をするよりはるかに頭を使わないといけない。とはいえ、基本原理は同じである。確かに《ママ》にロケットの製作は無理だったかもしれないが、赤ん坊の重さをひしひしと感じて、こうすれば問題が解決するのではないかという情景を具体的に思いえがくことはできた。それが、高度な心理学のトリックがはじめて用いられるようになった瞬間だった。

抱っこひもを使うようになっても、《ママ》の暮らしは多少楽になった程度にすぎなかっただろう。だが、それが進化に及ぼした影響はどれだけ強調しても足りない。なにしろ、なんの変哲もない一本の抱っこひものおかげで、ヒトの赤ん坊はほぼ無限に無力な状態を続けられるようになったのだから。イギリスの考古学者・人類学者で、『人工的なサル（*The Artificial Ape*）』の著者であるティモシー・テイラーによれば、このことによって「賢い二足動物のパラドックス」は修正を余儀なくされた。というより、パラドックスそのものがお払い箱になった。つまり、母親が抱っこひもという武器を手にして、十分な発達とは程遠い段階で子どもを産めるのなら、矛盾など消えうせる。抱っこひもは《ママ》の負担を軽くしただけではない。私たちの脳がどこまで大きくなれるかを制限する進化の足かせを外した。そうすることで、抱っこひもは私たちの進化の道筋を変えたのである。

そんな大げさな、と思うかもしれない。だが違う。無力な赤ん坊を運ぶ道具がなければ、疲れた母親はその子を地面に置くしかなく、そうなれば赤ん坊はとっくの昔にヒョウに連れさられていただろう。グドールによれば、経験の浅いチンパンジーの母親は、まだ子どもが背中にしがみつくことのできない時期にその半数を失う。それもたった二か月のあいだに。直立二足歩行をする動物の上に大きな頭が載っていたら、本来なら進化の袋小路に入りこんでそれ以上の未来はないはずだ。そうならなかったのは抱っこひものおかげであり、《ママ》のおかげである。

いうまでもないが、抱っこひもを使ったのが《ママ》ひとりだけで、仲間の母親たちはせいぜい不思議そうな目を向けるだけだったとしたら、進化への影響など何も生じなかっただろう。《ママ》が自分の暮らしをほんの少し楽にした、というだけの話で終わっていた。

だがそうはならなかった。

《ママ》の発明した道具は普及した。テイラーによると、《ママ》の生きた時代のすぐあとに私たちの祖先の脳は短期間で爆発的に大きくなっている。結果として赤ん坊はさらに早い発達段階で生まれてくるようになった。それを思うと、抱っこひもがなければこれほど急激な脳の大型化は起きなかったのではないか。しかも、《ママ》のアイデアが広まったのだとすれば、ホモ・サピエンスの十八番《おはこ》ともいうべき能力がすでにアウストラロピテクスの中に芽生えはじめていたことになる。何かというと、私たちはほかの人の真似をするのがとんでもなく上手なのだ。

人類学者はこの技能を「社会的学習」と呼ぶ。実験で、頭を使ういろいろな課題を人間の新生児とチンパンジーに与えると、社会的学習については人間のほうが圧倒的に優れていることがわかる。ハーヴァード大学の進化人類学教授ジョセフ・ヘンリックによれば、ホモ・サピエンスは模倣の常習犯である。私たちは互いの行動をじっくり眺め、学習し、真似をする。いってみれば、他人の知性を平気で盗む恥知らずな生物なのだ。もっとも、これは重要な特徴であって欠陥ではない。

人間は誰であれ、自分でうぬぼれているほど創意工夫の才に恵まれているわけではないものだ。生きるか死ぬかの瀬戸際ではとりわけそれが浮きぼりになる。ヘンリックの著書『文化がヒトを進化させた——人類の繁栄と〈文化‐遺伝子革命〉』によれば、人間の探検隊が遭難した事例では（船が難破する、オーストラリアの砂漠に置きざりにされる、グリーンランドの極寒のツンドラにとり残される、など）、悲惨な結末が訪れている。未知の環境に迷いこんだ探検隊はほぼどのケースでも、結局は地域住民に助けてもらうか、無知のせいで飢え死にするかのどちらかである。

　つまり、人間は環境への素晴らしい適応力をもってはいるものの、それは、学習し、模倣し、ちょっとした新しい工夫をする能力のおかげなのだとヘンリックはいう。仮にヒトが類人猿のように、仲間に訪れたひらめきの瞬間にほとんど見向きもしない生き物だとしたら、今も私たちはサルのような暮らしから抜けられずにいたかもしれない。だが、しつこいほどに真似をすることが得意なおかげで、そうはならずにいる。誰かが些細《ささい》な改善をすれば、集団はそれを見ていて学習し、全体として採用する。技術を身につけることに関して、ヒトという動物は頑ななまでに後戻りをしない。小さな革新を集団が盗むことによって、絶えず前進している。

《ママ》が抱っこひもを発明する頃には、すでに優れた模倣の能力がヒトに備わっていたと思われる。なぜなら仲間のアウストラロピテクスは、その奇妙な仕掛けを無視するでもなければあざけるでもなく、得意な能力を発揮して真似をしたからである。

　抱っこひもという人造の物体が普及したことによって、妊娠期間は長くなり、脳が大型化できる上限が取りのぞかれた。それだけではない。母と子の絆《きずな》も深まった。抱っこひもは母と子の体をじかに結びつけ、長時間互いの顔を見られるようにする。《ママ》は本格的な言語を話したわけではないものの、チンパンジーのように単純な意思疎通ならまず間違いなく図れたはずだ。

　グドールはチンパンジーの母親と赤ん坊を観察し、子が母親に抱えてもらいたいときや、母親が子に自分の体へ戻ってほしいときに、おもに「フー」という声を出すと記録している。もちろん、ホモ・サピエンスの母親と新生児が絶え間なくかわすようなおしゃべりとは程遠い。それでも、《ママ》が赤ん坊に優しく声をかける回数がしだいに増えたことが、もっと高度な言語につながっていった可能性はある。人間の母親は、赤ん坊に語りかけるときに歌うような調子の「赤ちゃん言葉」（「母親言葉」とも）を使う。「あら、いい子でちゅねえ！」といった言い方がそうだ。これはどんな文化でも変わらず、何語を話す母親であってもリズミカルで抑揚の大きなしゃべり方をする。このことから、こうしたコミュニケーション法は、生物としての私たちの遠い過去にルーツがあると人類学者は考えている。言語学者の中には、言語が発達する前に存在した「原言語」の名《なご》残りが赤ちゃん言葉ではないかと指摘する者もいる。《ママ》が最初の抱っこひもを結び、来る日も来る日もわが子の目をのぞきこんでいたとき、図らずも母と子の大切な絆を未来永劫《えいごう》にわたって強くしていたのかもしれない。

その絆がやがて言語を誕生させ、社会性を高め、知能を向上させ、はるかに複雑な発明へとつながっていったのだとしても、それには長い長い年月がかかる。《ママ》個人は確かに自分の負担を減らして、子どもの生きのびる確率を高めただろうが、《ママ》にせよ、ほかのアウストラロピテクスにせよ、そうした高度な対人関係を発達させたらしき証拠は確認されていない。それに、彼らが死者に敬意を表したり、死者をしのんだりしていたことを示す証拠も見つかっていない。たとえそれが自分の母親であっても。だから《ママ》が息をしなくなったとき、この世界初の発明家を讃える者もいなければ、その体を埋葬する者もいなかった。たぶん、子どもが死骸をどこかへ運びさっていっただけだったろう。

第２章
はじめて火を起こしたのは誰？

まだホモ・サピエンスが誕生していない
190万年前の出来事

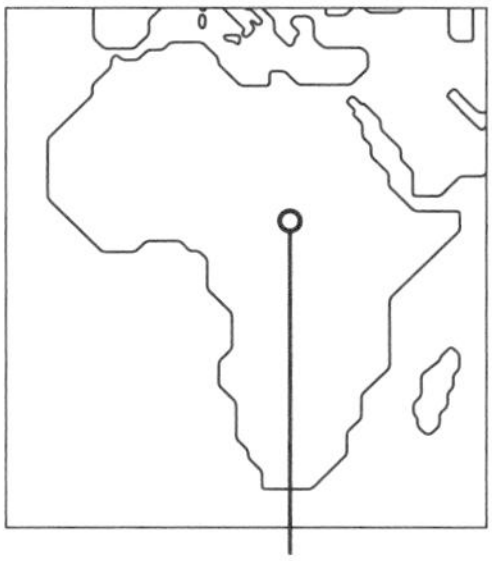

190万年前
はじめて火を起こす

一八九一年から九二年にかけて、オランダ領東インド諸島（現インドネシア）のジャワ島で、解剖学者から古人類学者に転じたオランダ人のウジェーヌ・デュボワが、大腿骨と、臼歯《きゅうし》と、頭蓋冠《とうがいかん》（頭蓋骨の天井部分）を一個ずつ発見した。どれも非常に古い時代に生きた同じ生物のものと見られ、骨の形は不思議と現生人類のものに近かった。そしてデュボワは有名な宣言をする。この生物こそが、類人猿とホモ・サピエンスをつなぐ中間の存在、いわゆる「失われた環《ミッシングリンク》」である、と〔訳注：当時はまだアウストラロピテクスの存在が確認されていなかった。アウストラロピテクス・アフリカヌスの発見は一九二四年〕。やがてこの化石生物は「ジャワ原人」という通称で知られるようになる。

だが、科学界の反応はまったくもって冷ややかだった。デュボワの仮説を一蹴し、この男をどうやって嘲笑《わら》ってやろうかと嬉々《きき》として議論を始めたのである。イギリスの博物学者リチャード・リデッカーは、おそらく奇形の人間の骨だろうと切りすてた。ドイツの解剖学者ヴィルヘルム・クラウゼなどは、大発見だが新種のテナガザルの骨にすぎないといい放った。

風向きが変わったのは一九二一年のこと。スウェーデンの考古学者ユハン・アンデショーンとアメリカの古生物学者ウォルター・グレインジャーが、北京郊外の洞窟群でジャワ原人とそっくりな骨を約四〇体分発掘した。科学界はようやくデュボワの功績を認め、チャールズ・ダーウィンの進化論を裏づける重要きわまりない発見だったと位置づけた。

この新種の化石人類は「ホモ・エレクトス」（ラテン語で「直立する人」の意）と命名され、しばらくはミッシングリンクに間違いないと信じられていた。つまり、この一種のみが大型類人猿とホモ・サピエンスをつなぐ存在だとみなされたということである。ところがおよそ四〇年後、イギリスの古人類学者ルイス・リーキーと妻のメアリーが、エレクトスより古い霊長類の化石を東アフリカで発見する。いろいろな種類の石器も近くから見つかったため、二人はその化石に「ホモ・ハビリス」（「器用な人」）という名をつけた。これを受けて、エレクトスとハビリスがどういう関係にあるかが謎の新たな焦点となる。

当初は、そもそも両者につながりがあるのかどうかさえ判然としなかった。骨格から読みとれる特徴があまりに違いすぎるからである。ホモ・エレクトスは狩りをし、地面で寝起きし、被毛がほとんどなく、頭蓋が格段に大きく、あごがはるかに小さく、胸郭《きょうかく》が圧倒的に小さい。リデッカーが人間と勘違いしたほどサピエンスによく似ている。一方のホモ・ハビリスは死骸をあさり、昼は地面を歩くが夜は樹上で眠り、被毛に覆われている。ホモ属からハビリスをそっくり外してしまおうという声が、研究者のあいだからいくつも聞かれた。

だが、ホモ・ハビリスが確かにホモ・エレクトスへ進化したのだと、しかも進化という観点からすると驚くほど短い期間にそれが起きたのだと、科学者の意見の大勢《たいせい》がしだいに傾いていった。

いったいどうすれば体の構造がそこまで極端に変われるものだろうか。ハーヴァード大学の霊長類学者リチャード・ランガムによれば、数々の変化はすべてたったひとつの理由で説明できる。じつに単純でありながらきわめて大きな影響を及ぼし、結果として種の未来を決定づけることになる気の利いた技が登場したせいだという。誰かが火を制御できるようになったのである。

ホモ・ハビリスとホモ・エレクトスでは確かに違う点が多いものの、共通点がひとつある。どちらも石を削って鋭利な刃物をつくっていたことだ。これはいわば世界最古の製造プロセスであり、ナイフや矢じりや、いずれはサターンV型ロケットへとじかにつながっていくものである。だが石器の製作は、もうひとつのはるかに重大な結果をもたらすものでもあった。それが、火の発見である。

言語を除けば、火を使いこなせるようになったことこそが人類最大の偉業だとダーウィンは語った。いや、そんな表現ではとうてい足りない。火は人類によって手なずけられたのではなく、人類を生みだした。火はただ暮らしを楽にしてくれただけでなく、私たちを形づくった。その何より重要で何より画期的な効果は、食物を加熱できるようにしたことである。

食物に熱を加えることは、いってみれば咀嚼と消化の作業を火に肩代わりしてもらうようなものだ。加熱すると単に食物が嚙みきりやすくなるだけでなく、物質の化学結合が壊れる。そう聞いただけでは多少便利な程度にすぎないと思うかもしれないが、そうではない。食物中の肉や脂肪にしろ、腱《けん》やセルロースにしろ、柔らかく細かくなって化学結合が分解されればされるほど、腸から吸収できるエネルギーの量が増える。これは、食物が動物由来でも植物由来でも変わらない。生で食べる場合と比べて、摂りいれられるエネルギーは二五〜五〇パーセント増加する。

いい換えるなら、火を制御できるようになった結果、私たちの体には膨大な量のエネルギーが流れこむことになった。以来、私たちはずっとそうした状況に適応している。一番高い枝の葉に届くようにキリンの体が変化したのと同じで、ホモ・サピエンスの体も加熱された食物を食べるように変化を遂げてきた。すでに今の私たちのあごは力が弱すぎ、歯はあまりにも貧弱だ。胃は小さすぎるし、腸は短すぎ、脳はカロリーを食いすぎる。これではもはや火のない世界に戻ることはできない。研究によれば、現代人が加工も加熱もせずに野生の食物だけで生きていこうと思っても、二〜三週間が関の山である。火の通った食べ物がなければ、私たちは絶滅の危機に瀕する。

つまり、火を使いこなせるようになったのは、ホモ・ハビリスとホモ・エレクトスのあいだで行動や体が大きく変化したからではない。逆に、火のおかげでホモ・エレクトスが誕生した。ヒトという生物が受けてきたさまざまな影響を考えるとき、食べ物を加熱すること以上に重要なものは過去・現在・未来を通して存在しないといっていいだろう。どんな発明も発見も、あるいはどんなひらめきも、これにはかなわない。なにしろ私たちの骨格を変えたのだ。しかも、言語が少しずつ発達したのに対して、火を制御できるきっかけはひとつの発見だった。

では、誰がその発見をしたのか。

その女性を《マルティーヌ》と呼ぼう。一七世紀フランスの地質学者マルティーヌ・ベルトローにちなんだものである。火を手なずけることは、じつは地質学にかかわる発見が大きな鍵を握っていたからというのがひとつ。もうひとつは、後年のベルトローが魔女の嫌疑をかけられて牢獄《ろうごく》に入れられたからでもある。私たちの《マルティーヌ》がはじめて火を起こしてみせたとき、同じ疑いの目を向けられてもおかしくなかったはずだ。

《マルティーヌ》はホモ・ハビリスで、およそ一九〇万年前に東アフリカで生まれた。現代人と体の構造の同じ人類が登場するよりはるか以前のことである。身長は一二〇センチほどで、体重は三〇キロあまり。頭蓋の大きさは現代人の約四〇パーセントだ。あごは前に突きだしていて、顔を横から見ると額からそのあごに向けてまっすぐなだらかに傾斜している。あごの中に収まった歯はホモ・サピエンスより大きく、噛む力もはるかに強かった。その骨格からは、彼らが樹上生活と直立二足歩行の中間という、興味深い位置を占めていたことがうかがえる。脚も骨盤も歩行に十分適していながら、腕は長く、肩は木を登るのに都合のいい構造を残していた。考古学者の考えでは、日中の《マルティーヌ》はたいてい二足でアフリカのサバンナを歩きながら、ナッツ類やベリー類を探したり、動物の死骸をあさったりしていた。その一方で、おそらくは夜行性の捕食動物を避けるために、夜は木の上で眠っていた。

食物連鎖の中間あたりにいたために、ホモ・ハビリスの骨はよく鉤爪《かぎづめ》や牙《きば》の痕《あと》のついた状態で見つかる。のちのホモ・エレクトスは持久力を発揮して長時間の狩りに出かけるが、《マルティーヌ》はまだそこまでいかない。脚もアキレス腱もずいぶん短いために、エレクトスのように効率よく大股で歩くことができなかったからである。おまけに被毛に覆われていたので、長い距離を走ろうとしたらたちまち体温が上がりすぎてしまっただろう。

肉を口にしていたのは間違いないものの、たぶん死骸をあさったか、もしくは現代のチンパンジーのように、たまたま獲物が近くに現れたときにのみ狩りをしていたと考えられる。普段はもっぱら採集した食物と、動物の死骸の肉で命をつないでいた。なぜそういいきれるかというと、骨格の構造だけでなくＤＮＡ解析の研究からも証拠が得られているからである。現代人に寄生するサナダムシのＤＮＡを詳しく調べたところ、ハイエナの体内にすむサナダムシに近いことがわかった。つまり、もともとハイエナを相手にしていたサナダムシがヒトの体内に入ったことになる。それが起きたのは、二〇〇万年ほど前（《マルティーヌ》が生きていたのとだいたい同じ時代）のこと。ひとりの不運なヒトがアンテロープの死骸の肉にかぶりついたら、普段はハイエナに感染するサナダムシの幼虫がその肉にひそんでいたというわけである。

腐肉食動物によく見られるような牙やクチバシや鉤爪がないと、死骸を解体して肉を取りだすのはひと筋縄ではいかない。ハンデを補うために《マルティーヌ》が利用したものは、鋭くとがらせた石器だった。

一見すると、石器づくりにそれほどの頭脳はいらないように思える。しかし、スタンフォード大学の考古学教授ジョン・リックによれば、石をどう握り、どこをどうやって打つとどのように割れるかが頭に入っていないと、使い物になる石器はつくれない。思いどおりの形に石を削っていくのは、想像以上に難しいものだ。誰かの手本もなしにただ石だけ渡されたとしたら、現代人でもたいていはどうしていいかわからないはずである。

死骸を切りわけるために自分用の石器を製作するにあたって、《マルティーヌ》はさらに重要な能力を発揮した（これがのちに火を上手に起こせることにつながっていく）。石器づくりに秀でるためには、さまざまな岩石の種類を見分けられないといけない。おそらく《マルティーヌ》は、硬質だが割れやすい黒曜石や燧石《すいせき》（いわゆる火打石）のような石を選び、それを硬い川原石で叩いて加工した。

何百何千と石を打ちつけているうちに、火花が散ってときおり火の出ることがあったはずだとランガムは指摘する。ただ、このこと自体がまったく新しい出来事だったわけではない。

アフリカのサバンナで暮らす現代のチンパンジーにとって、火はなじみ深い現象だ。火が広い範囲を破壊しつくす一方で恵みももたらしてくれることは、《マルティーヌ》もすでに気づいていたに違いない。セネガルのチンパンジーは、自らの生息地で定期的に起きる野火《のび》を巧みに回避することで知られている。野火の通り道を予測するだけでなく、ときには火の出た場所にわざわざ出向いて、焦げた草地から加熱された食べ物を探しだす。じつはチンパンジーに限らずどの哺乳類も、火の通った食物を好む。

これは本能に深く根差している。生のジャガイモよりベイクドポテトのほうがおいしく感じられるのは、進化の過程で私たちの舌の味蕾《みらい》が高カロリーの食物を好むように調整されたからだ。もちろん、火を通すことそのものがジャガイモのカロリーを高くするわけではなく、腸で取りだせるカロリーの量を増やす。だから私たちは生のジャガイモよりベイクドポテトを食べたいと思う。

しかも、先ほども触れたようにこれはホモ・サピエンスに限った話ではない。どの哺乳類の場合も、消化器系で摂りこめるカロリー量は加熱された食物からのほうが多い。そのため、チンパンジーばかりかネズミまでもが、選択肢を与えられれば火の通ったジャガイモを選ぶ。オオカミがイエイヌへと進化したきっかけにしても、太古の人類のゴミ捨て場をあさって加熱された食物のかけらを食べたことだったという仮説があるほどだ。やがては私たちと同じようにオオカミの消化器系も、この新しい食事を中心にする方向に変化していき、ついにはイエイヌになったというわけである。このように、火の通った食物があらゆる哺乳類に好まれているのだとすれば、初期のヒトもチンパンジーと同様に野火の跡に足を運び、偶然に加熱された食物を探しだして大切に蓄えていたことは想像に難くない。

しかし、ときおり都合よく火が起きることがあっても、火がつねにそばにあったわけではない。のちの時代のホモ・エレクトスは、加熱された食物に適した消化器系をすでに備えていたことがわかっている。だとすれば、火という宝を手中に収めていただけでなく、前の火が消えたあとに新しい火を起こすすべを知っていたことになる。火を手なずける方法を誰かが身につけたのだ。

《マルティーヌ》が石器づくりで石を打ちあわせていたときにたまたま火が起きることがあったとしても、それ自体が特筆すべきことだったわけではない。そう頻繁ではないにせよ、過去に例のない出来事ではなかったはずだからである。そうではなく、たいていは火が出ないのはどうしてかを見抜いたところに《マルティーヌ》の天才的なひらめきがあった。その答えをたどると地質学に行きつく。つまり、いくら石を打ちつけても、石の種類によってはまったく（もしくはなかなか）火花が散らない。鍵を握るのが黄鉄鉱《おうてっこう》だ。

黄鉄鉱は硫化鉄鉱の一種であり、見た目が金《きん》に似ていることから「愚者の黄金」とも呼ばれる。これ自体が火を起こす力はそれほどでもないものの、黄鉄鉱の仲間の白鉄鉱（組成は同じだが結晶構造が違う）で私自身が試してみたところ、ものの数分で火を発生させることができた。

ヒトは、考古学上の記録が残る限り古くから黄鉄鉱や白鉄鉱で火を起こしてきた。五三〇〇年あまり前に生きたエッツィも、荷物の中に火打ちキットを入れていたほどである。それは黄鉄鉱のかけらと火打石と、火口《ほくち》（火を移しとるためのもの）にするツリガネタケ（キノコの一種）がセットになったものだ。ベルギーでは、一万三〇〇〇年前の黄鉄鉱のかたまりにへこみのついているのが発見されていて、間違いなく火を発生させるためだったと考えられている。二〇一八年にはオランダの考古学者アンドリュー・ソレンセンが、五万年前のネアンデルタール人の握斧《あくふ》（アーモンド形の石器の一種で、握って使ったと見られている）を調べたところ、黄鉄鉱に打ちつけたとき特有の痕跡《こんせき》が残っているのがわかった。その痕跡から判断すると、ネアンデルタール人は握斧の側面で黄鉄鉱を叩いて火起こしをしていたようである。

黄鉄鉱は世界中に分布しており、それは東アフリカも例外ではない。現代のエチオピア北部の鉱山では黄鉄鉱、金、銀が産出するのだが、そこから六五〇キロほどしか離れていないケニアのクービフォラで世界最古クラスのホモ・エレクトスの骨格が発見されている。火を起こすためには、黄鉄鉱（もっと新しい時代では鋼鉄片）を用いることが不可欠だ。ほかの種類の石の場合、なくてはならない重要な成分が含まれていないのでうまくいかない。その成分とは、空気にさらされていない鉄である。

鉄は酸素に触れると燃焼する。大量の鉄がかたまり状になっている場合には、この反応はゆっくり進行しておなじみのサビになるだけだが、黄鉄鉱中の鉄は細かい小片状なので表面積が大きい。おかげで急速に酸化して十分な熱を生みだすために、火口を発火させることができる。

黄鉄鉱の仲間の白鉄鉱は黒っぽくて脆《もろ》い岩石である。石器づくりに使う川原石と見間違えそうな外観をもっているものの、割ってみると内部の硫化鉄が黄金のように輝く。《マルティーヌ》が石器をとがらせようとして、火打石や黒曜石に白鉄鉱を打ちつけたとしたら、空気に触れていなかった鉄の小さなかけらが地面に飛びちったことだろう。乾いた草の上で石器を削っていたとすれば、まったくの偶然に火が起きてもおかしくはない。《マルティーヌ》はさぞ慌てただろうが、こうした出来事がひどく珍しかったわけではなかったはずだ。膨大な数の石器をつくっていたことを思うと、予期せぬ発火はほとんど避けがたかったに違いない。だがそのとき《マルティーヌ》は、きらめくかけらの出る黒っぽくて脆い石が鍵を握っていると見抜いた。ヒトの歴史の中で、最も重要な観察結果といって間違いないだろう。

脳の大きさが私たちの半分にも満たないのに、そんな地質学的な特徴に気づけたはずがないと思うかもしれない。しかし、どの石を石器にするかを見分ける目をすでに《マルティーヌ》はもっていた。それでも、これほど遠い祖先が火を起こし、消さずに保ち、しかも火が出る理由を見抜くなど、とうてい無理であるように感じることだろう。だが、研究施設で暮らしていた「カンジ」という名の雄のボノボは二〇〇五年、マッチとマシュマロを手渡されただけで自らたきつけを集め、そこにマッチで火をつけ、マシュマロを枝に刺して火で炙《あぶ》ってみせた。《マルティーヌ》の脳の大きさはカンジの二倍はあった。

火によってヒトの暮らしはほぼすべての面で変わった。アフリカには大型捕食動物が暮らしているので、地面で眠るのは火がない限り現代の狩猟採集民でも危険である。だが、発掘された骨格を見れば、のちのホモ・エレクトスが現にそういう生活を送っていたのは間違いなく、これは火を使っていなかったとしたら説明のしようがない。火を手に入れたおかげで《マルティーヌ》は樹上のねぐらを捨て、火のかたわらで寝起きするようになった。その結果、木登りに必要だった体の特徴は長い年月のうちに失われていった。

夜間に体を温めるというのが被毛のおもな役割だったが、火のそばで眠ればそれも不要になる。被毛から解放され、毛の薄くなったヒトは（ホモ・サピエンスも一平方インチ当たりの毛穴の数はチンパンジーと変わらず、ただ体毛そのものが細いだけである）、前より無駄なエネルギーを使わずに狩りができるようになった。ホモ・エレクトスになると、追いかけている獲物よりも効率よく自分の体温を下げることができた。夜になって体が冷えたら、ただ火のそばに行けばいい。

火のまわりに座ることは、人の心を優しくもする。《マルティーヌ》が仲間のホモ・ハビリスとどれくらい意思の疎通が図れたかは誰にもわからないものの、その能力を火が高めたのはまず間違いないだろう。暖を取るために、あるいは食事をするために、互いが近い距離でたき火を囲んでいるときには、みなで協力するよりほかない。乱暴を働いたり、協調性に欠けたり、情緒や行動が不安定だったりする者がいたら、火のそばから追放されて、それが事実上の死刑宣告になるおそれがあった。しだいに、当てになること、信頼できることが生きのこるうえで重要な性質となっていく。そして、たき火のまわりで生まれた対人関係をうまくこなせる脳が、進化の過程で有利になっていった。要するに、火を使いはじめたことで、より大きくて親切な脳をもつ者が好まれるようになったのである。

大きな脳は大量のカロリーを食う。なんといっても私たちの脳は、体全体が必要とするエネルギーの約二〇パーセントを消費している。だが、この方面でも火が役に立った。食物から取りだせるカロリーの量が増えたというのがひとつ。さらには、頑丈なあごや、巨大な胃や、長い腸をもつ必要がなくなったおかげで、最終的に体の資源をまったく違ったかたちに配分しなおすことができるようになった。

　イギリスの古人類学者レスリー・アイエロとピーター・ウィーラーは、「不経済組織仮説」を唱えた。この説によれば、脳が三〇パーセント大きくなってもホモ・エレクトスがそれを維持することができたのは、もはや不要になったかさばる消化器系の一部をなくしたからである。加熱した食事へ全面的に移行したからでないとしたら、この大幅な変化を説明するのは難しい。

　それに、食事にかかる時間も短縮された。加熱の手間がある分、むしろ前より時間がかかったように思うかもしれないが、そうではない。食事を準備する時間そのものは増えるにせよ、生のままというエネルギー効率の悪い食物を嚙むのは、それとは比べ物にならないくらい長い時間を要する。前章でも触れたように、チンパンジーが食事に費やす時間は現代人の六倍近くだ。そこまでの差が生じるのは、生の食物が硬いうえに、ひと嚙みで取りだせるカロリー量が少ないからでもある。ホモ・エレクトスは現代のチンパンジーより体が大きかったため、アイエロとウィーラーの計算によれば、生食だったとしたら食事に一日八時間を充てなければ体重を維持できなかったはずだ。ホモ・エレクトスにとっては加熱のおかげで一日が長くなったようなものである。では、その延びた時間をどう使ったのか。これまでの研究によれば、自分たちが重要だと思う食物を追いもとめることにふり向けたと見られている。

　食物を加熱するようになったことで様々な結果が生じたが、そのひとつが狩りにかける時間の大幅な増加である。ランガムによると、チンパンジーはたまたま獲物に出くわしたときにしか肉を食べず、自分から狩りに出かけることはない。なぜかといえば、おそらくはうまくいかない見込みが大きく、はたして失敗すれば飢えることになるからである。ホモ・ハビリスの《マルティーヌ》の場合も同じだったに違いなく、狩るよりも狩られることのほうがまだ多かった。

一方、のちのホモ・エレクトスは自ら進んで狩りをした。エレクトスの骨格が発掘される場所からは、動物の骨が散らばっているのが頻繁に見つかり、それは食事の痕跡だったとみなされている。彼らが狩りに出られたのは、たとえ失敗して夕方に手ぶらで帰ってきても、別の食物を加熱してすぐに食べることができたからだとランガムは考えている。

もちろん、進化によってこれだけのメリットが得られることを《マルティーヌ》が気づいていたわけではない。進化には何万年もの歳月がかかるものなので、《マルティーヌ》はホモ・ハビリスとして一生を終えた。とはいえ、栄養のある食事をとれたことを思うと、普通より大きな体で幸せに暮らせたのではないか。火に守られ、火によって食事を与えられたことで、老齢まで生きるという稀《まれ》な幸運を手にしたかもしれない。

《マルティーヌ》の体がとうとう冷たくなったとき、素晴らしい発見をしたヒトとして仲間から讃えられたと思いたくなる。その発見にふさわしく、火葬に付されてもよかったくらいだ。しかし、死者に敬意を表する習慣はホモ・ハビリスにはなかった。史上最も偉大なこのヒトに対してなんらかの儀式が行われたとすれば、腐肉食動物をたき火に近づけないために死体をどこかに引きずっていくことだけだったろう。

第3章
はじめてカキを食べたのは誰？

本章以降はすべて
ホモ・サピエンスが誕生してからの
出来事である。

ホモ・サピエンスの全史を24時間に縮めたとすると
これが起きたのは10時53分（16万4000年前）

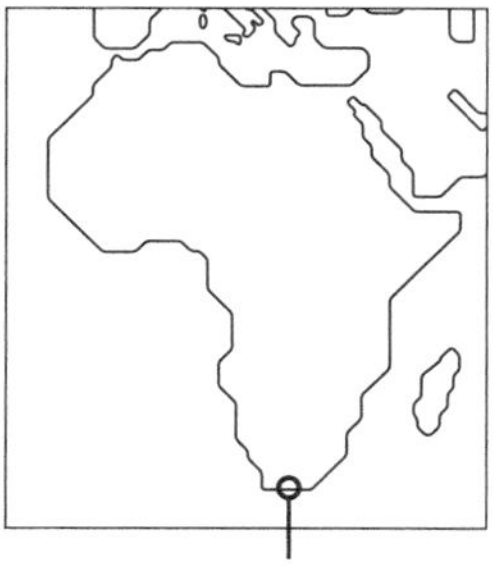

16万4000年前
はじめてカキを食べる

二〇〇七年の夏、アリゾナ州立大学のカーティス・マリアン率いる考古学者チームは、南アフリカで発掘調査を行っていた。場所は南部のピナクルポイントにある崖《がけ》の複数の洞窟である。すると、発見された遺物から、そこが一六万四〇〇〇年前のホモ・サピエンスの野営地跡だったことがわかった。見つかったものは、太古のたき火の名残りらしき木炭のほか、石器と赤い顔料。そして何より注目すべきはカキの殻である。あの怪しげなかたまりを誰かが果敢にも頬張った最古の証拠だ。だがマリアンによると、このカキの殻は単なるゲテモノ食いをはるかに超えた大きな意味をもっている。その貝は「おいしいご褒美《ほうび》」だったというのだ。その褒美を手にしたのは、一〇万年以上前に生きたひとりの科学者。苦心して天体観測をした末に、不思議な現象の原因を突きとめた。

では、その科学の英雄にして食の冒険家でもあったのはどんな人物だったのか。

それは女性で、名を《カキ娘》といった。少なくとも私はそう名づけようと思う。けっしてただの突拍子もない思いつきではない。本当の名前をおおまかに翻訳したら、実際にこのとおりだったとしても少しもおかしくはないのだ。歴史をひもとけばわかるように、人名というのは単に耳触りのいい音を適当に組みあわせてできているのではなく、その人のことを説明する言葉がもとになるケースがほとんどである（ジョンの息子《ジョンソン》、鍛冶屋《スミス》、パン屋《ベイカー》など）。この先史時代の女性の名前にも意味があったとするなら、《カキ娘》以外にどう呼びようがあっただろう。なにしろ、潮だまりで石のような物体を見つけてこじあけ、粘液に覆われた白い生き物を口に入れたのだから。

『ガリバー旅行記』で知られるジョナサン・スウィフトは、「はじめて牡蠣を食した者は大胆な人間（bold man）であった」という有名な言葉を残している。確かに大胆だったことは間違いないが、「bold man」という表現は正確ではないともいえる〔訳注：「man」には「人間」という意味と「男性」という意味がある〕。というのも、はじめてカキを口にしたのは大胆な男性ではなく、大胆な女性（bold woman）だったと見られる証拠があるからだ。

人類学の調査によれば、どの地域の狩猟採集民でも食料の調達においては男女の役割分担が明確に決まっている。狩猟と採集のどちらの比重が大きい場合でもこの区別は驚くほど厳格であり、比較的確実に入手できる食物（ナッツ類、ベリー類、植物の根、貝類）を集めるのは女性が担当し、走る・飛ぶ・泳ぐなどして逃げる食料を追う仕事は男性が担うのが普通である。一九七三年に発表された研究によると、オーストラリアの北にある熱帯の島々では、採集できる食物がじつに豊富だったにもかかわらず男性はほとんどその作業をしなかった。一方、南米大陸南端のティエラ・デル・フエゴでは、カロリーの大部分を海の大型哺乳類から得ていたにもかかわらず、女性は狩りをしなかった。

なぜ性別によって狩猟と採集に分かれるのか、人類学者の見方は一致していない。とはいえ、仮説ならいくつかある。前章にも登場した霊長類学者のリチャード・ランガムは、その起源が火の制御にあると考えている。とくに鍵を握るのが加熱にかかる時間だ。チンパンジーが何かを食べるときは、できるだけ短い時間で済ませようとする。それは、自分より体の大きいチンパンジーに盗《と》られるといけないからだ。初期のヒトも似たような行動をしていたとすれば、加熱調理の作業は一番体の大きい者でないと務まらないことになる。結果として女性は、いわば保護を見返りにマフィアにゆすられるような状況に追いこまれたのではないか。つまり、小柄な女性が調理する際には大柄な男性が守り、そのお返しとして食べ物をいくらか分けてもらう。晩に食事にありつけることが保証されたので、男性はより価値の高い食物を思う存分に追いかけられるようになった。そうすれば、たとえ狩りに失敗する見込みが大きくても、飢えを恐れなくてよくなるというのがランガムの仮説である。あくまで仮説にすぎないし、証明するのはまず無理だろうが、食をめぐるこの不思議な男女の関係（ほかの霊長類には見当たらない）をうまく説明してくれるのは確かだ。狩猟採集民の労働に性別による厳密な役割分担が決まっている点も、この仮説からならわかる。また、どうしてカキのような食料を集めるのは女性が中心だったと見られるのかも、そしてはじめてカキを口にしたのがなぜ女性である確率が高いのかも理解できる。

《カキ娘》はホモ・サピエンスだったので、現代のバスで隣の席に座っていたとしても誰もすぐには驚かないはずである。身長や体つきにも、顔や体毛にも、まったくおかしなところはない。頭蓋もあごも、歯も骨盤も、手も足も、大きさは私たちと同じだ。現代人の標準からすると背は低いものの、姿勢も歩き方も完全に現代的である。皮膚には濃い被毛がなく、アフリカの強烈な日差しを防ぎやすいように肌は黒い。頭髪は黒く短く、縮れている。

　ただし、服装は一風変わっている。というより、何も身につけていないのだ。少なくとも、私たちが衣服と認識できるものは何も。裁縫の技術はまだ知られておらず、骨製の針が登場するのは十数万年も先のことである。衣服や靴が発達するのは、進化の歴史の中でかなり遅かったというのが研究者たちの最新の見解だ。古人類学者のエリック・トリンカウスによれば、古い時代のホモ・サピエンスの足指の骨は非常に丈夫だった。足を保護する靴がないまま歩いていたからであり、おそらく《カキ娘》も同じだったろう。現代人の足指は当時と比べると明らかに小さく、それは頑丈な靴に閉じこめられて萎縮《いしゅく》したからだとトリンカウスは考えている。「現代的な」足指が現れるのは、骨製の針が誕生したのとほぼ同時期だったともトリンカウスは指摘する。だとすれば、ホモ・サピエンスが靴を発明するのは《カキ娘》よりずっとあとだったことになる。

《カキ娘》は成人女性だったので、おそらく子どももいただろう。もっとも、数は多くなかったと思われる。かつてカナダの人類学者リチャード・ボーシェイ・リーが、アフリカのカラハリ砂漠に住む狩猟採集民のブッシュマン（サン人やクン人）の生活を調査したとき、ブッシュマンの女性は少なくとも四年程度の間隔をあけて子どもを産むことがわかった。とはいえ、何かしらの避妊法を用いていたわけではなかったため、なぜ不妊の期間が長いのかについてははっきりしていない。栄養学者のローズ・フリッシュとジャネット・マッカーサーの唱えた説のとおりだとすれば、ブッシュマンの女性は健康ではあるが体脂肪が少ないため、単に授乳と月経を同時に行うことができなかったと考えられる〔訳注：乳汁分泌にかかわるホルモンが排卵抑制作用をもつという理由もある〕。同じことが当てはまるとすれば、《カキ娘》にとっても授乳が天然の避妊法となっていたかもしれない。

《カキ娘》に幼い子どもがいたとしたら、その子とも、もちろん仲間とも話をしただろう。だが、どの程度の意思疎通が図れたかについては研究者のあいだで大きく意見が分かれている。スタンフォード大学の人類学教授で、『5万年前に人類に何が起きたか？——意識のビッグバン』の著者リチャード・クラインに話を聞いたところ、《カキ娘》の時代のホモ・サピエンスには現代的な言語がおそらく備わっていなかったとの答えが返ってきた。なぜなら、野営地跡から出土する人工物に高度な文化や技術の裏づけがほとんど見られないからである。クラインによれば、現代的な言語が生まれるのは《カキ娘》よりずっとあと（今から約四万五〇〇〇年前）のことであり、その時代になると文化の度合いをうかがわせる人工物が野営地跡で爆発的に増加する。美術、音楽、超自然的なものへの信仰といった、現代的な行動が存在したことを示す明確な形跡が確認できるからである。

それに対してマリアンは、《カキ娘》が夢を見、声を出して笑い、あらゆる事柄について淀《よど》みなく意思疎通を図れたと考えている。私にくれたメールには次のように記されていた。「その時代に話されていた言語は、私たちのものと負けず劣らず豊かなものでした」。その証拠としてマリアンがあげるのが、ピナクルポイントの洞窟で自身が発見した天然の顔料と、装飾の施された貝殻である。どちらも、目の前に存在しないもののイメージを思いうかべたうえで、それを形あるものに変える能力（これを「象徴的思考」という）があったことを示している。先史時代の人々にどれくらい現代的な認知能力があったかを判断するとき、考古学者が目を向けるのがまさにこの象徴的思考だ。もうひとつマリアンの根拠となっているのが《カキ娘》のつくっていた道具であり、非常に手の込んだものが多い。それを製作するのも、技術を教えたり伝えたりするのも、本格的な言語がなければ無理だったはずだとマリアンは指摘する。

こういう見方は最近になるまで少数派であり、ほとんどの考古学者はクラインの説にくみしていた。つまり、《カキ娘》と同じ時代に生きたホモ・サピエンスは、認知能力の面で現代人と大きな隔たりがあったという考え方である。しかし今では、ピナクルポイントで発見された人工物だけでなく、それ以外の場所でも象徴的思考が存在した形跡が確認されている。そのため、《カキ娘》が自分の世界をどう見ていたかや、どれくらいうまく言葉が操れたかについては、マリアンのような説を支持するグループがかなり数を増してきた。

このように、《カキ娘》のコミュニケーション能力については研究者のあいだで議論が続いている。とはいえひとつ確かなのは、のちの時代のホモ・サピエンスが手にしていたような重要な技術革新はまだなされていなかったということだ。たとえば、《カキ娘》の時代に釣り竿《ざお》や網や、船はなかった。同じ時代のホモ・サピエンスの野営地跡が、海沿いでほとんど見つかっていないのはそのためである。当時の人たちにとって海はいわば食の不毛地帯であり、浜辺で暮らしていたら、食料を探せる面積がいたずらに半減してしまう。だから、《カキ娘》より前の時代には、ヒトが海産物を食べていた痕跡がほとんど確認されていない。当然、身をむいたあとの貝の殻もいっさい発見されていないとマリアンは説明する。貝については、潮の満ち引きも大きくかかわっている。たとえば、カキが姿を現すのは潮が最も低くなるときだけなので、一か月の時間全体の九五パーセント近くは海水に没していて誰も手が出せないことになる。いつともつかぬタイミングで、しかもたまにしか手に入らないとなれば、初期のヒトがカキを採集しなかったのも無理はないだろう。マリアンの言葉を借りるなら、「狩猟採集民が自分たちの食料調達システムを構築する際に、予定を立てられないものや理解できないものを土台に据えることは絶対にない」のである。

　にもかかわらず、ピナクルポイントの洞窟にはカキの殻が厚く積みかさなっていた。そこに住む者たちの食事にとって、カキが重要な位置を占めていたことに疑問の余地はない。それはたぶん、カキが姿を見せる前触れを《カキ娘》が突きとめたからではないだろうか。

《カキ娘》がはじめてカキを採って口に入れたとき、おそらくは別の何かを探しに海に行ったのだろう。眠っているウミガメかその卵か、浜に乗りあげてしまったクジラか、もしくはひと休みしているアシカが目当てだったかもしれない。洞窟からは、人の手が加わったさまざまな遺物と一緒に、オニフジツボの残骸が発見されている。これは、ザトウクジラの皮膚にのみ寄生する種類だ。洞窟そのものは海から四〜五キロ離れているのにこれが残っていたのは、座礁《ざしょう》したクジラの皮膚の一部を住民がもち帰って食べたからだと考えれば説明がつく。やがて、このようにして海辺の食料を集めに出かけたとき、《カキ娘》はたまたま潮が非常に低い時間に海岸に着いた。するとカキが数個、むき出しになっているのに目をとめた。そして殻をこじあけ、思いきって中の肉を試してみた。

スウィフトには申し訳ないが、もしかしたらこの一歩を踏みだすのにそれほどの大胆さは必要なかったかもしれない。

数は多くないにせよ、カキを食料にする動物はほかにもいて、たとえば現代のヒヒなどがそうである。《カキ娘》がすでにその様子を目にしていたとしたら、口にしても大丈夫なものだとある程度の確信をもったに違いない。もっとも、ヒヒは雑食なので花や樹皮も食べる。食の実験は失敗する危険と隣りあわせなので、《カキ娘》のような食料採集の達人は、うかつにほかの動物の食事を真似しないように用心してもいただろう。たとえば、ウサギがベラドンナの実をかじっていたからといって同じことをしたら、その日のうちに命を落としている。

それでも、別の動物がカキを食べるのを知っていたとしたら、口にする勇気を呼びおこしやすかったのではないだろうか。加熱することで生の状態より危険性が減り、安心感が高まりもしただろう。粘液に覆われてしわの寄った得体の知れない生き物を目にしたら、用心のために火を通しておこうという気持ちに間違いなく駆られたはずである。

だが、《カキ娘》が本当の意味で素晴らしいのは、単に食に関して度胸があったからではない。洞窟で大量のカキ殻が見つかっていることから判断して、《カキ娘》はいつ海岸に向かえばいいかを把握していたはずだとマリアンは考えている。

いい換えれば、潮の満ち引きを予測するすべを身につけていた。

潮が最も低くなるのは一か月に二日ほどしかなく、しかもその日のわずか数時間のあいだだけである。頻繁に訪れる現象ではないうえ、干潮と満潮の度合いとタイミングはひと月のうちに大幅に変動して規則性が見当たらない。干満の差が小さいときもあれば大きいときもあって、その理由は初期のヒトにとって何百万年も謎のままだった。それも無理はない。海とはなんの関係もなさそうな意外なものが、そのパターンの鍵を握っていたからである。夜空だ。

潮の満ち引きはおもに太陽と月の引力によって生じる。月－地球－太陽が一直線上に並ぶとき（地球から見て月と太陽が同じ方向に重なる場合もあるし、反対方向に位置する場合もある）、そのふたつの天体が地球に及ぼす引力が非常に強くなって干満の差が最も激しくなる。《カキ娘》にとって幸運だったのは、一見するとデタラメに思えるこの現象の訪れることが夜空で宣伝されていたことである。満月か新月のときにそれが起きることに思いいたりさえすればいい。そう、《カキ娘》は食の冒険家だっただけでなく、星を眺める人でもあったのだ。

夜空に浮かぶ大きな光輝く物体は、不思議といろいろな形になる。その変化と海の動きに関連のあることは、見ればわかるというレベルを超えており、現代でさえ理解できていない人が少なくないくらいである。だが《カキ娘》はそこに気づき、結果的にいわば世界初の天文学者ともいうべき存在になった。潮の満ち引きがひとたび予測できるようになったら、自信をもって海に出かける予定を立てることができただろう。そして、洞窟に残された証拠から考えて、以後カキは当てになる食料として食事の重要な一部となった。
月と潮を結びつける発見で仮に仲間から讃えられたとしても、《カキ娘》がその名声を享受した期間は長くなかった。当時の二〇代の女性といえば、すでに寿命の終わりに差しかかっている。中央ミシガン大学の人類学教授レイチェル・カスパリは、同じ時代のホモ・サピエンスの歯の摩耗の状態を詳しく調べた。すると、幼児期を生きのびたとしても三人に二人は二〇代で生涯を閉じており、三五歳を超える者はごくわずかしかいなかったことがわかった。《カキ娘》の最期《さいご》が具体的にどのようなものだったかを確かめるすべはないが、どのようなものでなかったかならある程度はっきりしている。現代人のおもな死因は、そのほぼすべてが先史時代には知られていなかった。それは、高齢になってから起こりやすい病気だからか（がん、心疾患、脳卒中など）、多数が密集して暮らしていなければ広まらない病気だからか（コレラ、腸チフス、インフルエンザなど）のどちらかである。いずれの状況も《カキ娘》の時代にはいっさい存在しなかった。

当時の死因としてははるかに多かったのは、出産、マラリア、事故、殺人、それから細菌の感染である。《カキ娘》は食料採集の最中に捕食動物に襲われたのかもしれないし、食への好奇心がついに仇《あだ》となったのかもしれない。

《カキ娘》が帰らぬ人となったとき、仲間はその亡骸《なきがら》を埋めたと考えられる。もっとも、それが在《あ》りし日の《カキ娘》をしのぶためだったのか、ただ腐肉食動物を遠ざけるためだったのかについては、やはり研究者のあいだで激しい論争がくり広げられている。《カキ娘》より古い時代にも、遺体が埋葬されることがないわけではなかった。だが、そこには後世の墓につきものの副葬品はなく、死者へのなんらかの心遣いがなされた形跡も見つかっていない。

儀式として埋葬されたことが確認されている最古の証拠は、イスラエルの遺跡から発見されている。男性の骨格一体が、イノシシのあごの骨を胸に置いた状態で埋められていたのだ。時代は《カキ娘》より六万年ほどあとのことである。このため、いくら《カキ娘》が先史時代の天才科学者だったとしても、そして当時の大いなる謎のひとつを解く手がかりを見つけたのだとしても、葬儀が営まれたかどうかは知る由《よし》もない。もしも《カキ娘》を弔《とむら》う儀式が行われたのだとしたら、胸にカキの殻を載せて葬られたと思いたい。願わくば三日月形の殻を。

第4章
はじめて衣服を身につけたのは誰？

ホモ・サピエンスの全史を24時間に縮めたとすると
これが起きたのは15時26分（10万7000年前）

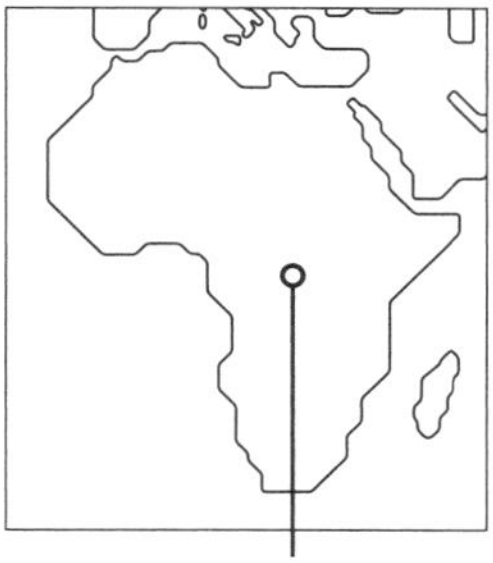

（アフリカのどこか）
10万7000年前
はじめて衣服を身につける

祖先のヒトがチンパンジーやボノボの系統から枝分かれしたとき、その被毛には吸血性の寄生虫が一種だけすみついていた。ヒトジラミである。ヒトジラミは少なくとも六〇〇万年前からヒトの体に寄生し、今も私たちの頭髪につく（そのためアタマジラミとも呼ばれる）。だが、人間の体をすみかにするシラミはこれだけではない。私たちはその六〇〇万年のあいだに、あと二種のシラミ、ケジラミとコロモジラミを体に載せてきた。

祖先がケジラミを拾ったのはおよそ三〇〇万年前。当時のヒトはゴリラと同じ場所で眠っていたために（たぶん時間はずらしていただろうが）、ゴリラの体から移ってきた。それからしばらくして現れたのがコロモジラミであり、こちらは被毛ではなく衣服につくタイプである。結果として現代人は、ほかの霊長類の三倍もの種類のシラミに悩まされる羽目になった。

なんとも冴《さ》えない進化の一ページだが、じつはこのことにもプラスの面がある。シラミたちのおかげで、永遠の謎と思えていた疑問に答えが出たのだ。その疑問とは、私たちはいつ、どこで、なんのために衣服を身につけるようになったのか、である。

衣服は有機物を材料にするため、石や骨のようにのちの時代に残ることがない。このため、衣服の起源は長らく謎のままだった。そもそもヒトが厚い被毛を失ったのは、衣服が発明されて被毛が不要になったからだと考える考古学者が最近までは多かった。衣服は、いってみれば取りはずし可能な被毛である。だから、ヒトはどこかの時点で「つねに温かい」のをやめて、「必要に応じて温かくする」のにシフトしたというわけである。なるほどと思えるものの、近年における遺伝学の研究により、この仮説がとんでもなく間違っていたことが暴かれた。

二〇〇二年、フロリダ自然史博物館の哺乳類担当学芸員であるデイヴィッド・リードは、アタマジラミとコロモジラミのＤＮＡを解析した。すると、両者は共通の祖先から枝分かれしたのではなく、コロモジラミがアタマジラミからじかに進化したことが明らかになった。おそらくこれは、ホモ・サピエンスがはじめて衣服を身につけて、図らずもアタマジラミに新しいすみかができたときに起きたのではないか。リードはそう記している。では、それは具体的にどれくらい前だったのだろうか。リードが調べてみると、じつに意外な答えが得られた。私たちの祖先は、信じがたいほど長いあいだ裸のままでいたことがわかったのである。

リードによると、はじめて誰かが衣服を身につけたのはおよそ一〇万七〇〇〇年前である。だが、ヒトの肌の色がチンパンジーのような薄いピンク色を脱して、紫外線に強い黒っぽい色に変わったのは、約一二〇万年前であることが別の研究で突きとめられている。だとすればすでにその時点で、ヒトの体毛ははしたないくらいに薄くなっていたはずだ。

では、ヒトは厚い被毛も衣服もなしに、どうやってそれだけ長いあいだ生きていられたのだろうか。そして何より重要なのは、一〇〇万年あまりに及ぶ全裸期に誰が終止符を打ったのか。

その人物を《ラルフ》と呼ぶことにしよう。ファッションデザイナーのラルフ・ローレンにちなんだものである。というのも、われらの《ラルフ》がひらめきに打たれたとき、機能性だけでなくファッション性にも興味があったらしき証拠が得られているからだ（とりあえず男性という設定にしたが、本当のところはわからない。じつはコイントスで決めた）。

《ラルフ》は私たちと体の構造が同じ現代型のホモ・サピエンスとして、およそ一〇万七〇〇〇年前にアフリカで生まれた。おそらく現在の南アフリカではなかったかと思われる。大勢の研究者が考えるところによれば、《ラルフ》をタイムマシンに乗せて現代に連れてきたとすると、私たちは《ラルフ》の話す言葉を学ぶことができるし、向こうも同じようにできる。《ラルフ》は現代的な知性を備え、象徴的思考も難なく使いこなし、認知能力の面では現代人に引けをとらなかったはずだという。《ラルフ》が今の世界で育ったら、なんの問題もなく銀行家にでもウェイターにでも弁護士にでもなれる。

　私はデューク大学の古人類学者スティーヴン・チャーチルに話を聞き、《ラルフ》が現代の町なかを歩いていたら人目を引くかどうかを尋ねてみた。すると、ラルフの外見は現代人とほぼ同じと見られるが、顔立ちにはひとつ変わった点があったとの答えが返ってきた。チャーチルの話では、《ラルフ》は現代の男性より「もっと男性的な容貌」だったという。一番大きく違うのは、今の時代にはめったにお目にかかれないほど眉弓《びきゅう》（目の上の骨）が発達していたらしきことである。現代でも眉弓の大きさには個人差があるとはいえ、それがどんなに目立つ人でも鼻の上の部分は途切れているものだ。一方、《ラルフ》の眉弓はそんな生易しいものではなく、顔幅の全体にわたって力強く張りだしていた。内分泌学者の見解では、これは現代人よりテストステロン（いわゆる男性ホルモン）の濃度が高かった影響であり、それだけ攻撃性が強かったと判断できる。近年の研究によると、ホモ・サピエンスの眉弓が引っこむのはようやく八万年ほど前のこと。その頃、祖先は眉の動きに重きを置くようになった。つまり、のべつ仏頂面《ぶっちょうづら》をしているのではなく、喜怒哀楽をわかりやすく表現できることが好まれるようになったのである。ともあれ、《ラルフ》は人を威圧するようないかつい顔つきをしていただろうが、「それ以外に現代人と大きく違っているところはなかったと思う」とチャーチルは教えてくれた。

自らの一大発明をなし遂げたとき、すでに《ラルフ》は仲間うちでは年長で、集団の中で影響力のあるメンバーになっていたと思われる。日中は狩りに出かけ、獲物を槍《やり》で突いたり、道具を使って槍や石を投げたりしていたが、手ぶらで帰る日が多かった。皮剝《は》ぎ器、握斧、槍の穂先といった高度な石器一式を使いこなす一方で、有機素材も巧みに扱うことができた。たとえば、植物のつるを縄にしたり、動物の皮を寝具に利用するといったことである。資源や食料をめぐって、あるいは単なる恐怖心から、別のホモ・サピエンスの集団や古いタイプのヒトと戦うこともあった。

狩りをしていて、運よくイボイノシシやシカを仕留められたときには、それをまず自分の血族と分けあい、それから仲間にも配った。誰も肉をもち帰らなかった日には仕方なく植物の塊茎や根を食べて、たぶん文句のひとつもいったことだろう。日が沈んだらたき火を囲んで噂話《うわさばなし》に花を咲かせ、夜になれば星々の物語を話して聞かせる。微笑み、声を出して笑い、子どもたちとも遊んだ。

こうしたすべてを全裸で行っていたわけだが、寒くはなかった。

ホモ・サピエンスにとって寒さは厄介の種である。それは、自分の意志ではコントロールできない反応（体が震え、血液が手足から体幹にふり向けられる）が起きて「体の活動レベルが低下し、効率よく動けなくなるから」だとオーストラリアの考古学者イアン・ギリガンは説明している。たいていの哺乳類が被毛で覆われているのはそのためだ。たとえばウサギはマイナス四五度まで耐えることができるのに、被毛を剃られてしまうとそれが〇度に跳ねあがる。だからこそ、ヒトが被毛をなくしてから衣服を利用するようになるまでに一〇〇万年以上の開きがあったというのが、不思議でならないのである。陸上の哺乳類にも、ほとんど毛のないものがいるにはいる。だがそれらは地中で暮らすか、あるいはゾウのように体重に比して体表面積が小さい（そうすると熱が逃げにくくなる）かのどちらかだ。私たちほど毛の少ない霊長類はいない。では、温血で裸のホモ・サピエンスは被毛もなしにどうやって生きのびたのか。そこには、ヒトがそもそも被毛を失ったのと同じ理由があった。つまり、火である。

ヒトが被毛も衣服もなしに生きていられたのは、火を利用していたからである。火という武器があれば、よほど極端に寒冷な地域でない限り衣服など案外いらないものであり、現代の狩猟採集民を観察した研究からもそのことは裏づけられている。

ポルトガルの探検家フェルディナンド・マゼランは、一五二〇年に南米大陸の南端をはじめて航海した。そこは山々が一年中雪に覆われ、氷河が海の中に滑りおちているような土地である。にもかかわらず、先住民のヤーガン人やアラカルフ人は衣服もないままいたって快適に暮らしていた。体を温めるために全身に獣脂を塗りつけ、多数のたき火を使用する。その数のあまりの多さに、水兵がその地に「ティエラ・デル・フエゴ」（「火の国」の意）という名をつけたほどである。彼らに衣服という発想が浮かばなかったわけではなく、たびたび戦っていた近隣のオナ人は服を着ていた。どうやら、単に衣服を必要だとは思っていなかったようである。タスマニア島の先住民も同じで、《ラルフ》よりはるかに寒い地域で生活していながら衣服をほとんど身につけていなかった。

衣服を用いることは、人類学者のいう「普遍文化」（「はじめに」参照）ではない。火の制御とは違って、人類のあらゆる文化に共通するわけではないのだ。しかし、自分自身を装飾すること（ボディペインティング、入れ墨、耳飾り、身体改造など）であれば、間違いなく普遍文化のひとつである。これまでに観察された人間のどんな文化においても、なんらかのかたちで身体を装飾することが行われている。それは外界と接触のないパプアニューギニアの高地人でも、ウォール街の銀行家でも変わらない。これほどまでに万国共通であることから、それがホモ・サピエンスの過去のどんな文化にも当てはまるはずだと人類学者は考えている。ヤーガン人にしても、衣服らしきものをほとんど身につけていなかったわりには、ときおり手の込んだケープを羽織ったり、腕輪や首飾りをつけたり、顔や体にペインティングを施したりすることはあった。他者と違った存在になりたいという思いは、人間にとって食料や住みかを求めるのと同じくらい基本的な欲求なのだと、人類学者は指摘する。

　この点を踏まえれば、《ラルフ》のひらめきはたぶん体を温めたくて生じたものではないとわかる。現代の西洋社会が理想とするような、慎みの観念から出発したものでも断じてないだろう。そうではなく、首飾りや入れ墨や耳飾りを生んだのと同じ、人間ならではの欲求にもとづいていたと考えられる。要するに《ラルフ》の発明した衣服はファッションアイテムだった。

　自分を人より立派に見せたいという思いは、技術革新をおし進める強力な原動力になる。はじめは実際的な役にほとんど立たず、ただ個人ひとりの目的にのみかなうものを考えだすというのは、何も《ラルフ》に限った話ではない。そういうふうにして生みだされたものを人類学では「威信材」と呼び、使う人に高い地位を与えるところにそのおもな値打ちがある。人類のなし遂げた偉大な発明の数々をふり返ってみれば、金属にしろ陶器にしろ織物にしろ、もともとは製作の難しい品物として登場し、代替品と比べて実用面でとくだん優れていたわけではなかったものが少なくない。それでも、簡単にはつくれないからこそ、人はその希少価値を追いもとめる。銅製や青銅製の品物などが実用的な役割を得るのは、のちの時代に製造技術が改善されてからのことにすぎない。《ラルフ》とその衣服についてもこれらと同じだったと見られる。
おそらくはじめはネクタイのように、実用性のかけらもないものとして誕生したのではないか。しかしそれが人間の奥深くにある欲求を満たすものだったために、時とともに進化していき、欠かせない装備のひとつとなった。やがてはホモ・サピエンスが北方地域の極端な寒さの中で生きのこるために、それを用いるようになった。今から五万年ほど前にホモ・サピエンスがヨーロッパに進出する頃には、かなり洗練された毛皮や裏地つきの上着を身につけていたと考えられている。遺跡の発掘調査からは、クズリというイタチ科の大型動物を好んで狩っていた痕跡が確認されている。クズリには肉が少ないものの、その毛皮は断熱効果が高いので重宝された。これまでに発見されている中で、衣服が描写されている最古の美術品は二万四〇〇〇年前のものである。それはシベリアの遺跡から出土した小像で、じつに機能性の高そうなパーカーのようなものを着た人物が彫られている。しかも、しっかりフードをかぶった姿で。

とはいえ、衣服に実用性が加わるのはだいぶあとになってからのことだ。《ラルフ》の考えだした衣服がどういうものだったにせよ、シャツよりは蝶ネクタイに近かったはずである。もしかしたら《ラルフ》は、戦いの場に身につけていくものが欲しかったのかもしれない。ホモ・サピエンスは往々にして、見た目でできるだけ相手を怖がらせようとずいぶん手間をかけるものだ。あるいは、なんらかの通過儀礼や儀式をとり行うために、仲間より目立つ必要があったとも考えられる。もしかしたらヤーガン人がときおりまとうような、肩を覆う簡単なケープに似たものではなかったか。いや、それに輪をかけて実際的な役には立たず、もっと突飛な何かだった可能性もある。かつらや蝶ネクタイ、果てはペニスケースまで、笑いたくなるほど実用性のないさまざまな衣類を人類が選んできたことを思えば、どんなものだったかを推測するだけ無駄なのかもしれない。

ひとつはっきりしているのは、なんであれそれは人気を博して広まったということである。状況によっては必需品にすらなった。そして、頭部へと追いやられて久しかった寄生虫は、取りはずし可能な新しい被毛が現れたことに気づく。数匹のアタマジラミが、太古の餌場に戻れる期待を胸に、果敢にも新たなる繊維の世界へと乗りだした。以来、今に至るまでそこで繁栄を続けている。

第5章
はじめて弓で矢を放ったのは誰？

ホモ・サピエンスの全史を24時間に縮めたとすると
これが起きたのは18時53分（6万4000年前）

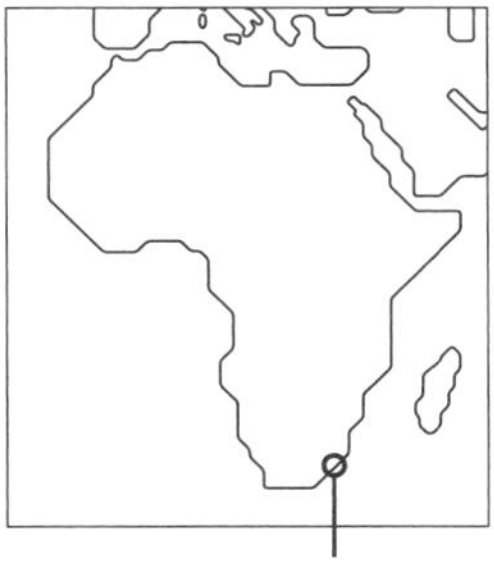

6万4000年前
はじめて弓で矢を放つ

およそ四万年前、現在のイラク北東部にあたるザグロス山脈で、ネアンデルタール人の高齢の男性がひとり、関節疾患の足を引きずりながら歩いていた。場所はシャニダール洞窟の近くである。そのとき、何者かが恐ろしい一撃を放った。小さな石製の武器が男性の胸に刺さり、第九肋骨《ろっこつ》の縁《ふち》をきれいに削って、肺の少し手前で止まった。洞窟の中に埋もれた状態で発掘されたとき、その肋骨には治癒した痕跡が確認された。だとすれば、最初の一撃では絶命しなかったことになる。しかし、傷のせいで肺の機能が衰えたり、細菌に感染したりしたことはあったかもしれない。なぜなら、襲撃から数週間のうちに死亡したと見られるからだ。

ネアンデルタール人の骨格に外傷の痕が残っていること自体は、とりたてて珍しくない。彼らは氷河期の大型哺乳類を狩っていたし、そのおもな方法は槍で突くことだったから、不慮の怪我《けが》は避けようがなかった。ネアンデルタール人の骨格の八割に、重度の外傷の痕跡が認められると指摘した研究もある。

だが、このネアンデルタール人の男性の傷は様子が違っていた。その骨格（「シャニダール3号」と命名された）を発掘した考古学者によれば、肋骨に残された傷の状態が一風変わっていて、まるで手術で正確に切りこみでも入れたかのようなのである。マンモスの牙が刺さったり、転倒したりしたせいだとは考えられず、おそらく槍か刃物で刺されたのだろうというのが考古学者の結論だった。

それでも、傷が奇妙なまでに繊細であることに対し、デューク大学の研究チームが疑念を抱いた。槍や刃物をふるえば膨大な運動エネルギーが生じるため、骨にはぎざぎざした痕跡が残るか、骨全体に損傷が及ぶのが普通である。それにひきかえ、この不運なネアンデルタール人の場合、骨の縁の部分だけが正確に欠けている。石製の槍や刃物でそんな傷ができるものなのか。研究チームはそれを確かめるために複数のブタの死骸を並べ、石製の武器で刺したり突いたり、槍を投げつけたりしてみた。ところが、どういう角度から傷をつけても、あるいは衝撃を和らげるためにどれだけ弓なりに投擲《とうてき》してみても、シャニダール3号のような傷にならない。チームは次のような結論をくだした。これは「低質量で低運動エネルギー」の武器が弾道を描いて命中した結果だ、と。つまり、槍や刃物で襲われたのでも、転倒して息絶えたのでもなく、弓矢によって殺害された最古の事例と考えられるのである。

シャニダール3号はネアンデルタール人だったが、仲間に殺されたのではない。槍を投げるのは別として、ネアンデルタール人が発射型の武器をつくったり使ったりしていた形跡は確認されていないからだ。そこまで知力が及ばなかったせいかもしれないし、いつも狙っている大型の獲物には弓が役に立たなかったからかもしれない。いずれにしても、このたぐいの傷をつけることのできた種族はただひとつ。ホモ・サピエンスである。

犯人が使用した武器は、いってみればおもちゃのパチンコを高度にしたようなものである。複数の部分に分かれており、巧みな設計のもとに入念につくられていた。木製の弓に動物の腱を張りわたし、完全にまっすぐな矢の先に親指の爪ほどの石を取りつける。槍が筋肉や骨を破壊することで獲物を動けなくするのに対し、矢は獲物の体内に飛びこんで臓器や動脈を傷つける。力の強い動物を相手にする武器としては槍に軍配が上がるものの、小型の獲物（ヒトも含む）を狙う場合は弓のほうが上である。九世紀に中国で黒色火薬が発明されるまではその状況が続いた。

弓のもうひとつ特筆すべき点は、槍より圧倒的に複雑だということである。槍は多少いびつでも殺傷力を失わないが、弓は完璧な出来ばえでないといけない。シャニダール3号に向けられた弓は硬材を材料とし、隅々にまで神経を行きわたらせながら形づくられていたと考えられる。目立った欠陥がひとつでもあると、しなり方が一定しない。そうなれば弓が折れやすくなるか、矢がまともに飛ばずに使い物にならないかのどちらかになる。弓弦《ゆみづる》には、おそらく動物の腱を乾燥させたものが使用されたのだろう。弓弦としての用をなすためには、細くなめらかでありながらも強大な張力に耐えるものでなくてはならない。

弓ひとつつくりあげるだけでもこんなに大変なのに、矢にはなおさら難しい面がある。先史時代の弓を使ったとしても矢は二〇キログラムあまりの力で放たれ、時速一六〇キロメートルを超える速度まで加速する。矢の軸の部分（これを矢柄《やがら》という）が硬すぎたり、逆に軟らかすぎたりすると、矢が弓の脇を通るときの左右のくねり方が適切なものにならない。また、正確に飛ばすためには、大昔とは思えないほどに矢柄をまっすぐにする必要がある。半径の誤差がせいぜい一・五ミリ程度でないと、矢はおかしな方向に飛んでいってしまう。

矢じりは、矢がバランスを保てるように小さくする必要がある一方で、先端を鋭くとがらせて、皮膚や骨を切りさけるようにしないといけない。木製の矢柄に小さな石の矢じりを取りつけるために、先史時代版の強力接着剤のようなものも念入りに準備されたはずだ。これには、樹液を熱で溶かし、それが冷えて固まる性質を利用したと考えられている。

弓を射るには十分な練習も必要だ。矢を向ける角度や、動いている相手に対する狙いの調節が少しでも狂ったら、あるいは呼吸のタイミングを誤ったら、どんな結末が待っているか。人知れず恐ろしい武器を放てるどころか、自分の居場所をわざわざ教えてやるようなものである。

シャニダール3号を狙ったのが誰にせよ、その弓矢には数万年前とは思えないほど高度な工学の粋《すい》が集められていたのは間違いない。だとすれば、この犯人が弓矢そのものを考えだしたわけではないだろう。新発明がどれもそうであるように、おおもとの弓と矢は初歩的なものだったはずだ。軽量で正確さに欠け、威力も小さく、そして発明品のサイズと同様、発明した本人もおそらくは相当に小さかったと推測される。

アーチェリーにちなんで、その人物を《アーチー》と呼ぼう。

《アーチー》が生きていたのはおよそ六万四〇〇〇年前。場所は、現代でいえば南アフリカ東部のダーバン郊外にあるシブドゥ洞窟である。近年その洞窟で、ヨハネスブルグ大学の考古学教授マルリゼ・ロンバルトが、六万四〇〇〇年前のものと見られる石製の矢じりを発見した。弓矢の使用を物語る最古の証拠である。

《アーチー》が暮らした時代は中期石器時代であり、アフリカ南部では「ハウイソンズ＝プールト」と呼ばれる文化が花開いていた。人々は狩猟採集民として海岸近くで生活し、象徴的思考をうかがわせる人類最古の美術品を残したことで知られる。たとえばビーズ、貝殻の首飾り、小型の彫像などである。

《アーチー》は現代型のホモ・サピエンスだった。だから、今ふうの服を着せて現代の教室に連れてくれば、クラスメートとも違和感なくなじむ。完全な言語を話し、その気になればこの本に書かれた文字を理解できるようにもなるし、私たちが《アーチー》の言葉を学ぶこともできる。皮膚は黒く、髪は短く縮れている。動物の軽量な皮を身につけているのは体を温めるためでもあるし、装飾のためでもある。ただし、たぶん靴は履いていなかっただろう。

《アーチー》は塊茎だけでなく肉も食べた。罠《わな》で捕らえた小動物の肉が中心だが、ときにはバッファローのような大物にもありつけた。芸術作品もつくった。シブドゥ洞窟からは代赭石《たいしゃせき》が大量に見つかっているのだが、この石を粉末にすれば赤い顔料になり、水と混ぜれば絵具として使える。この時代にさかのぼる洞窟壁画はいまだ発見されていないものの、絵を描かないのだとしたら代赭石の使い道は無きに等しい。壁画に使用しなかったとしても、自分の体に色を塗っていたことは想像に難くない。

《アーチー》は貝殻や小さな石に穴をあけた。ひも状のものに通して首飾りにするためだったのかもしれないし、そのひもをさらに棒に結びつけたのかもしれない。装飾のためにせよ、あるいは遊ぶためにせよ、こうした単純な美術品をつくっていたことが考古学最大の謎のひとつに答えを出してくれそうだ。その謎とは、いったいぜんたいどういう経緯で弓が誕生したのか、である。

弓の発明の何が不思議かというと、それが何かの模倣ではないという点である。ヒトが古い時代につくりだしたものは、そのほぼすべてについて自然界に似たようなものが見つかる。発明した者は、もちろん創意工夫の才があったことに間違いはないが、要は目にしたものを真似したわけである。転がる丸太から車輪が生まれ、水に浮かんだ丸太が船につながった。枝からは槍が、植物のつるからは縄が、岩石からは握斧が、鳥からは飛行機が。このように自然界がアイデアを提供し、ヒトが技術を駆使してそれに形を与えるケースが多い。

ところが、弓矢に関してはまったくそのパターンに当てはまらない。木材をしならせてエネルギーを溜《た》め、それが跳ねかえる力を利用して発射体を打ちだすなど、自然界には手本がひとつも見当たらないのである。弓矢ははじめから人間が独自に編みだしたものであり、だとすればこれもまたその手の発明品と似たような生まれ方をしたに違いない。つまり、偶然である。

ドイツのテュービンゲン大学で古人類学教授を務めるミリアム・ハイドレは、ハウイソンズ＝プールト文化期の弓に関する権威のひとりであり、次のように語っている。「誰かが別のことをしようとして、弓を生みだしたのだと私は考えています」

そういう見方をしているのはハイドレだけではない。ふとひらめいたにしては弓は斬新で独創的すぎるというのが、大勢の研究者のたどり着いた結論だ。

私はハイドレに、弓がどのようにして発明されたと思うかを尋ねてみた。ハイドレはまず、ハウイソンズ＝プールト文化にすでに棒と腱とビーズが存在していたことを指摘する。そのうえで、《アーチー》のような人物が、ビーズを通した腱を棒につなごうとあれこれ試しているうちに、たまたま棒をしならせてその両端を腱で結んだのではないかと答えた。それが弓の原型になった。武器としての役には立たなかったにせよ、棒のたわむ感覚は新鮮だったに違いない。《アーチー》はぴんと張られた腱で遊び、それを引いたり離したりして楽しんだのではないか。仮に《アーチー》がその腱を使って、ビーズや貝殻や別の棒を弾《はじ》きとばしたとしたら、その「弓」は最先端のおもしろさを提供してくれるものとなっただろう。実用的な価値など何ひとつなくても。

おもしろくはあるが役に立たない品物から出発して、シャニダール3号を殺せるほどの武器にまで発展したのだとしたら、改良のための長い道のりが必要だったはずである。適切な木材をどう選んでどういう形にすればいいか。矢じりをどういうふうにとがらせ、どうやって矢柄と接着するか。弓弦をどのように乾燥させるのがいいか。どれも小さなことではあるが、改善のためにはこうした新しい工夫を積みかさねることがどうしても必要であり、それには何世代もかかったに違いない。では、そうまでして弓を文化の中に残しつづけたのはどうしてだったのだろうか。

その答えはごく単純なことだったのかもしれない。《アーチー》は子どもだった。しかも、たぶん幼い男児である。というのは、ホモ・サピエンスからサバンナモンキーまで、幼い雄の霊長類が発射体のおもちゃを好むことが研究によってくり返し確認されているからである。最初の弓は物珍しくて現実の役には立たず、ただ楽しむための物体だった。いい換えれば、最古の弓はおもちゃだった。そう考えていいだけの理由もちゃんとある。

もっとも考古学者は、先史時代の遺跡から出土したものを「おもちゃ」と呼ぶことに二の足を踏む。ドイツのマックス・プランク人類史学研究所の考古学者パトリック・ロバーツが、私にメールで教えてくれたところによれば、「おもちゃであることが確実なものは、紀元前三〇〇〇年のエジプトとメソポタミアの都市文明の時代まで存在しない」という。つまり、文字が発明されたあとの時代に、それがおもちゃであることを使用者が明記している場合、ということだ。文字のない時代の物体について、それが人形だったのか偶像だったのかを見極めるのは簡単ではない。

とはいえ、どんな子どももかならず遊ぶ。これは人間にとっての普遍文化であるだけでなく、脊椎《せきつい》動物全般に当てはまることでもある。全米遊び研究所を設立したスチュアート・ブラウンは、これまでキャリアの大半をささげて、ヒトと動物の精神の健康に遊びが果たす役割を研究してきた。私は、先史時代の子どもも遊びに夢中になったかどうかをブラウンに尋ねてみた。すると、今までに調査した文化の中で、遊びの活動を行わないものはほとんどなかったと話してくれた。「文字が生まれる前の時代の文化に違いがあったと考える理由はなく、むしろ先史時代のほうがたくさん遊んでいたらしき形跡が確認されています」

狩猟採集民に対する世間一般のイメージは、物の乏しい動物的な暮らしを送りながらどうにか命をつなぐ、というものだ。しかし、たとえ乾燥地帯の狩猟採集民であっても、農耕民や牧畜民より長い時間を余暇に充てていることが有力な証拠から指摘されている。自由時間や、遊びやおもちゃは、ハウイソンズ＝プールト文化期にも現代と同じく重要な役割を担っていたはずである。

だから、《アーチー》のような子どもは、現在の世界中の子どもがやっているようにして遊んでいたに違いない。しかも私が『アメリカン・ジャーナル・オブ・プレイ』誌の元編集主幹スコット・エバリーに会って、武器の出発点がおもちゃだったケースは珍しいのかどうかを尋ねてみたとき、興味深い答えが返ってきた。おもちゃが武器へと発達するのは、これまでに何度も通ってきた道筋だというのだ。ブーメランにしろ、ロボットにしろ、ロケットにしろ、始まりはおもちゃである。戦場で力を発揮するようになるのは、のちの時代に製造技術が改良されてからだとエバリーは指摘する。「これは私の推測ですが、武器を設計する際のひらめきというのは、遊びたいという衝動に近いのではないでしょうか」

現代の児童心理学者や、彼らを雇うおもちゃ会社は、子どもが自発的に行う活動を表すのに「遊びのパターン」という言葉を使う。そのパターンのリストは長くないものの、上のほうにきわめて基本的なパターンのひとつが記されている。「発射することと投げること」だ。この活動をおもしろがる感覚は、どうやらほぼ万国共通らしい。アフリカのブッシュマンの幼い男児は、小さい弓から小さい矢を放って遊ぶ。また、この文章を書いている時点で、アメリカでよく売れているおもちゃ上位二〇位のうち六つが発射体を打ちだすタイプだ。

はじめて武器として使用された弓は、のちの時代のような殺人マシンとは程遠いものだった。ハウイソンズ＝プールト文化では、シブドゥ洞窟で発見されたような弓でおもに小動物を狩っていたのではないかとハイドレは語る。たとえば、アンテロープの仲間のうちで最も小型のブルーダイカーなどが考えられるという。ブルーダイカーは体重が五キロ足らずしかなく、その骨が洞窟に散らばっているのが発見されている。

先史時代の発明品にしては珍しく、弓にはほぼ絶えることなく改良が重ねられていった。なにしろホモ・サピエンスは六万年以上の歳月をかけて、弓の威力と正確さを高めていったのである。そのおかげで、シャニダール3号の肋骨の縁を削りとった武器は発展を遂げ、一四一五年の「アジャンクールの戦い」では、長弓を用いたイングランド軍がフランスの大軍を撃破するまでになった。弓が別の武器に取ってかわられるのは、やはり風変わりで実用性のない別の発明品、つまり火薬に、殺傷能力があると証明されてからのことにすぎない。それまでのほぼ六万四〇〇〇年のあいだ、弓は戦いの中心となる武器だった。

そして、そのすべては一個のおもちゃから始まった。

第 6 章
はじめて名画を描いたのは誰？

ホモ・サピエンスの全史を 24 時間に縮めたとすると
これが起きたのは 21 時 22 分（3万 3000 年前）

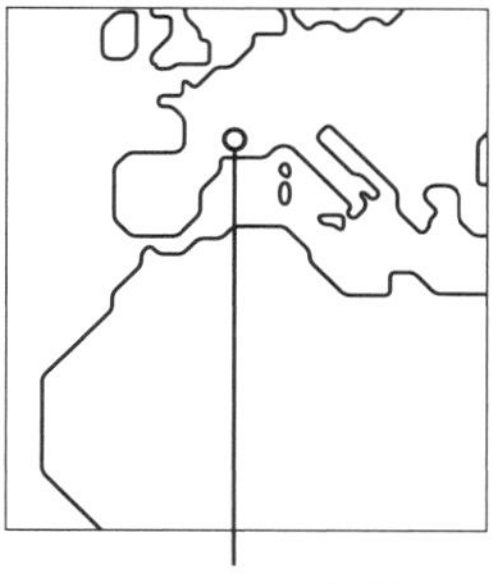

3万 3000 年前
はじめて名画を描く

フランス南部を流れるアルデーシュ川には、ポン・ダルクという名所がある。自然の岩が川をまたいでアーチ橋となった見事な眺めであり、そのポン・ダルクを見下ろす崖にショーヴェ洞窟がある。洞窟の入口は今でこそ近代的な鋼鉄の扉で守られているものの、奥に進めば、非凡な才能を形として伝える世界最古の証拠が石灰岩の壁に残されている。

それは洞窟壁の一角を占める一点の壁画であり、考古学者はその壁画を「馬のパネル」と呼ぶ。三万三〇〇〇年前にひとりの画家が、ランプの灯《あか》りを頼りに木炭で描いた作品だ。これは、太古の昔に紛れもない天才が存在したことをありありと物語るものとみなされている。

ショーヴェ洞窟内には四〇〇点あまりの壁画が確認されている。それらはおよそ五〇〇〇年をかけて断続的に描かれていったものだが、二万五〇〇〇年近く前に土砂崩れが起きて入口がふさがれた。以来、洞窟の名画は隠されたまま長い歳月が過ぎ、ついに一九九四年、洞穴《どうけつ》学者のジャン＝マリー・ショーヴェ率いる研究チームによって再発見された。ブラッドショー財団（世界中の岩絵の研究と保護に取りくむ非営利組織）の編集者で画家のピーター・ロビンソンは、洞窟内のどの絵画にも一貫して高い水準が保たれていることに目をとめ、選《よ》りすぐりの描き手だけがここでの制作を許されたのではないかと私に話してくれた。

だが、名匠たちの手になる数々の絵画の中で、やはり群を抜いているのが「馬のパネル」である。最古のピラミッドが建設されるより二万八〇〇〇年あまり前に生まれた作品ながら、傑作としかいいようがない。獣脂ランプの灯りが揺らめくなか、木炭片を用いて短時間で仕上げたものとされている。

では、これを創作した芸術家はどういう人だったのか。

洞窟の発見者に敬意を表して、その人物を《ジャン》と呼ぼう。

また、《ジャン》は男性だったと考えることにしたい。なぜなら、洞窟に残された手形の位置から、そこを出入りした画家たちの少なくともひとりは身長が一八〇センチあまりあったことが明らかになっているからだ。

《ジャン》はほぼ三万三〇〇〇年前に現在のフランスに生まれた。これは、誰かがなんらかの文字を書く二万七〇〇〇年近く前のことである。考古学者はこの時代を「オーリニャック文化期」と呼び、驚くほど洗練された芸術作品が生みだされたことがその特徴である。象牙《ぞうげ》製のビーズ、彫刻、洞窟壁画などのほか、最古の部類に入る楽器も発見されている。

《ジャン》自身は濃い褐色《かっしょく》の肌と黒く縮れた髪をもち、瞳の色は茶色だった。近年にベルギーのゴイエ洞窟群で発掘された骨のＤＮＡ解析を踏まえる限り、おそらくそういう姿だったと思われる。

外見は現代人とまったく変わらない。初期のホモ・サピエンスと違って眉弓はもう突きだしておらず、現代の街角に立っていても体のつくりで目を引くところは何もないはずである。

このように人間の見た目には違和感がないものの、《ジャン》の暮らしたヨーロッパ自体は現代とは似ても似つかないものだった。なにしろ、スカンジナビア半島は氷床《ひょうしょう》に覆われ、アルプス山脈の上には厚さ二キロ近くの氷河が層をなしていたのだから。氷河期には水が氷として陸上に閉じこめられ、川として海に流れこむ量が減るので海水面が下がる。そのため、《ジャン》はその気になればフランスからイギリスまで歩いていけた。寒さの中を生きのびるために、《ジャン》はクマやトナカイの厚い毛皮を重ねて着ていた。毛皮は体に合うように縫いあわせられ、クズリの毛皮で裏地をつけてある。氷河期のヨーロッパといえば、狩猟民がマンモスを狩っていたことで有名だが、残されている証拠から判断する限り、実際にそれほどの大物を倒せたことはめったになかったと見られている。そのかわり、オーリニャック文化期の野営地跡では、発掘される骨の四分の三がアイベックス（ヤギの仲間）のものだ。強靭《きょうじん》な体をもつ敏捷《びんしょう》な動物であり、その肉が《ジャン》の食事を支えていたと推測されている。

《ジャン》は音楽を楽しみ、自身でも多少は楽器をたしなんだかもしれない。オーリニャック文化の遺跡からは世界最古の楽器が複数発見されており、その中には小さな縦笛のような楽器もある。材質は、ハゲワシの翼の骨や象牙などだ。この笛のレプリカの演奏を聞くと、風の強い日のリコーダーとでもいうような音がする。笛には穴が五つしかあいていないので、「きらきら星」や、レッド・ツェッペリンの「天国への階段」を吹くのにちょうどよさそうだ。

《ジャン》の暮らす西ヨーロッパにはホラアナグマもホラアナライオンもいたし、トナカイもサイもいた。もちろんホモ・サピエンスの別の集団も暮らしていた。もっとも、当時のユーラシア大陸は想像を絶するほど人口密度が低かったので、異なる集団どうしが交流することはほとんどなかったと考えられている。ホモ・サピエンスの数で比べたら、《ジャン》の時代のヨーロッパ全体よりも現代のオレゴン州ポートランド〔訳注：二〇一九年の人口は約六五万人〕のほうが多いくらいである。

《ジャン》は現代型ホモ・サピエンスの例に漏れず、生まれながらに絵を描くことができた。現代の幼児を対象にした実験によると、たとえ一度も経験のない子どもであっても、指示を受けずにそれとわかる絵を仕上げることができるし、絵が何を表しているかを認識することもできる。つまりこれは、本能から湧きだす能力といえる。

しかし、いくら絵画への天分が《ジャン》に備わっていたとしても、それだけでは足りない。素質が本物の技能へと成長するためには、その天分を幼いうちから見出して伸ばしてやる必要があったはずだ。じつは、《ジャン》は教育を受けていたかもしれない。私はブラッドショー財団のロビンソンに会って、正規の教育制度が存在したのかどうかを尋ねてみた。すると、ショーヴェ洞窟の壁画のようなオーリニャック文化の絵画は、構図が考えぬかれているうえに作風に高い一貫性が見られるとロビンソンは指摘した。その点を考えると、単なる模倣を超えた徒弟制度のようなものが確立されていたとしても少しもおかしくないという。ロビンソンからのメールには次のように記されていた。「先史時代に『美術学校』があったのではないかと研究者たちは話しています」。数万年前にまさかそんなものが、とにわかには信じがたいが、ショーヴェのような洞窟壁画からは、想像をはるかに超える本格的な教育がなされていたことが現にうかがえる。絵を描くことは単なる余技ではなかった。少なくともショーヴェのような洞窟壁画の場合はそうであり、「芸術はきわめて重要なものととらえられていた」とロビンソンは語っている。

氷に覆われたヨーロッパで、狩猟採集民の小集団が文化を発達させ、時間と資源を芸術にささげていた。型にはまった「穴居人」のイメージがしみこんでいる人にとっては、そんな馬鹿なと笑いたくなる話に違いない。穴居人はトラの皮をまとって、食う物をあさるか自分が食われるかのどちらかではなかったのか、と。だが、信頼できる研究結果から判断する限りそういう考え方は間違っているし、まったく時代遅れの見方でもある。というのも、《ジャン》が天才だったことを疑う理由が見当たらないだけでなく、むしろ《ジャン》の時代の人類（「クロマニョン人」とも呼ばれる）のほうが賢かったと思われる証拠が少なくともいくつかはあるからだ。たとえば、クロマニョン人の脳は現代人の平均より約一〇パーセント大きかった。これは、彼らの筋肉量が現代人の平均より多かったことと関係しているのかもしれないし、現代人の脳は小さくなりはしたが効率よく働けるようになったということなのかもしれない。しかし、クロマニョン人のほうが単純に知力が高かったという可能性も否定はできないだろう。

生きていくうえで、《ジャン》は自分を取りまく環境について現代人よりはるかに幅広い知識を必要とした。なにしろ、追跡、狩り、解体、調理、建設、戦い、会話、人づき合い、道具づくりと、何から何まで自分でこなさなくてはならない。どの植物が体を癒《いや》し、どれに毒があるかも知っていないといけない。水の見つかる場所も、星々の動きで季節を読む方法についてもそうだ。動物の移動のパターンや縄張りも把握していないと困るし、自分の持ち物は何から何まで自分でこしらえる。しかも文字がないので、そうした知識や技能のすべてを頭に入れておかなくてはならなかった。

では、「馬のパネル」を手がけたとき、《ジャン》は何歳くらいだったのだろうか。「天才」という言葉を聞くと、モーツァルトが「交響曲第一番」を八歳で作曲したように「早熟の天才」というイメージが浮かぶ。だが、オランダの経済学者フィリップ・ハンス・フランセスの研究によると、天才はもっと曲がりくねった道のりを歩むことが多い。世間が抱く天才のイメージとは裏腹に、最も優れた作品を二〇代前半より前に制作する画家はほんのわずかしかいないという。自身の最高傑作とされる絵画は、四〇代前半で発表されるケースが一番多い。国連人口部の推定によれば、《ジャン》の時代の平均寿命はわずか二四歳である。しかし、オーリニャック文化の場合、幼児期に命を落としさえしなければ五〇歳や六〇歳にまで達するのはけっして珍しくはなかった。

だとすれば、《ジャン》が「馬のパネル」を描いた頃には、たぶん今でいう中年の域に差しかかっていたと考えていいだろう。その時点ではすでに技術を極めていたのはもちろんのこと、地域の人々からある程度の信望を得ていたはずである。そうでなければ、ショーヴェ洞窟の壁画に携わるという比類のない栄誉を手にすることはできなかった。

《ジャン》がはじめて洞窟に足を踏みいれたとき、五感がとまどうような奇妙な感覚を味わったことだろう。明るさという点からすれば、暗い夜すら昼に近いといいたくなるほど洞窟の闇には完全に光がない。入口から奥へ進んだ《ジャン》は、混じりけのない漆黒の闇に包まれたはずだ。これほどの暗さはそうそうあるものではないのに、灯りとして使えるのはマツのたいまつか獣脂ランプのみ。これではロウソク程度の明るさにしかならないので、自分の作品の全貌を確認できたことは一度もなかったと考えられている。そのかわり、壁画は影の中で踊っているように見えたに違いない。光が通りすぎるたびに動物の姿が浮かびあがり、そこに命が吹きこまれる。まるで、岩壁そのものから飛びだしてくるように感じられたのではないだろうか。

このいい知れぬ雰囲気をさらに高めたのが音だ。洞窟は気味の悪いほどに静まりかえっていたかと思うと、木の根を伝う水の音で息を吹きかえす。鍾乳石《しょうにゅうせき》からしたたり落ちる水は、スタッカートで洞内にこだまする。

闇と、揺らめく灯りと、影と音に囲まれていると、絵画がじつは命ある神秘的なものだと《ジャン》が思ったとしても不思議ではない。洞窟というものが、教会と劇場を足しあわせたような人知を超えた場だったことも容易に想像がつく。そもそもこの洞窟は住居として使用されていたものではなく、ヒトの骨や人工物や、家事の痕跡が確認されていないことからもそれは明らかである。実際のショーヴェ洞窟は絵を描くための空間であり、訪れる場所であり、さらには一種の礼拝所だった可能性もある。ここで宗教的な儀式が行われていたという確たる証拠は、この先も見つからないかもしれない。だが、ショーヴェで最も広い洞窟空間では中央に大きな石が置かれ、その上にホラアナグマの頭蓋骨が載せてあった。どう見ても祭壇である。

《ジャン》が「馬のパネル」に取りくむにあたっては、まず自分のキャンバスがどういう状態かをつぶさに眺めたに違いない。キャンバスとはつまり、割れ目の入った石灰岩である。そこには石灰岩ならではの難しさと魅力があった。洞窟の壁には凹凸があるため、表面は均質ではない。しかし、《ジャン》のような才能ある描き手にしてみれば、それをうまく利用して遠近感や動きを生みだすことができた。何を表現するかを考える際にも、この壁の形状を考慮に入れたはずである。といっても、絵にする対象は決まっている。選ばれるのは人や風景ではなく、世界を闊歩《かっぽ》する偉大なる動物たちだ。

　オーリニャック文化期の洞窟壁画をめぐる謎のひとつは、なぜほぼ動物ばかりが描かれているのか、である。ショーヴェ洞窟で発見された四〇〇点あまりの壁画のうち、人間の姿が描写されたのはわずか一点のみ。しかも体全体ではなく一部だけだ。それに、木や山を題材にしたものも、なんらかの風景を表したものもひとつとしてない。巨大なポン・ダルクのアーチでさえ、洞窟の入口からすぐ近くに見えていたはずなのに、絵の中にはいっさい登場してこないのだ。そのうえ、動物も種類が限られていた。よく目にしていたはずのアイベックスなどは対象から外れている。現代の絵画や神話でリスやハトがかえりみられていないように、アイベックスとウサギは《ジャン》の絵にはほとんど出てこない。かわりに好んで題材に選ばれたのは、強大で恐ろしい動物たち。サイにホラアナライオン、ホラアナグマにバイソン。食料にしていた動物ではなく、スーパーヒーローを取りあげたのである。

いよいよ絵を描く段になり、《ジャン》は石灰岩表面の鍾乳石を削って準備をする。白い壁に黒い木炭が映《は》えるようにするためだ。絵筆のかわりに用いるのは、ヨーロッパアカマツの木炭である。ハーヴァード大学の神経学者ノーマン・ゲシュウィンドが優れた画家について研究した結果を踏まえるなら、《ジャン》はその木炭を右手ではなく左手で握っていた可能性がやや高いかもしれない。

ブラッドショー財団のロビンソンは、「馬のパネル」の中で線がどう交わっているかを調べた。その結果、《ジャン》はまずかがみこんで、右下で二頭のサイが角を突きあわせている絵から取りかかったという結論に至った。壁には《ジャン》の指の跡がいくつか残っており、作業をしながらしばしば絵の上に手をすべらせていたことがうかがえる。フランスの考古学者で『洞窟壁画（*Cave Art*）』の著者ジャン・クロットは、ショーヴェ洞窟にいち早く入ったひとりだ。クロットは、《ジャン》のような画家は被写体の魂と交信するために指で絵に触れたのではないかと考えている。原始的な宗教において、超自然的なものは双方向に通じあう。だから、オーリニャック文化の画家たちが動物を描いたのは、その魂に語りかける意味合いもあったのではないかとクロットは指摘している。

《ジャン》は短い時間で作業した。右下の戦うサイを終えたあと、時計回りに左へ移動する。そこでまず、一頭の雄ジカと二頭のマンモスを仕上げ、それから左上に移って数頭のオーロックス。オーロックスは「原牛《げんぎゅう》」とも呼ばれ、家畜ウシの祖先にあたる。しかし、やはり最も重要なのは、ロビンソンがいうところの「そのために取っておいた」中央の位置を占める四頭のウマだ。《ジャン》の最高傑作である。

ウマのパートは左上から描きはじめ、そこから右下へと順に進んでいる。どのウマも、右から左へ全速力で駆けているように見える。三頭は口をあけてあえぎ、もう一頭はいなないているかのようだ。

最後の仕上げとして、《ジャン》はウマの輪郭を壁に刻みつけた。その部分をとくに強調したかったかのように。技法、スピード、ウマの皮膚の色（木炭と赤土を混ぜてつくったもの）を専門家が調べた結果、四頭のウマは同じ画家の手によって一気呵成《かせい》に描かれたことがわかっている。

フランス南西部にあるラスコー洞窟は一九四〇年に発見され、ショーヴェと同じくらい見事な壁画を誇っている。パブロ・ピカソはこのラスコーの壁画を見学し、去るときに次のような言葉を残したと伝えられている。「彼らがすべてを考えだしていた」

《ジャン》をはじめとするオーリニャック文化の画家たちは、数々の新しい技法を編みだした。遠近法（大きさや角度を工夫して二次元の表面が三次元であるような錯覚を生みだすこと）は、アテネの画家がはじめて使ってルネサンス期に完成されたとかつては信じられていた。しかし《ジャン》はすでにその三万年近く前に遠近法を用いて、ぶつかり合う二頭のサイや、坂を駆けおりてくる四頭のウマを描いている。点描画法（点の集合で対象を表現する）は一般に一九世紀後半のフランス人画家が始めたとされるが、ショーヴェ洞窟の入口付近には点描画法による赤いマンモスの絵がある。

ステンシル法もショーヴェではよく見られる。画家たちが壁面に手のひらを押しあてて指を広げ、そこに中空の骨などを通して赤茶色の顔料を吹きつけるというものだ。それによって手の跡が陰画のように白く浮きあがる。まるで、自分がそこにいたことを太古の画家たちがどうしても伝えたかったかのように。手形のひとつはあまりに鮮明なので、私はその写真を整形外科医に見せてみた。すると、小指が奇妙に曲がっていることから、第四ないし第五中手骨《ちゅうしゅこつ》が骨折しているようだとの診断がくだった。「治癒していますが、完全に元に戻ってはいません」
ショーヴェ洞窟で作業をした画家のうちの何人かは、アニメーションの技法を用いているようにすら見える。とある一頭のバイソンに、ぼやけた足が八本描かれていて、それが動きを表現しようとしたものとみなされているからだ。その三万年以上のちに、画期的で斬新だとして称賛されることになるものの先駆け的なアイデアである。

《ジャン》が幼い頃から徒弟として技術を教わっていたとしたら、年を重ねたのちにその恩を返したというのは十分に考えられる。もしかしたら、未来の画家たちをひき連れてショーヴェ洞窟を案内することもあったのではないだろうか。というのも、祭壇の部屋へと通じる洞窟の奥には、たいまつの煤《すす》がこびりついた近くに子どもの足跡がくぼんで残されているからだ。これは人類最古クラスの足跡とみなされている〔訳注：この足跡そのものはオーリニャック文化期のものではなく、のちのグラヴェット文化期のものという説が有力である〕。

《ジャン》は当時としては高齢の部類だったと思われるため、ウマの絵を描きおえてほどなくしてその生涯の幕を閉じたのではないだろうか。事故か感染症で命を落としたか、あるいは暴力の犠牲になったのかもしれない。《ジャン》の属していた文化ではおそらく霊魂の存在を信じ、死に際して儀式をとり行っていたと見られる。だとすれば、高い芸術性で評価されていた男が人生に別れを告げたとき、その功績は芸術的なかたちで讃えられたのではないか。そう願ってもあながち無謀ではあるまい。

第7章
はじめてアメリカ大陸を見つけたのは誰？

ホモ・サピエンスの全史を24時間に縮めたとすると
これが起きたのは22時43分（1万6000年前）

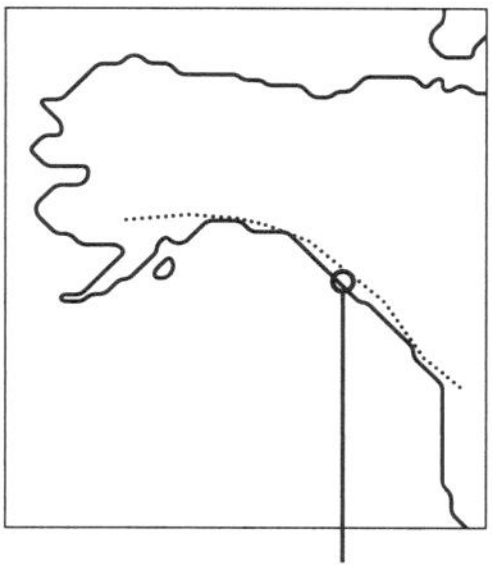

1万6000年前
はじめてアメリカ大陸を見つける

一四九二年一〇月一二日のこと。クリストファー・コロンブスは、のちに「新世界」と呼ばれることになる陸地を発見し、それがスペイン領であると宣言した。当時、その世界にはすでに推定五〇〇〇万人が暮らしていたことを思うと、この「発見」には明らかに注釈がつく。コロンブスを「新世界を見つけた最初のヨーロッパ人」と呼ぶのにも問題がある。というのも、コロンブスが生まれる五〇〇年近く前に、古代スカンジナビア人のレイフ・エリクソンが、ニューファンドランド島（現在のカナダ東端の島）に上陸していたというのがほぼ定説だからだ。

　より正確にいうなら、コロンブスはアメリカ大陸を発見した「最後の」人物だった。ただし、そこにはもちろん「最初」がいた。

　居住に適したほかの大陸と違い、アメリカ大陸は人類のゆりかごとなったアフリカから大洋と氷で隔てられていた。このため、一万六〇〇〇年前になるまでヒトの足がこの地に触れることはなかった。その頃になってようやくカナダの氷床が解けはじめ、シベリアとアラスカをつなぐ陸地に住んでいた勇敢な人々が新世界の沿岸部にはじめて一歩を印《しる》した。

　では、先陣を切ったのはいったい誰だったのか。

　その男性を《デルス》と呼びたい。一九世紀シベリアの偉大な探検家デルス・ウザーラにちなんだものである。

　われらが《デルス》は一万六〇〇〇年前に生まれた。これは最終氷期の終わりが近づいていた時代であり、旧世界で農耕革命が起こる五〇〇〇年あまり前のことである。つまり、《デルス》がこの世に生を享《う》けた時点では、地球上のすべての人間が依然として狩猟採集にいそしんでいた〔訳注：農耕が始まった時期については諸説あり、現イスラエルで二万三〇〇〇年前の農耕の痕跡を発見したとの研究も二〇一五年に発表されている」。

《デルス》が暮らしていた地域を考古学者は「ベーリンジア」と呼ぶ。現在は水没しているものの、かつてはシベリアとアラスカをつなぐ陸地であり、現在のアラスカ州ほどの広大な面積をもっていた。「ベーリング陸橋」や「ベーリング地峡」という呼称も使われることはあるが、パナマ地峡のようなものを思いうかべてはいけない。むしろ、海に沈んだ幻の大陸に近いといったほうがいいだろう。《デルス》が生まれた頃、巨大な氷床が膨大な量の水を閉じこめていたために、海水面は現在より一〇〇メートル近く下がっていた。そのおかげで、広々とした陸地がむき出しになっていた（今はベーリング海の水深五〇メートルほどのところに没している）。初期のスペイン人征服者は、アメリカ先住民の祖先が伝説のアトランティス大陸から渡ってきたと考えていたが、自分たちが思っていた以上に核心に迫っていたわけである。

遺跡がほとんどベーリング海に沈んでしまったせいで、《デルス》の文化は謎のベールに包まれている。そのため古人類学者は、古い言語の復元や、アメリカ大陸最古の住人のDNA解析や、カナダのユーコン準州北部とアラスカに残されたごくわずかな痕跡を手がかりにして、全体像をつなぎ合わせてきた。それでも《デルス》たちの不屈の精神が、人類最大ともいうべきサバイバルストーリーを生んだことには議論の余地がない。

《デルス》は住むに適さない環境に取りかこまれていた。東にはコルディエラ氷床が高層ビル群のようにそびえ立って、カナダの西半分のほぼ全域を覆っている。北は極寒の北極地方、南はベーリング海、西にはシベリアの不毛な凍土が広がる。《デルス》の故郷であるベーリンジアそのものも、人類が定住した地としては一、二を争うほどの厳しさであり、安楽に暮らせる場所とは程遠い。当時は人類の歴史の中でもことのほか寒い時代のひとつで、しかもベーリンジアは北極圏に接していた。年間の平均気温はマイナス一八度程度しかなく、冬のあいだは最高気温であっても〇度を超えることはめったにない。低木がわずかに点在するのみで、高木ははえていなかった。そのため、ベーリンジア人は火をつけるのに小枝や骨に頼っていたと考古学者は考えている。

《デルス》は完全に現代的なホモ・サピエンスであり、あなたや私と同じくらい（いや、たぶんそれよりもっと）賢かった。最古のアメリカ人（「ケネウィック・マン」と呼ばれる）の骨を復元した考古学者ジェームズ・チャターズの説のとおりだったとすれば、《デルス》はエスキモーやイヌイットよりもポリネシア人に近かったと見られている〔訳注：DNA解析を用いた二〇一五年の研究によりこの見方をくつがえす結果が得られ、現在では今のアメリカ先住民に最も近いとする説が有力〕。

《デルス》も現代人と同じように、踊り、音楽を奏で、物語を話して聞かせたに違いない。自分の子どもと一緒に時間を過ごし、食事をつくり、北太平洋沿岸に分布するケルプ（コンブ科の海藻）の森で食料を調達した。アザラシ、魚、貝を食べたほか、運がよければ野生のウマの肉にありつけることもあった。カナダのユーコン準州北部にあるブルーフィッシュ洞窟からは、ベーリンジア人の数少ない遺物が見つかっている。ウマのあごの骨だ。しかもその骨には、石器で深い傷をつけた痕跡が残っている。分析の結果、二万四〇〇〇年前のベーリンジア人はウマの舌を切りだして味わっていたらしきことがわかった。

《デルス》はアザラシ、セイウチ、野ウサギ、エルク、ムースなどを狩り、その皮を縫いあわせて身にまとっていた。狩りの際のおもな武器は槍で、火打石や黒曜石を鋭くとがらせたものを穂先につけていた。アトラトル（投槍器《とうそうき》）を使って槍を投げることもあった。網で魚を捕り、集めた貝を食べる。マンモスに囲まれて暮らしていたとはいえ、世間一般のイメージほど頻繁に仕留められたわけではたぶんなかっただろう。

アラスカのアップワード・サンリバーという一万二〇〇〇年前の遺跡の発掘調査によると、《デルス》たちはわずか四～五家族程度からなる血族の単位で暮らしていたと見られている。しかし、近隣の集団と話をしたり、物々交換をしたり、一緒に狩りをしたり、ときには夫婦になったりする場合もあった。モスクワの近くにある三万四〇〇〇年前の遺跡からは、ふたりの子どもを含む四人が同じ場所に埋葬されているのが発見されている。北極地方で狩猟採集を営む小集団は周囲から隔絶していたために、少なくとも多少は近親相姦《きんしんそうかん》があったと、以前は古人類学者のほとんどが決めてかかっていた。ところが、近年になってこの埋葬された骨のDNAを解析したところ、意外な結果が得られた。四人とも近親関係にはなく、せいぜい遠い親類程度だったのである。《デルス》たち北極地方の狩猟採集民は、近親相姦をしてはいけないことを現代人と同じように認識し、それを避けるために遠方の集団とも関係を維持していたのだろう。

《デルス》は集団内で一目《いちもく》置かれる立場にあったに違いなく、北極地方の狩猟採集文化ではその地位は年かさの男性に与えられるのが普通だ。中年の域に届いただけでも、すでに《デルス》は相当に不利な条件をはねのけてきたといっていい。子どもの死亡率が高いのは太古の狩猟採集社会の多くについていえることだが、北極地方ではそれが輪をかけて厳しかったはずである。《デルス》より一万二〇〇〇年ほどのちの、もっと技術の進んだ北極地方の狩猟採集民であっても、子どもの死亡率は四〇パーセントに達していたことが確認されている。ベーリンジアでは、子どもが一〇歳の誕生日を迎えられるかどうかはコイントスで決まるようなものだったかもしれない。《デルス》は運よく成人にまで達したものの、自身も父親になったとすれば、子を失う経験をしたことは十分に考えられる。
アラスカのアップワード・サンリバー遺跡では、三体の遺体が埋葬されているのが見つかっている。全員が子どもだ。考古学者の見解によれば、そこはいくつかの家族が何年ものあいだ夏季の野営地として使用していた場所だったが、三歳児の亡骸を火葬して小屋の中央に埋めたのを最後に、その場所を去って二度と戻らなかった。現代人の心情と同じように、先史時代の人々も悲嘆のあまりいたたまれなくなったのかもしれない。

南に向かう旅ができるようになったのは《デルス》の世代がはじめてだった。なぜなら、一万五〇〇〇年（有史以後の全期間の約三倍）もの長きにわたって、厚さ一キロ近いコルディエラ氷床が南へのあらゆる進路を阻んでいたからである。新世界にはじめて定住した人々は、一万三〇〇〇年ほど前にカナダ中部を通ってやって来たという説が最近までは主流だった。それより前には西のコルディエラ氷床と東のローレンタイド氷床が合体していたのが、その頃に合わせ目が解け、北米大陸分水界に沿って通り道ができたからである。ところが近年の発見によって、もっと早い時代にアメリカに人が住んでいたことが明らかになり、その仮説は終止符を打たれたも同然になっている。ここ一〇年のあいだにアメリカのオレゴン州と南米のチリで重要な発見があり、北米大陸分水界の道が開ける前の時代に人類がそれぞれの地に進出していたことがわかった。オレゴン大学の教授ジョン・アーランドソンをはじめとする大勢の考古学者が、人類が少なくとも一万六〇〇〇年前にはアメリカ大陸に到達していたと今では確信している。その時代に実行できる方法といえば、カナダ西部の海岸線に沿って小型の船で危険な旅をする以外になかったはずだ。近年の研究で、カナダの沿岸に分布する巨大な丸石の成分を詳しく調べたところ、最初の数個が氷床の下から顔をのぞかせたのがおよそ一万六〇〇〇年前であることがわかった。だとすれば、その時点では海岸線がすべて氷河に閉ざされていたわけではなく、沿岸ルートが存在していたことになる。

アーランドソンに会って話を聞いたところ、カナダ西海岸の海中にはケルプがおい茂って森をなしていたと教えてくれた。それがベーリンジア人に食料を提供しただけでなく、《デルス》を南へと導く「海の道」になったに違いないという。この「ケルプハイウェイ」はベーリンジアからメキシコ西部のバハ・カリフォルニア半島にまで延びていて、日々の糧《かて》はもちろん、旅を続ける意欲も《デルス》に与えてくれたとアーランドソンは考えている。

とはいえ《デルス》は、全行程を一度の航海でカバーできるような外洋向きの大型の船をもたなかった。そういう船をつくるのに必要な巨木が、ベーリンジアには単純に存在しなかったからである。そのため、《デルス》の船はたぶん外見が現代のカヤックに似て、流木かクジラの骨の骨組みに動物の皮を張ったものではなかったかと推測されている。その種のカヤックは何日もかけて旅をするのには適さないにせよ、魚を捕ったり、海の動物を狩ったり、まだ海に突きでている氷河を迂回《うかい》したりする分には都合がよかったに違いない。

このように、《デルス》たちがどのようにして大移動を果たしたかについては、研究によって大筋が浮かびあがってきている。しかし、「なぜ」そんな旅をしたのかについてはいまだ謎のままだ。北緯四〇度より南の快適な気候のもとに暮らしている現代人なら、それは寒さを逃れたかったからに決まっているといいたくなるだろう。だが、《デルス》は地図の恩恵を受けられなかった。行く手にあるのは、とうてい越えられない氷原や大海原かもしれないし、故郷よりはるかに厳しい環境が待ちうけているかもしれない。

《デルス》にはそれを知るすべがなかった。ベーリンジア人が故郷を去らねばならなかった理由は見つかっておらず、誰かに槍を突きつけられたとか、飢える寸前だったとか、そういった形跡は確認されていない。だいいち、ベーリンジアやアラスカでは、《デルス》のあとも何千年にもわたって狩猟採集民が繁栄していた。

旅立たねばならないような明確な要因が見当たらないとすれば、理由はごく単純なことなのではないか。探検心だ。「探検」と聞くと、現代人がたわむれにする活動のように思うかもしれないが、さまざまな研究を踏まえる限り、この欲求はホモ・サピエンスと同じくらい（それ以上ではないにせよ）古いと考えられる。《デルス》と仲間が、単に地平線の向こうを見たいがために出発したとしても少しもおかしくはない。

ヒトは進化の過程で、自分の世界を眺め、発見し、感じ、模倣し、その境界を広げる能力を獲得してきた。探検したいという欲求はいわばその能力の副産物であり、探検心は人間の本性《ほんせい》に練りこまれている。マゼランやニール・アームストロングのような人物が登場するのは、なにも歴史時代だけの専売特許ではないはずだ。それに、未踏の島や手つかずの大陸にたどり着けたら大きな見返りが得られるかもしれないわけだから、そのことがさらなる探検を後押ししたことは想像に難くない。《デルス》の場合のように危険な旅の行われた証拠が見つかると、考古学者はとかくそれを敵に追われた結果だとか、飢餓に見舞われたからだとか解釈しがちである。だが、大航海をなし遂げたほかの文化を詳しく調べてみると、そうとは限らないことがわかる。

たとえば南太平洋では、紀元前一五〇〇年頃から紀元頃にかけて「ラピタ」という名の海洋文化が栄えていた。考古学者がラピタ人の航海のプロセスを再構築してみたところ、彼らがわずか一世代のあいだに複数の島々に広がったことが明らかになった。途方もない危険を伴うにもかかわらず、それほどの短期間で執拗《しつよう》なまでに島を探しもとめたのはなぜか。それは、未知の世界を探検したいという人間の基本的な欲求につき動かされたからである。少なくともそう説明するのが一番納得がいくと、今では考古学者も確信している。

《デルス》が海岸を南下するのに、どれだけの時間がかかったかは判然としない。一世代のうちに終わったかもしれないし、複数の世代にまたがったのかもしれない。氷河の南端をはじめて目にしたのは、《デルス》の子か孫だったとも考えられる。いずれにせよ、《デルス》ないしその子孫はついに氷床の脇を通りすぎ、氷に覆われていない南側の地に足を踏みいれた。そのとき、エデンの園のような手つかずの大地に巨大動物が暮らしているのを目の当《ま》たりにしたはずである。ライオン、ラクダ、マンモス、マストドン、チーター、ウマ、重さ六〇キロ近いビーバー、巨大なコンドル。ベーリンジア人が進出してきた頃には、体重四五キロを超える動物が合計九〇種おり、北アメリカ大陸を闊歩し、這い、飛んでいた。だが、アフリカの大型動物がヒトとともに進化してきたのに対し、新世界の巨大動物たちはそうではなかった。いきなり現れたスーパー捕食者に対する準備ができておらず、この新参者にうまく対処することも、それを適切に恐れることもできなかった。結局、人類は四〇〇〇年のあいだに、わずか数種を残してそのすべてを狩って絶滅に追いやった。

　今や新たにアメリカ人となった人々は、短期間で南北アメリカ大陸の隅々にまで広がった。期間の短さを裏づけるかのように、現在カナダより南で話されているアメリカ先住民の言語のほぼすべては、たったひとつの祖語から発達したという説がある。南北アメリカの先住民のあいだではじつに多様な言語が花開いたにもかかわらず、それらに驚くべき類似点が存在することを言語学者のジョーゼフ・グリーンバーグとメリット・ルーレンは見出した。そして、その類似点をもとに、すべての言語の祖先だったと思われるおおもとの言語を部分的に復元してみた。それはまさに《デルス》の話していた言葉である。グリーンバーグとルーレンが正しいとすれば（私は説得力を感じるがもちろんこの説を批判する声もある）、人類が独特な方法でアメリカ大陸に移住したおかげで、《デルス》はその言語が解明されている最古の人物といっていいかもしれない。だとすれば、危険な旅の果てに新世界を発見したこの男が生涯を終えるときに、口にしたかもしれない言葉のひとつを私たちは知っていることになる。

ルーレンによれば、《デルス》にとっての「死」という単語は「マ・キ」というような音だったという。

第 8 章

はじめてビールをつくったのは誰？

ホモ・サピエンスの全史を 24 時間に縮めたとすると
これが起きたのは 22 時 48 分（1 万 5000 年前）

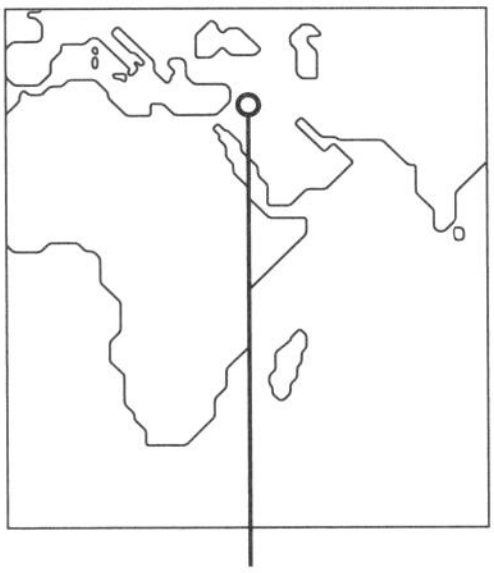

1 万 5000 年前
はじめてビールをつくる

一七九五年一〇月の朝、英国海軍艦「デファイアンス号」で反乱が起きた。この艦船は七四門の砲を備え、バルト海を通って極寒の長旅から戻ってきたばかりである。ところが、スコットランドのエジンバラ近くの港に入ったにもかかわらず、艦長のジョージ・ホーム卿《きょう》は薄すぎるグロッグ酒（ラム酒を水で薄めたもの）を部下に支給しつづけた。不満を抱えた水兵のひとりがのちに報告したところによれば、そのグロッグ酒は「モスリン〔訳注：薄地の木綿織物〕並みに薄く、寒さをしのぐ用をなさない」代物だった。乗組員は、物足りない酒を何か月も飲まされてついに不満を爆発させ、艦長室へとなだれこんだ。

反乱は二日間続き、別の艦船の助けも借りてようやく鎮圧された。最終的には五人の水兵が絞首刑に処せられている。ヒトが酒のせいで分別を失うのはもちろんこれがはじめてではない。遺伝学の研究によれば、私たちがしつこくアルコールを追いもとめるようになったのは遠い遠い昔にさかのぼる。

私たちの消化管にはアルコール（正確にはエタノール）を分解する酵素がすみついている。遺伝学者がその酵素のＤＮＡを詳しく調べたところ、およそ一〇〇〇万年前にヒトの祖先の分解酵素に遺伝子変異が生じ、分解能力が格段に向上したことがわかった。一〇〇〇万年前といえば、ゴリラとチンパンジーとヒトの共通の祖先が以前より地面で長い時間を過ごすようになり、木から落ちて発酵した果実を食べはじめた時期と重なる。そういう果実はアルコールを含みはするものの、栄養価そのものは高い。だから、アルコールを消化できる類人猿が進化の過程で選ばれていったと遺伝学者は考えている。しかも、その特徴的なにおいと味を進んで求めることが、生きのこるうえで有利になったという。

といっても、酔っぱらいの類人猿が誕生したわけではない。発酵した果実は体積のわりにアルコール含有量が低いので、あくまで食物であって中毒性はない。酩酊《めいてい》効果が現れるのははるか後世のこと。私たちの祖先が、発酵した果実の果汁を集めてワインをつくったり、ハチミツに水を混ぜてハチミツ酒（「ミード」とも）をこしらえたりするようになってからだ。ワインにしろハチミツ酒にしろ製法はじつに単純で、ホモ・サピエンスが誕生する前から知られていたとしてもおかしくないくらいである。

しかし、社会に目覚ましい変化をもたらしたという意味では、ワインもハチミツ酒もビールにはかなわない。ビールの原料となるのは穀物である。穀物は、はえている場所を確実に特定しやすく、大量に収穫でき、貯蔵しておくこともできる。つまり、ビールの発見によって、アルコールは史上はじめて求めに応じて手に入れられるものになった。私たちもよく知っているとおり、アルコールには意欲を高める効果がある。それを思うと、ビールの発見が人類の歴史における一大転換点といわれるのも不思議はない。だが、ビールの重要性はそれだけにとどまらなかった。穀物はアルコールの原料になるだけでなく、食料でもある。現在、世界中で摂取されている総カロリー量の半分近くが穀物によるものであり、その穀物を一か所で集中的に栽培するようになったことが農耕革命をひき起こした。それを機に、狩猟採集は農耕や牧畜に取ってかわられていく。今に至るまで、人類にこれほど重大な影響を及ぼした転換はほかにない。

初期の農耕民は骨身を削って働き、狩猟採集民よりも短く不健康な一生を送っていた。そのため、人類は自ら進んで農耕を選びとったわけではないというのが、研究者のあいだで長年の定説となっている。ではなぜ農耕を始めたのかといえば、ロブスターが罠にかかるようにして誘いこまれたからだと考えられている。おとりとなるその餌は、パンだと長らく信じられてきたが、そうではなかったかもしれない。じつは餌はビールだった可能性があり、そのことを指ししめす証拠は近年数を増してきている。だとすれば、はじめてビールをつくった人は人類史上最も重要なひとりということになる。

いったいどんな人物だったのだろうか。

その女性を《オシリス》と呼ぼう。なぜ女性かといえば、最初のビールはコムギかオオムギか、あるいはライムギの種子からつくられたと見られ、どれも狩猟採集社会では女性が集めることの多いものだからである。

《オシリス》は一万五〇〇〇年ほど前に中東の小さな村落で生まれた。おそらくは、ヨルダン北東部にあるシュバイカ遺跡のような場所だったのではないかと思われる。二〇一八年にはこのシュバイカ遺跡から、穀物を焼いてつくった最古のパンのようなものが発見されている。

《オシリス》は「ナトゥーフ文化」の初期に生きていた。ナトゥーフ人は、史上はじめて年間を通して同じ場所に定住した集団のひとつである。といっても、農耕を行っていたわけではない。一九七〇年代になるまでは、一年中一か所にとどまったのは農耕民が最初だったとほとんどの考古学者が信じていた。しかし、ユーフラテス川流域と周辺の複数の遺跡を発掘調査した結果、そうではなかったことが明らかになっている。《オシリス》のような狩猟採集民は、同じ場所で何千年も暮らしてから農耕を始めたのだ。

ナトゥーフ人だった《オシリス》は身長がおよそ一五〇センチ。遺伝学者の推測によれば、褐色の肌に茶色の瞳、そして黒い髪をしていたと考えられている。ナトゥーフ人の住居は円形の半地下式であり、土台は石で、壁は木材でつくられていた。村落には同じような住居が建ちならんでいたものの数は多くなく、シュバイカの場合は村落全体の人口がせいぜい二〇〇人程度である。それでも、同じ場所から動かなかったので、当時としては世界最大級の都市のひとつだった。

《オシリス》は小さな石や貝殻や、骨製の装飾品で身を飾っていたと見られている。ダチョウの卵の殻を容器として使い、動物の骨を材料にして釣り針や銛《もり》をこしらえ、石灰石で動物や人間の小像をつくった。また、自らの死にあたっては、死者を讃える饗宴《きょうえん》の主役ともなった。というのも、ナトゥーフ文化の遺跡からはひとりの女性（シャーマンのような存在だったと考えられている）の墓が発掘されていて、住民が饗宴で食べのこしたらしきカメの甲羅が八六個も一緒に埋葬されていたからである。

《オシリス》は豊饒《ほうじょう》の時代に豊かな土地で暮らした。その地は現代ほど乾燥しておらず、近くのドルーズ山地から年間を通して雨水が流れこむおかげで、平原は半永久的な湿地帯へと姿を変えていた。村落の近くではオーロックス（原牛）やガゼルの群れが水を飲み、肥沃《ひよく》な高地には豆やアーモンドやピスタチオが実る。狩猟採集民だったナトゥーフ人がなぜ村落に定住したのかをめぐっては、考古学者の見方が今も分かれている。一番単純な説明は、それだけ豊かな土地だったために一年中食料が手に入ったから、というものである。

移住しなくなると、無理からぬことながら日常生活の中に重いものが増えていった。たとえば、植物を採取するための器具や、石臼《いしうす》、包丁、約一五〇リットル入る石灰岩製の大釜といった台所道具がそうで、移動生活を送っていたら足手まといになるものばかりである。こうした道具のおかげで新たな調理法が生まれ、新しい食料源を利用できるようになった。具体的にはおもに種子を集めてすりつぶすことであり、それがやがてビールの醸造へとつながっていく。

村落の近くでは果実やナッツ類や塊茎が豊富に手に入るので、《オシリス》は日中はそれらを採集した。野生のコムギの種子を採ることもあるにはあったが、それが重要な食物になることはたぶんなかっただろう。なぜなら、野生コムギの種子は熟すと地面に落ちてしまうので、ひと粒ひと粒腰をかがめて拾わなくてはいけなかったからだ。いずれは遺伝子変異によって、種子が穂軸から外れにくいコムギが現れる。それを私たちがくり返し選んで交配させていくうちにコムギの性質は変わり、種子は穂についたまま成熟するようになる。だが、《オシリス》の時代にはまだそうした全面的な変化は起きていなかった。このため、野生のコムギから得られるカロリーは、アメリカの植物地理学者ジョナサン・サウアーの言葉を借りるなら「哀れなほどに少なかった」。だからビールが発見されるまで、狩猟採集民はコムギにほとんど目もくれなかった。

《オシリス》がコムギの種子を集めたとしても、おそらくは別の何かを探す「ついで」だったと思われる。ところがあるとき、たまたま穂のまま種子の熟したコムギに出くわした。いちいち地面から拾いあげなくてもいいので、現代のように穂ごと脱穀することができたはずである。

その種子を使って《オシリス》がこしらえたものは、ナトゥーフ版の粥だったと考えられている。コムギを石で細かく砕いて水にひたし、中に含まれるデンプンを糖に変える。採集の際に運よくハチミツや果実を見つけていれば、それも加えて甘くしたかもしれない。椀《わん》一杯の粥ができてしまえば、ビールまではあとひと息である。《オシリス》が粥の存在を忘れてしばらく放置しさえすれば、そしてそこに酵母が迷いこんで中東の太陽が照りつけさえすれば、それでいい。

ある意味、ビールはただの腐った粥といえなくもない。粥をビールに変えるのは簡単である。必要なのは時間と熱と、出芽酵母（学名でいうと *Saccharomyces paradoxus* や *Saccharomyces cerevisiae*）だけだ。この酵母が穀物の糖分を分解して、アルコール（正確にはエタノール）と二酸化炭素に変換する。これがいわゆるアルコール発酵のプロセスだ。《オシリス》にとって幸運だったことに、この種の酵母はそこらじゅうにいた。ハチミツにも含まれているので、粥を甘くするのにハチミツを使ったとすればそこから発酵が始まる。ドングリにもすみついているので、ドングリとコムギを同じ石で叩いたとしたら、それがプロセスの引き金になる。昆虫の体の表面にも付着しているため、しかるべき虫がたまたま《オシリス》の粥に止まれば発酵がスタートする。ミュンヘン工科大学で食物とビール醸造技術を研究するマルティン・ツァルンコフが私に教えてくれたところによれば、出芽酵母は野生の穀物の表面にも存在する。だから、「歩《ぶ》留《どま》りが悪く」てもかまわなければ、何も加えなくても発酵するとツァルンコフは説明する。

いずれにせよ、《オシリス》が夏の暑い日に自分の粥を放置したとしたら、わずか一日でおいしい失敗作へと姿を変えたはずだ。

どんな味だったのだろうか。

私は、サンフランシスコにあるアンカー・ブルーイング社の醸造長スコット・アンガーマンに話を聞いた。すると、腐った粥はアルコール度数が低いので現代ならライトビールの一種になるのだろうが、乳酸菌が紛れこんでいるので酸っぱい味がしたはずだと話してくれた。発酵槽が密閉されていないと乳酸菌が入りこみ、炭水化物を分解して乳酸をつくりだす。現代の醸造所は、乳酸菌の混入を避けるためにあの手この手を講じている。ただし、ビールの種類によっては、あえて酸っぱくするためにわざと乳酸菌を加える場合があるらしい。つまり、現代のビールであっても、最古のビールの味を多少なりともしのばせるものは存在するということだ。

アンガーマンによると、現代でそれに一番近いのは「ベルリナー・ヴァイセ」(「ベルリンの白いビール」の意)と呼ばれるビールである。アルコール度数が低くて酸味があり、ホップをごく少量しか加えずに醸造する。『クラフトビール&ブルーイング』誌によれば、ベルリナー・ヴァイセは「一風変わった爽《そう》快《かい》感のある」ビールであり、「やや濁っていて、軽く弾けるようなさわやかな舌ざわり」をもつ。もっとも《オシリス》のビールは、ベルリナー・ヴァイセと違ってコムギのかけらが浮いていたはずだ。メソポタミアの記号ではビールをストローで飲んでいるように見えるのだが、たぶんそれが原因だろう。

そういうわけで、《オシリス》のビールはアルコール含有量が少なかった。現代のライトビールに比べてもその半分程度しかないので、酔っぱらうことはなかったはずである。それでも、気分が明るくなる感覚は得られただろうし、それを楽しんだに違いない。

だから《オシリス》はもう一度つくり、それをほかの人にも分けあたえた。コムギにしろオオムギにしろ、あるいはライムギにしろ、野生種の種子を集めるのは途方もなく手間がかかっただろう。だが、それをするだけの値打ちがビールには（パンには、ではなく）あった。たとえ《オシリス》自身のためではなくても、同じ村落の隣人のために。

ナトゥーフ文化より前の時代、人々が放浪しながら暮らしていた頃には、厄介な隣人がいても単に離れればよかった。しかし、《オシリス》には長く住みつづける家と、守るべき食料の備蓄もあるので、もはやそういう手段には出られない。その結果、今でいう町内の親睦《しんぼく》会のようなものをナトゥーフ人が頻繁に催していたらしき形跡が確認されている。緊張を和らげつつ、人と人との絆をつくりあげるのがその狙いだ。そういう場面では、対人関係を円滑にするアルコールの役割はなおさら欠かせないものだっただろう。

こうしてビールづくりのために野生の穀物を集めたあと、帰りにその種子が道に落ちることがあったのではないかと研究者は推測している。それが何世代にもわたってくり返されるうち、村落の近くにコムギ、オオムギ、ライムギがたくさん芽を出して畑になった。それが食料源としても利用できたことから、ナトゥーフ人は畑の世話をするようになった。雑草を抜き、土を耕し、再び種をまく。やがて、効率の悪い食料だったものは、生産性の高いカロリーのかたまりへと変貌を遂げていった。畑の世話といっても、当初は片手間に行っていただけだったろうが、それがしだいにかなりの時間を奪うようになり、ついにはフルタイムの労働となった。

穀物の栽培は、同じ面積で養える人数が狩猟採集より圧倒的に多い。結果としてナトゥーフ人は、かつての生活様式では維持できないほどの人口にまでふくれ上がった。農耕を始めて数世代が過ぎる頃には、もはや昔に戻ろうとしたら飢えをまぬかれないところまでくる。このように、ナトゥーフ人とその子孫がまったく新しい暮らし方から抜けられなくなったのは、そもそもビールを――そしてのちにはパンを――追いもとめたせいだと考えられる。

パンではなくビールが農耕革命の原動力になったというのは、けっして今に始まった考え方ではない。一九五〇年代にはシカゴ大学の考古学者ロバート・ブレイドウッドなどがはじめてその説を唱えたが、当時はほとんど相手にされなかった。ハーヴァード大学の植物学者ポール・マンゲルスドルフなどは、「人はかつてビールだけで生きていたのか？」と題した一九五三年の誌上シンポジウムに、次のようなコメントを寄せている。「西洋文明の礎は、つねになかば酔った状態の栄養不良の人々によって築かれたと、私たちに信じろというのだろうか」

潮目が変わりはじめたのは一九七二年。ノーベル賞も受賞した著名な遺伝学者のジョージ・ビードルが、トウモロコシの野生の祖先種は何かという古くからの謎に答えを出した。それによって、「ビール vs.パン」の論争が図らずもビールに有利な方向に傾きはじめる。ビードルの発見は、ホモ・サピエンスが酒を求めて重要な食料源を栽培してもおかしくないことを証明した。そのとおりのことが行われた証拠を見つけたからである。ただし、世界の反対側で。

現在、人間がトウモロコシから得ているカロリー量は、世界全体で見ると作物の中で第三位の多さである。しかしコムギとは違って、トウモロコシは野生のどんな植物とも似ていない。人間にとって好ましい変種を選んで繁殖させていくうちにあまりにも姿が変わってしまったため、野生の祖先種がなんなのかは長らく不明のままだった。ところがビードルの研究により、現代のトウモロコシの祖先がメキシコに自生するイネ科植物「テオシント」であることが判明する。考古学者たちはこの発見を受け、ナトゥーフ人が穀物を集めはじめた理由を問いなおさざるを得なくなった。というのも、野生のコムギならパンづくりが目的だったということも考えられなくないが、テオシントのほうは、どれだけ腹が減っていても絶対に誰も手を出さないような代物だからである。

食料源としてのテオシントは役立たずである。トウモロコシと同様に「穂」はあるものの、長さは短く、種子そのものもじつに小さい。テオシントの穂全体から得られるカロリーは、現代のトウモロコシの実ひと粒のカロリーより低いほどだ。ミシガン大学の考古学者ケント・フラナリーは、テオシントを「飢餓を招く食物」と呼び、ウィスコンシン大学の植物学者ヒュー・イルティスは、野生のテオシントの種子を守る殻について「あまりに破壊不能なので、人間が中身の種子を利用するなど検討にも値しない」と述べた。イルティスはさらにこう続けている。「永久に殻に閉じこめられたままだというのに、そんな使いものにならない種子をわざわざ集めたり、果ては栽培しようとしたりするのはいったいなぜなのか」

答えはアルコールだ。

テオシントの茎は甘い。そのため、現在のメキシコにあたる地域に住んでいた人々は、ときおりキャンディがわりにそれを噛んでいたと考えられている。七〇〇〇年ほど前からは、茎を叩いてつぶして甘い汁を搾るようになり、あとはそのテオシントジュースを発酵させさえすればトウモロコシ酒のできあがりである。

トウモロコシ酒をつくるためにテオシントを栽培しはじめてから何千年ものち、遺伝子変異によってある程度大きな穂をつけるものが現れた。そこではじめて、酒の原料ではなく食用としての価値が生まれたのである。

コムギ、オオムギ、ライムギは、野生の祖先種と栽培種が遺伝的に近い。そのため、テオシントの場合よりはるかに短い時間で、生産性の高い食物へと変貌を遂げた。とはいえ、研究で解明されたことと人間の本性を踏まえれば、始まりはどちらも同じだったのは想像に難くない。つまり、その植物が酒になることに誰かが気づいたということである。

はじめてビールをつくったのは誰か。古代エジプトでは少なくとも一七種類のビールが醸造され、「至福」や「歓喜の泉」といった名前までつけられていた。古代エジプト人は、ビールはオシリス神からの賜《たま》物《もの》だと考えていた。オシリスは冥界《めいかい》を支配する情け深い神である。彼らが信じていたところによれば、あるときオシリスが発芽穀物の種子と水で食事をつくり、そのことを忘れて日なたに放置してしまった。翌日に気づくと発酵していたが、試しに飲んでみるとその感覚があまりに心地よかったため、贈り物として人間に賜《たまわ》ったのだという。実際にはこの神話とほぼ同じ出来事が、エジプトのヒエログリフ（象形文字）

が誕生するより一万年近く前に起きていた。

少し違うのは、こちらの《オシリス》は冥界の神ではなかったこと。それはたぶん中東で暮らすひとりの若い娘にすぎず、ただ昼食を出しっぱなしにしてしまっただけだった。

第9章
はじめて外科手術を行ったのは誰？

ホモ・サピエンスの全史を24時間に縮めたとすると
これが起きたのは23時26分（7000年前）

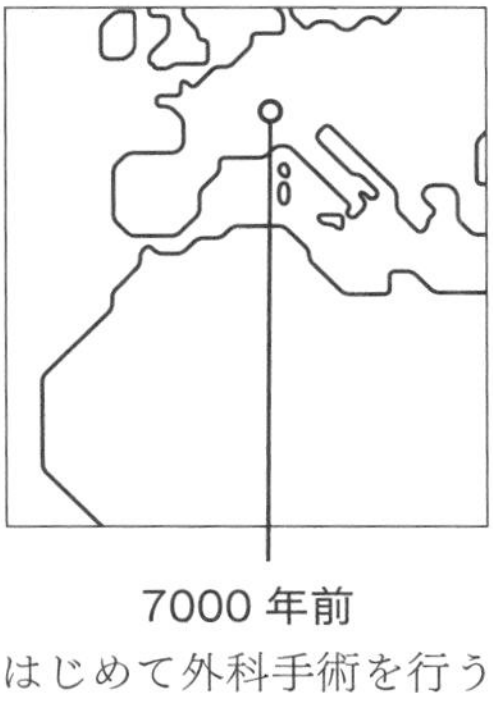

7000年前
はじめて外科手術を行う

　一八六五年、ペルーのクスコで、アナ・マリア・センテノという名の裕福なコレクターが、アメリカ人外交官のＥ・ジョージ・スクワイヤーに奇妙な品物を見せた。センテノが最近手に入れたインカ時代の頭蓋骨である。一見するとなんの変哲もない骨のようでありながら、ただ一か所、耳の上あたりに、きれいに四角く切りとられた大きな穴があいていた。武器や動物の歯ではとうていこうはならない。まるで誰かがそこに窓をくり抜いて、中身の脳をのぞいたかのようである。

　こういうおかしな穴のあいた頭蓋骨が見つかったのはこのときがはじめてではない。だが、それまで考古学者は、戦いで恐ろしい傷を負ったか、死後に手が加えられたのだとして相手にしていなかった。スクワイヤーの考えは違い、もっとはるかに大胆な説を唱えた。頭蓋骨の穴は持ち主の息の根を止めるためではなく、命を助けるためのものだったのだ、と。

　不思議なめぐり合わせというか、スクワイヤーはこの頭蓋骨の意味を読みとくのにうってつけの人物といえた。スクワイヤーは独学で考古学の知識を身につけていて、考古学の研究にも外交の仕事にも熱烈なアメリカ愛をもって臨んだ。エイブラハム・リンカーン（リンカン）大統領に任命されて、財務上のトラブルを解決するため一八六三年にペルーに赴くと、その機会を利用してかねてからの信念を裏づけようと考える。その信念とは、新世界には高度な古代文化が存在したということである。こうした気質だったのが幸いして、センテノの頭蓋骨の真価を見抜くことができた。つまり、太古の昔に医学の天才がいたということである。

　スクワイヤーはその頭蓋骨をポール・ブローカに見せた。ブローカは信望あるフランスの医師で、人類学者でもある。ブローカの結論には、スクワイヤーでさえ度肝を抜かれた。この太古の外科手術は患者が生きているあいだになされたばかりか、傷の縁の骨に成長した痕が認められることから、患者はこの手術のあとも生きながらえたというのである。

この処置は穿頭《せんとう》と呼ばれ、脳そのものを手術するのとは違う。穿頭の場合、頭蓋骨の一部を取りのぞきはするものの、脳を包む膜には穴をあけない。先史時代の外科医が不衛生な道具で脳の灰白質《かいはくしつ》に触れていたら、患者はたちまち感染症で死亡していただろう。ブローカが気づいたとおり患者が手術を生きのびられたのは、骨を切ったところで刃物が止まった証拠である。

ブローカの結論を聞いて、医学界と考古学界に衝撃が走った。同じような処置は当時のヨーロッパの病院でも施されていたが、患者の三人に二人は亡くなっていた。なのにこの頭蓋骨の持ち主は、石製の刃物で切られたにもかかわらず命を保ったという。しかも成功例はこれひとつではなかった。ヨーロッパとロシアで発見されていたもっと古い時代の頭蓋骨を調べなおしたところ、ほかにも穿頭の痕跡が確認されたのである。そして一九九六年九月、フランス東部のエンシスハイムで遺跡の発掘調査が実施されたとき、「墓所44号」から保存状態のよい頭蓋骨が見つかった。五〇歳くらいと思われる男性のもので、その骨にはなんと二か所も穿頭の痕があった。副葬品の年代を調べたところ、この人物が世を去ったのはおよそ七〇〇〇年前。なんらかの手術が行われたことを示すものとしては世界最古の事例である。ホモ・サピエンスの体にはじめてメスが入ったのが、まさにこの頭蓋骨だったとしてもおかしくない。

では、その人類初の執刀を担当したのは何者だったのだろうか。

その男性を《ドクターゼロ》と呼ぼう。どうして男性かというと、新石器時代のヨーロッパではじめて社会に階級のようなものが生まれていて、手術というものができるようになったこと自体にもその階級がじかに影響していた。その点を踏まえると、人の上に立つ立場の男性が手術を手がけたと考えるのが妥当といえる。

《ドクターゼロ》が生まれたのはおよそ七〇〇〇年前。「線帯文《せんたいもん》土器文化」が栄えた時代である。場所は現在のフランス東部であり、現ドイツとの国境までわずか数キロというライン川沿いの定住村落だ。そこで《ドクターゼロ》は農耕と牧畜を営んでいた。西ヨーロッパでは農耕が始まったばかりだったが、けっして狩猟採集民が農耕にくら替えしたわけではない。先史時代の人々のＤＮＡに関する研究によると、農耕民がヨーロッパに移動してきたとき、先住の狩猟採集民を仲間に入れるのではなく、追いだすか滅ぼすかしたことがほぼ明らかになっている。

《ドクターゼロ》の村落は、いわば農耕民族が勢力を広げていく最前線だったわけである。住民はコムギや豆類を植え、ウシを飼い、ときおりシカを狩った。農耕と牧畜に利用したライン川の氾濫原《はんらんげん》や旧流路は、土壌が肥沃なので作物がよく生長した。村落には「ロングハウス」と呼ばれる長方形の大きな住居が何棟か建ちならんでいた。ロングハウスは長さがおよそ三〇メートル。巨大なカシ材の柱を用い、傾斜のついた屋根は木の棒を張りわたして草ぶきにされていた。

《ドクターゼロ》は背がそれほど高くない。当時、同じ地方にいた男性の平均身長は一六二・五センチである。これは穀物に偏った食生活を送っていたためであり、それが成長にも歯にも悪影響を与えた。ヨーロッパ人としてははじめて皮膚の色が白かったほか、ＤＮＡ解析の結果からは、瞳が茶色く髪は黒っぽく、たぶん乳糖不耐症だった（つまり乳糖を摂取するとおなかを壊した）と思われる。わずか数種類の食料源に頼りきっていたために、洪水や干ばつ、あるいは作物の病気によって打撃をこうむりやすかった。飢えるリスクともつねに背中合わせである。狩猟採集で暮らす隣人が多種多様な食物を口にしていたのに比べると、圧倒的に不健康だった。

道具をつくる際は石や木材のほか、動物の腱などの有機物を材料にした。手斧《ちょうな》（鋭い石の刃に木材の柄《え》を直角につけた鍬《くわ》形の斧《おの》）で木を切りたおし、火打石や黒曜石をとがらせて刃物や矢じりにした。ヨーロッパ大陸ではじめて農耕が始まったこの時代を、考古学者は「新石器時代のヨーロッパ」と呼ぶ。

《ドクターゼロ》は地域社会で人の上に立つ人物だったに違いない。スタンフォード大学の考古学教授ジョン・リックは、私に次のように話してくれた。「頭の骨を切りとるのが妙案だと他者に納得させるには、その人物にある程度の権威がなくてはなりません」

私はリックに尋ねた。《ドクターゼロ》より前の時代に、手術の実施された形跡が見られないのはどうしてなのか。すると、権威という概念の生まれたこと自体が、ホモ・サピエンスの歴史の中ではかなり最近の出来事だったのだとの答えが返ってきた。権威とは要するに、実際の体の大きさ以外の理由で人が他者より大きくなることである。私たち現代人は専門家に信頼を置いているが、その根本には人類学者のいう「分業化」がある。今日、仕事上の人間関係は、おもに他者の権威を信じるという土台の上に成りたっている。だが、これはわりあい新しい発想であり、必要とする以上の食料をひとりが生産できるようになるまでは存在しなかった。それを実現したのが農耕である。農耕によって食料の余剰が生じてはじめて、人々は軍事、統治、医療などのいろいろな仕事に分かれることができた。農耕の作業効率が上がれば上がるほど、その仕事から解放されて別の専門的な職業につく者の数は多くなり、職業の種類も増えていった。

農耕や牧畜への移行は財産所有の始まりでもあり、史上はじめてひとりの人間がほかの誰かより多くを所有できるようになった。その結果、たとえばウシの数や穀物の量などに差が生まれた。エンシスハイムの遺跡で発掘された墓所では、全体の三割に手の込んだ貝殻の額飾りや首飾り、あるいは道具類などが一緒に埋葬されていたのに対し、残り七割には副葬品がひとつもなかった。これは、エンシスハイムにいた人々の一部がほかより尊敬されていた（裕福だったとはいいきれないにせよ）証拠だと考古学者は考えている。農耕は収入の不平等をもたらした。そうなると、自分より多くをもつ者のほうが、自分より物を知っているはずだという心理にどうしても陥るとリックは指摘する。富の格差と分業化の拡大が合わさって権威という考え方が生まれ、時とともにその傾向に拍車がかかっていった。

つまり、道具や知性が発達したせいではなく、この権威という概念が誕生したことが手術へとつながった。農耕革命より前の時代に手術の行われた具体的な証拠がいまだ確認されていないのは、絶大な権威というものが存在しなかったからかもしれない。

だが、いくら権威があったからといって、《ドクターゼロ》はなぜ手術をしたいと思ったのだろうか。考古学界の長年の定説では、《ドクターゼロ》のような太古の外科医たちは単なるやぶ医者か、もしくは好奇心から人体を切りきざみたくて仕方のない輩《やから》とされていた。自分の無知や邪悪さを手術着とメスで隠すような見下げはてた医者の系譜は、近代より前の時代には確かに連綿と続いていた。だから、《ドクターゼロ》たちもそのたぐいだと見られていたわけである。

しかし、世界のさまざまな地域でいくつもの穿頭頭蓋骨が発見されていることを思うと、そういう単純な説明でいいのかどうかには疑問符がつく。これまでにヨーロッパ、ロシア、オセアニア、南米で確認されているうえに、年代も七〇〇〇年近くにわたって散らばっている。この手術を手がけたのが《ドクターゼロ》ひとりだけだったのなら、または特定の時代や特定の場所だけの出来事であるなら、話はややこしくなかった。なんらかの信仰にもとづく理由があったとか、纏足《てんそく》をしたり首を長くしたりするような過激な身体改造の一種だとして片づけやすかっただろう。だが、穿頭の習慣をもつ文化どうしには共通点がほとんど見当たらず、互いの交流もいっさいなかった。だとすれば、地域限定の慣習や生活様式が答えではないことになり、もっと大きな視点からの説明が必要になる。イタリアの医学史家プリニオ・プリオレスキの言葉を借りるなら、これは「先史時代のあらゆる場所に住むすべての人間に共通する経験と必要性に根差した活動」なのだ。

どうして《ドクターゼロ》が初執刀に至ったのかについても、あらゆる地域や文化に当てはまる説明が求められる。アメリカの人類学者で、『頭にあいた穴（*Holes in the Head*）』の著者であるジョン・ヴェラーノはきわめて大胆な説を唱えている。太古の外科医たちの処置は優れた医療だったというものである。「実際に効果のある治療」という意味での「優れた医療」は、かなり最近になって登場したものだと一般には考えられている。このことは、ハーヴァード大学の生化学者で医学史家でもあったL・J・ヘンダーソンが、二〇世紀前半に次のようにいいきっていることからもうかがえる。「わが国では一九一〇年から一二年にかけてのいずれかの時期に、なんらかの疾患をもつ患者が適当に医師を選んで診断を受けて、そこから利益を得る確率が人類史上はじめて五分五分を上回った」

外科手術の歴史はそれ以上に悲惨である。

南北戦争時に北軍の軍医も務めた脳外科医のウィリアム・キーンは、町の病院で治療を受けるのはゲテイスバーグ〔訳注：南北戦争で北軍が南軍を破った激戦地〕で戦うより七倍危険だという計算を書きのこしている。また、先ほども触れたようにブローカがインカの穿頭頭蓋骨を見せられて、その人物が手術を生きのびたと断定した年には、ロンドンで同じような処置を施された患者の七割が医師によって命を奪われていた。こうした状況を見る限り、《ドクターゼロ》が優れた医療を提供したというのは、医学史に記されていることとずいぶん食いちがっているように思える。だが、《ドクターゼロ》の処置が現代でも人の命を救っていることは事実だ。これは開頭術と呼ばれ、頭に大きな怪我をして頭蓋骨の内側が出血しているときに実施される。脳が腫《は》れると、頭蓋内の圧力が高まっていっていずれは酸素が不足する。圧力を下げる唯一の方法は、頭蓋骨の一部を取りのぞくことである。

ヴェラーノによると、穿頭頭蓋骨が最も多く発見されているのはペルーであり、その半数あまりには施術前に骨折していた痕跡が確認されている。実際には半数よりもっと数が多かったのではないか。というのも、頭蓋骨の折れた箇所を取りのぞくことは現代でもよく実施される処置だからだ。先史時代の穿頭の患者は圧倒的に男性で、しかも頭の左側に穴のあけられたものが多い。これは、戦闘で右利きの相手から一撃を受けたケースが大半を占めたからではないかと見られている。これはあくまで状況証拠ではあるものの強力な裏づけであり、インカの外科医はおもに外傷性の頭部の怪我に対する処置として穿頭を施したと考えてよさそうだ。

《ドクターゼロ》にとって頭部の怪我は珍しいことではなかったはずであり、とくに手斧による一撃はおなじみのものだった。ヨーロッパの新石器時代初期の遺跡では、一か所に大勢が埋められた墓がぞっとするほどよく見つかる。そしてその種の墓からは、頭に鈍い一撃を食らったらしき頭蓋骨が頻繁に発掘されている。ドイツのタールハイムにある約七〇〇〇年前の墓には、男女・子ども合わせて三四体が詰めこまれており、うち一四体が頭部への打撃によって死亡していた。オーストリアのアスパルン＝シュレッツには一か所に三〇〇体あまりが、またドイツのヘルクスハイムには少なくとも五〇〇体が埋められていた。ほかにも、フランスのテヴィエック島、デンマークのヴェドベック、およびスウェーデンのスケートホルム第一遺跡。こうした新石器時代初期の墓からは数々の死因が確認されていて、それらを総合すると、当時のヨーロッパ人の一五パーセントは暴力が原因で命を落としていたらしきことがうかがえる。これらの証拠を踏まえれば、この時代には戦いと虐殺がたびたび起きていたと推測されるため、身の毛もよだつような頭部の傷も《ドクターゼロ》には見慣れたものだったに違いない。

《ドクターゼロ》が穿頭という方法を思いついたのは、折れた頭蓋骨や頭皮や血液をきれいにしているときではなかったか。頭蓋骨の破片をつまみ上げるのに慣れてくると、脳そのものが傷ついたら決まって命が助からないことにまず気づいたはずだ。また、患者の頭蓋骨がへこんだ場合は、症状が次々に現れて容体が悪化していく（嘔吐《おうと》、意識障害、発話の困難、部分麻痺《まひ》、最終的には死）のに対し、傷が口をあけていると回復する確率が高いことにも目をとめただろう。

やがて、頭部に大怪我を負った場合は、むしろ頭蓋骨が割れているほうがその後の経過がよくなるという意外な関連を見出したはずである。そして、次にそうした恐ろしい状態の患者が連れてこられたとき、自分で骨に穴をあけてみるという思いきった決断をくだした。現代の病院であってもきっと同じことをするだろう。

外科医が患者の頭皮にメスを入れる瞬間は、現代の手術室でも緊張が張りつめる。ひとたび皮膚にメスを走らせたら、もう後戻りはできない。これから自分は重大な危害を加えるが、それが最終的には患者のためになると信じて切っていくしかない。

《ドクターゼロ》が人類にとっての初執刀に臨んだときには、火打石か黒曜石を削った刃物を用いたと思われる。どちらも、現代の手術器具にも引けをとらないほど鋭くすることができる。最初の作業は頭皮の一部を切りとることだ。多量の出血とそれなりの痛みを伴うものの、その気になれば時間はかからない。頭皮を終えたら骨に取りかかるわけだが、頭蓋骨には神経がないのでここで患者の痛みは和らぐ。穿頭が太古の世界に広まったのは、医師にとっても患者にとっても比較的つらくないという理由もあったのではないか。柔らかい組織や臓器に対する手術であれば、おびただしく出血するうえに感染症のリスクも大きい。それに比べると穿頭はかなり単純な処置である。

先史時代の外科医が頭蓋骨に穴をあけるにはいくつかやり方があった。だが、生きのびる確率という点から見て、一番うまくいったのは「表面をそいでいく方法」だったとヴェラーノは指摘する。骨に刃物を突きとおしてしまうと脳硬膜（脳を包む一番外側の膜）を傷つけるおそれがあるため、《ドクターゼロ》は少しずつ骨を削りとっていったと見られる。

骨を取りのぞきおえると、《ドクターゼロ》の前にはゼリー状に固まった血液の海が現れる。これは硬膜外血腫《けつしゅ》と呼ばれ、硬膜を圧迫している。《ドクターゼロ》が血腫を取りのぞいて脳への圧力が下がると、患者には目を見張るような変化が訪れる。脳表面のニューロンが再び活動を始め、意識障害や麻痺や、言葉の不明瞭さは消えうせる。この様子を脇で見ていたら、奇跡を目の当たりにしたと誰もが思うに違いない。現代のように、開頭術を施した箇所にチタンプレートをはめるわけにはいかないので、手術を終えた患者の頭はへこんでいたはずだ。しかし、頭皮はいずれ癒えて元通りになるので、患者の中には術後何年も命を保つ者がいた。

　このように、なまじ穿頭がうまくいってしまったことが、結局は裏目に出たというべきかもしれない。というのも、すぐにこの手術が乱発されるようになっていくからだ。本来この手法では対処できない頭部の痛みに対しても、穿頭が行われたらしき形跡がいくつかの頭蓋骨には残っている。たとえばペルーで見つかった子どもの穿頭頭蓋骨には、中耳炎《ちゅうじえん》らしき炎症の痕跡が確認できた。子どもがあまりに痛がる様子を見て、外科医は穿頭を思いたったのだろう。現に、ちょうど中耳炎の炎症が起きるあたりの骨が切りとられている。あいにく穿頭ではなんの効果もないばかりか、かえって子どもの容体を著しく悪化させたはずだ。穴をあけたことで炎症が硬膜にも広がり、最終的には重い細菌性髄膜炎《ずいまくえん》につながったに違いない。穿頭された骨の傷口に治癒の痕跡が見られないことから、この処置が子どもの命を奪ったとわかる。

　もっとも、穿頭をするのが正しかった場合でも、長い目で見た患者の予後は良好とはいいがたいケースが多かったのではないか。穿頭が必要なほど激しく頭蓋骨が折れたら、患者には長期的な影響の及ぶおそれがある。『ニューロロジー』誌に掲載された一九八五年の研究によれば、頭部の怪我で硬膜が破れると被害者の半数あまりがてんかんを発症する。《ドクターゼロ》の患者の頭蓋骨に穴がふたつあいていたのは、のちに起きたてんかんをどうにかしようとしたせいかもしれない。あいにく穿頭にはてんかんへの効果がないので、患者を救うことはできなかった。

　《ドクターゼロ》自身の最期が訪れたとき、同じ集落の人たちはおそらく儀式や副葬品で別れを惜しんだことだろう。当時の副葬品としては、額飾りや首飾り、あるいは道具類などが一般的だった。だが、エンシスハイムの住民は別の物と一緒に《ドクターゼロ》を葬ったのではないか。それは鋭くとがらせた黒曜石。史上初のメスである。

第10章
はじめてウマに乗ったのは誰？

①

ホモ・サピエンスの全史を24時間に縮めたとすると
これが起きたのは23時33分（5600年前）

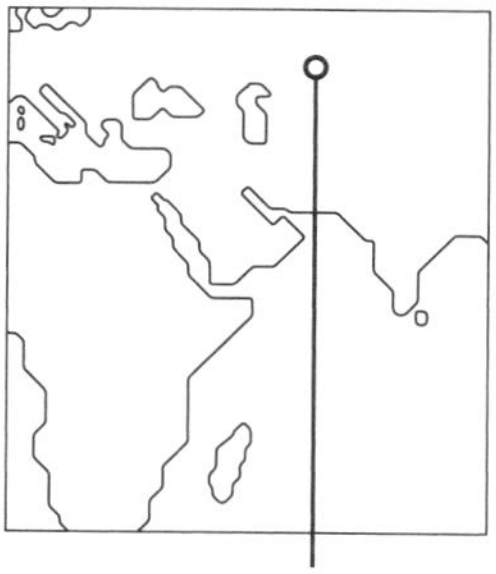

5600年前
はじめてウマに乗る

カザフスタンの北部に、「ボタイ」と呼ばれる先史文化の遺跡がある。二〇〇六年、カンザス大学の動物考古学者サンドラ・オルセン率いるチームが、この遺跡で太古のゴミ捨て場を発掘調査していた。すると、ウマの歴史を研究する者にとっては金鉱にも等しいものを掘りあてた。五六〇〇年前のウマの糞《ふん》が厚い層をなしていたのである。

わざわざ野生動物の糞を捨てるような文化は今も昔も存在しない。つまりオルセンの発見したものは、ウマが家畜化されていたことを示す最古の証拠である。これを現代に置きかえるなら、ゴミ箱いっぱいにイヌとネコのウンチが詰まっているがクマの糞は見当たらない、というのと同じだ。未来の考古学者がこのゴミ箱を発見したら、当時の人間はイヌやネコと暮らしていたがクマは別だった、と結論づけるだろう。

ただ、物的証拠として確認されているのはこれが最古であるにせよ、はじめて家畜化したのがボタイ人だったかどうかについては研究者の見解が割れている。西方にはもっと古い牧畜文化が栄えていて、すでに野生動物を家畜化していた。ボタイ人はそこからウマを手に入れたのではないかと、大勢の考古学者が考えている。

このように、いつ、どこで家畜化が行われたかについては定まっていないものの、意見の一致している点がひとつある。目的だ。それは乗るためではなく、食べるためだった。ウマは肉と乳を与えてくれるうえ、ヒツジやウシと違って雪が積もっていても（ひづめで雪を掘ることができるので）草を食《は》める。このため、高地のステップ（草原地帯）で暮らす人々にとってウマはありがたい生き物だった。最初に家畜化した人たちがウマに乗ったかどうかは確認されていない。まだウマをコントロールする道具がなかったはずだからだ。鞍《くら》もなければ、鞍から吊るす鐙《あぶみ》もなく、何より大事な頭絡《とうらく》が発明されていなかった。頭絡とは、ウマの頭部につける馬具の総称であり、とりわけ大事なのが馬の口の中に入れる「ハミ（銜）」と呼ばれる部分だ。なんらかの手段でウマの向きを変えたり、止まらせたりすることができなかったら、たとえウマにまたがれたとしても一瞬でふり落とされ、どこかの骨を折るのが目に見えている。曲芸として試されることがときどきあったにしても、ハミを嚙ませていないウマはハンドルのないオートバイのようなもの。しびれるような興奮を与えてくれはしても、輸送手段の用はなさない。

だがボタイ人がそれを変えた。

二〇〇九年、アメリカの人類学者デイヴィッド・アンソニーが、ボタイの遺跡のひとつで調査をしていたとき、一部が奇妙にすり減ったウマの歯を上下ひと組発見した。じつはそれは、人類の輸送の歴史における重要な転換点を示す物証だった。重要さでいえば、月面にはじめての一歩を印したニール・アームストロングの足跡や、ドイツで見つかった最古の車輪の跡にも引けをとらない。

一見するとどうということのない摩耗であり、ウマの一番手前の小臼歯《しょうきゅうし》がやや削れていただけである。しかし、これはウマがハミを装着されたときに特有の痕跡だとアンソニーはのちに断定した。

月面の足跡や先史時代の轍《わだち》に比べると、華々しさに欠けると思うかもしれない。だが、このすり減った小臼歯は、人類史上はじめて自力ではなし得ない速さで誰かが地を駆けた証しである。

頭絡を考えだした者は、単に陸上輸送を改善したのではない。陸上輸送そのものを生みだした。

では、最初にウマに乗ったのは誰だったのだろうか。

その男性を《ナポレオン》と呼びたい。アドレナリンを発見したポーランドの生理学者ナポレオン・チブルスキーにちなんだものだ。というのも、頭絡の発明にはこの物質が少なからずひと役買っているからである。

《ナポレオン》は六〇〇〇年近く前に現在のカザフスタン北部に生まれた。およそこの頃、何千キロもの西ではじめての青銅器がつくられ、初期の都市が形成され、はじめての文字まで粘土板に刻まれつつあった。しかし、きっと《ナポレオン》はそうした動きなどまるで眼中になかっただろう。なにしろ、この男の属するボタイ文化は、どういうわけか徹底的にウマにとりつかれていたのである。《ナポレオン》は小屋でウマを飼い、その世話をしていないときは徒歩で野生のウマを狩った。食事の大部分を占めるのはウマの肉と乳である。朝にウマの乳を飲んだあとは、残りを放置して発酵させ、クミスと呼ばれる酸っぱい馬乳酒《ばにゅうしゅ》にして夜にまたそれを味わう。作物を育てることはなく、ウマ以外に面倒を見ているのはイヌだけだ。ウマの骨で道具をこしらえ、毛はロープに、皮はなめして革に。《ナポレオン》が息を引きとったときには、家族が亡骸をウマのかたわらに埋めたに違いない。


　頭絡を考案する前に《ナポレオン》がウマに乗ったことがあるとすれば、それはおそらく短時間だけのロデオのようなものだったとアンソニーは指摘する。脳の前頭前野《ぜんとうぜんや》（理性や思考を司る部分）が発達しきっていない一〇代の若者が、危険を好んで試してみるたぐいのものだ。《ナポレオン》が現代に生まれていたら、たぶん何度も医者の世話になっているだろう。精神分析医からは「新奇な状況に過度の刺激を覚えるタイプ」と診断され、それ以外の人からはただ「アドレナリン中毒」と呼ばれるに違いない。

《ナポレオン》が飛びのったかもしれないウマは、走らせるには危険だったにせよすでに家畜化されていた。具体的にいつ、どこで、どうやって家畜化のプロセスが始まったかは解明されていない。ただ、はじめは飼いならすつもりがあったわけではなかったとほとんどの研究者が考えている。ステップで暮らす人々が、馬肉を安定して確保したいとの思いから、自分たちの野営地のそばに囲いをつくって野生のウマを中に入れた。やがて、暴れすぎて手に負えないウマを殺し、おとなしいものを選んで繁殖させるプロセスを数千年にわたってくり返すうち、ウマはしだいに従順になっていった。

　動物界で家畜化はめったに起こらない。進化生物学者のジャレド・ダイアモンドによると、動物が次の六つの条件を兼ねそなえていない限り家畜にすることはできない。ひとつめは、食料をめぐって人間と争わないこと。ブタのように残飯を餌にできると都合がよく、人間には消化できないもの（草など）を食べてくれればなおのこといい。ふたつめは、飼育された状態でも繁殖できること。チーターのように求愛のために広い領域を必要とする動物や、複雑な威嚇《いかく》行動で縄張り争いをする動物は家畜に向いていない。三つめは、成長速度が速いこと。そうでないと飼育の効率が悪く、育てた成果を人間が得るのに時間がかかってしまう。四つめは、群れを形成し、個体間に序列が存在すること。イヌなどがこれに当てはまる。群れをつくる動物には他者に服従する習性が生まれながらに備わっているため、人間が群れのリーダーの位置にすべりこみやすい。五つめは、驚きやすいとか、逃げようとする衝動が強いといった性質をもたないこと。これでいくとシカなどは除外される。そして六つめは、生まれつき気性が穏やかであるか、繁殖を通して穏やかな気性に変えられること。シマウマなどは気性が荒いので問題外である。あくまで考古学者の推測ではあるが、シマウマを飼いならそうとする試みはたぶん何度かあった。しかし、どれだけ選択交配しても攻撃性は薄まらず、いまだ家畜化には至っていない。

　実際にうまく家畜にできた動物の種類が少ないのを見れば、この六つの条件をすべて満たすことがいかに難しいかがよくわかる。過去二〇〇〇年のあいだ、多少なりとも価値ある動物の家畜化に人類は一度も成功していない（ダチョウには申し訳ないが）。結局、世界で消費される肉のほとんどはわずか三種類の家畜動物からきている。ウマの場合にしても、たまたま異様に従順な雄ウマが一頭見つかっていなければ、飼いならすのは無理だったかもしれない。雌のウマは群れのリーダー（雄ウマ）に生まれながらに従うが、野生の雄ウマは攻撃的で、雌ウマをめぐってほかの雄ウマと争う。ほかのウマに従属することはなく、雌の群れを探すか、その群れを率いるかのどちらかというのが本来の性質である。囲いにも簡単には入らない。近年、現代の家畜ウマの遺伝子を母系遺伝と父系遺伝に分けて調べる研究が行われた。すると、母系のほうにはさまざまな野生の雌ウマの遺伝子配列が確認できるのに対し、父系のほうは「アダム」ともいうべきたった一頭の雄ウマがもとになったらしいとわかった。この雄ウマはたぶんほかよりおとなしく、野生の状態ではほとんど雌とつがえなかったに違いない。だが、誕生まもないウマ小屋の中ではどうやら大いにモテた。

《ナポレオン》の時代には、ウマが家畜化されてすでに何世代もが過ぎていた。とはいえ、動きをコントロールする手段がなかったので、ウマはただの食料か材料にすぎなかった。そんなとき、《ナポレオン》が頭絡を考えだした。

　はじめての頭絡はおそらく単純なものだったと見られている。革のロープをウマの下あごに回しかけ、細い木の棒でその張り具合を調節する程度のものだ。ウマの口の中は少し変わっていて、奥の小臼歯と前歯のあいだに隙間があいており、その部分は歯茎がむき出しになっている。頭絡という素晴らしい工夫を編みだすことができたのは、この隙間があればこそだ。このおかげで、一見すると目立たないかたちでウマの行動を制御できる。具体的には、革ロープ製のハミ（のちの時代にはこれが金属製になる）が隙間の歯茎部分に載るようにしておいて、そのロープを引く。すると、ウマにとっては歯茎が押しつぶされるような痛みが生じるため、痛みを和らげようとして、引かれた方向に反射的に首と体を向けるというわけである。

単純な仕掛けながら、その効果はてきめんだ。かつてアメリカの大平原に暮らしていた先住民は、世界有数の優れたウマの乗り手とみなされていたが、鞍もなしにこの古いタイプの頭絡だけで乗りこなしていたほどである。

しかし、デザインが簡素なのとは裏腹に、この発想に至るまでには紆余曲折があった。身の危険をかえりみない点では分別のない《ナポレオン》も、ウマに関しては天才的だったとしかいいようがない。なにしろ、身近にいたほかの動物には、ハミを生むヒントになりそうなものなど見当たらないのだから。すでに家畜化されていたウシやヒツジを制御するやり方を、単純にウマに移せばいいというものではない。そもそもどちらもウマとは口の中の構造が違う。どうやってハミを思いついたかは推測の域を出ないものの、おそらくはありとあらゆる場所にロープをかけてコントロールを試みたのではないだろうか。そうこうするうち、ウマの前歯と小臼歯のあいだに独特の隙間があいているのに気づいた。《ナポレオン》がハミを発明できたのは、それだけウマの体の構造に深く注意を払っていたからだといえそうである。ウマ一辺倒の文化の中にあっても、《ナポレオン》の洞察はずば抜けていた。

《ナポレオン》に訪れたひらめきの瞬間は、人類の輸送の歴史に並ぶもののない大きな意味をもっている。頭絡はいわばブレーキであり、ブレーキを発明したことで《ナポレオン》はスピードを手に入れた。適切な位置に回しかけたロープのおかげで、人類は「ゆっくり」から「速く」へと移行する。そしてその後も六〇〇〇年近くにわたって、陸上を移動するうえではウマに乗ることが最速でありつづけた。ウマが敗北を喫するのは、ようやく一八三〇年八月二八日のこと。アメリカ初の蒸気機関車「トム・サム」と競走して、圧倒的な力を見せつけられたときである。

当然ながら、スピードはステップの暮らしを一変させた。

アンソニーによると、ボタイ人はウマに乗って野生のウマを狩るようになり、作業の効率が上がった。そればかりか、文化の構造にも変化がもたらされた。一六世紀、スペイン人が南北アメリカ大陸に家畜ウマをもちこむと、北米の大草原に住む先住民たちは競ってウマという武器を手に入れはじめた。とある西部の毛皮商人は、一八五一年に次のように書きしるしている。「その地方にどれほど素晴らしい獲物がいようと、徒歩の者はウマをもつ者に太刀《たち》打ちできない。後者が獲物をつかまえ、欲しいものを確保して、前者の手には届かない場所へ運びさってしまう」

ウマとそのスピードは、知らず知らずのうちによからぬ影響をステップの人々に及ぼした。《ナポレオン》が頭絡を発明する前、強奪行為で一番危険なのは逃走する場面だった。首尾よくターゲットを急襲して貴重品を巻きあげたとしても、徒歩で退散するしかない。復讐に燃えた相手が武器を手に追ってきたら、非常にまずいことになる。ところが、頭絡のおかげでウマは世界初の逃走用の乗り物となり、力のバランスが強奪者に有利な方向に傾いたとアンソニーは指摘する。

このことが危険と破壊につながった。なにぶん文字のなかった時代の話なので、《ナポレオン》以後の中央アジアで強奪事件が増えたという確証はない。とはいえ、人が馬に乗りはじめたのと不思議と時を同じくして、ステップの村々は念入りな防御壁を築くようになっていく。恐れ知らずの《ナポレオン》が頭絡を考えだしたとき、図らずも人の物を奪うことへのゴーサインを出してしまったのかもしれない。そしてステップの暮らしは不穏な方向へと進んでいった。

はじめのうち、戦いにおけるウマの役割は単なる輸送手段であり、戦士を戦場へ送り迎えするだけで実際の戦闘には加わらなかった。それは、当時の武器が馬上では役に立たなかったという理由が大きい。一〇〇〇年近くたってから、ユーラシアステップ北部に栄えたシンタシュタ文化が戦闘用馬車《チャリオット》を発明し、騎兵隊をつくりだした。さらにのちの時代に弓にさまざまな改良が施された結果、チンギス・カン配下の騎馬兵はウマにまたがったまま矢を射ることができるようになった。チンギス・カンはこの戦法を用いて、アジア一帯に恐怖をまき散らしていく。結局、ウマは六〇〇〇年近くにわたって戦闘で恐るべき力を発揮しつづけた。フランス皇帝ナポレオンによるアルプス越えの奇襲しかり、第二次世界大戦の開戦直後に敢行されたポーランド騎兵部隊の突撃しかりである。

とはいえ、頭絡がもたらした社会の変化のうちで一番大きかったのは、資源が再配分されて階級・地位・階層社会が誕生したことかもしれない。牧畜をする際にもウマを使えば、徒歩の場合より倍も多いヒツジやウシを支配下に置ける。このため、牧畜文化では所有権や権力、そして財産が少数の者たちに集中しはじめた。頭絡が発明された時代以降、手の込んだ副葬品の数が大幅に増えるのを考古学者は確認している。これは、考古学的に見て収入の格差をうかがわせる最も重要な目印だ。

《ナポレオン》自身も最後はそうした墓のひとつに入った。死因はもしかしたら、急速な減速に伴う悲劇だったかもしれない。スピードを発明したことによって、《ナポレオン》は新しい生き方だけでなく新しい死に方をも編みだした。ヒトは進化の過程でヘビや高所を怖がるようになったものの、速さを恐れる性質を獲得していたわけではない。つまり《ナポレオン》は、自らの発明がどんな危険をはらんでいるかを理解できておらず、自分がまったく新しい脅威をつくりだしたことに気づいていなかった。結局、リスクをいとわないこの目立ちたがりの天才は、全速力で走るウマから落ちた可能性がある。そしてスピードの生みの親は、そのスピードのせいで命に終止符を打たれる第一号となったのではないだろうか。

第11章

はじめて車輪を組みたてたのは誰？

ホモ・サピエンスの全史を24時間に縮めたとすると
これが起きたのは23時34分（5400年前）

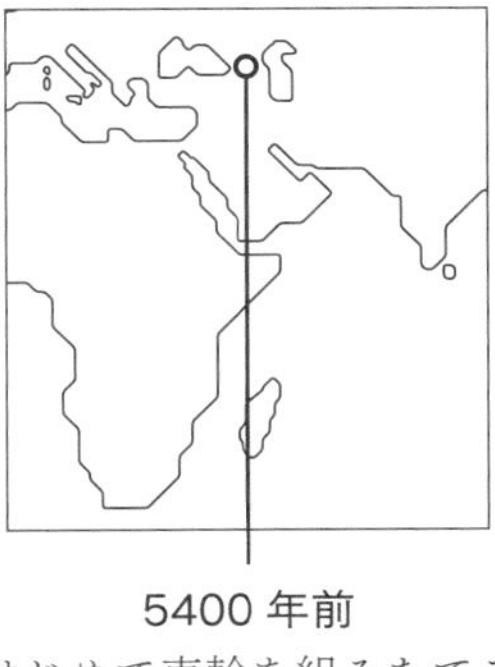

5400年前
はじめて車輪を組みたてる

今から数十万年前のこと。地面に石か丸太が落ちていて、それをどこかの不運なヒトがうっかり踏んだ。そして、丸い物体は地面との摩擦を小さくすることを——頭蓋骨を割る直前に——知った。

このことに気づく瞬間は遅かれ早かれかならず訪れる。だからこそ、古代世界ではいたるところで「コロ」が使用された。コロとは、重い物体の下に敷く丸太のことである。古代エジプト文明やメソポタミア文明ではピラミッドの建設や重い設備の運搬に、またイースター島ではモアイ像の移動にコロが用いられた。ただ、前に進むごとに丸太の位置を入れかえなくてはいけないために、コロは効率がよいとはいいがたい。それに、いくら摩擦が少なくなるといってもゼロになるわけではないし、引っぱって動かすのには大変な労力を伴う。やがて、この問題を解決してくれる見事なアイデアが登場した。それが「回転軸」である。コロがじつに古い時代から利用されていたのに対し、車輪状のものと回転軸（車軸）を組みあわせることにはそれまで誰ひとりとして思いいたらなかった。だが、今から六〇〇〇年ほど前にようやく賢い陶工が現れた。

これまでに発見されている最古の回転軸は、荷車や手押し車についていたのではない。メソポタミアのろくろの一部だ。一見するとろくろは単純な装置に思える。だがそれは、回転する円盤の中心が静止していることと、その性質を利用して仕掛けをつくれば自分に都合のいい作業をさせられることを、どこかの誰かが気づいた最古の証しといえる。この気づきはじつに独創的でまったく新しいものであるため、発想がどこからきたのかは定かではない（ひょっとしたら、ひもに通したビーズが回転するさまを目にしたのかもしれない）。というのも、そういう結論が得られそうなものが自然界には見当たらないからだ。この回転軸を思いついたことこそは、機械の分野における人類史上最大のひらめきだと多くの研究者が考えている。
もっとも、ろくろから車輪にたどり着くには、考え方をさらに大きく飛躍させる必要があった。一本の回転軸で複数の車輪をつないだ世界最古の仕掛けは、女性か男性の陶工が考えだしたと見られている。なぜなら、最古の車輪と回転軸は粘土でできており、車軸の長さは五センチほどで、それが動物の小像の下に取りつけられていたからだ。

つまり、世界初の車輪のついた乗り物はおもちゃだった。

第5章でも見たとおり、先史時代の遺物をおもちゃと表現することに考古学者はたいてい難色を示す。だが、この場合に限ってはそう考えていいだけの証拠がそろっているように思える。

一八八〇年七月、フランスの探検家デジレ・シャルネは、アメリカ大陸最古の車輪を発見した。コロンブス到来前の時代につくられたもので、四つの車輪がコヨーテの小像に取りつけられていた。それをシャルネが見つけた場所というのが、メキシコシティの南にあるアステカ人の子どもの墓だったのである。

シャルネは著書『新世界の古代都市（*Les Anciennes Villes du Nouveau Monde*）』の中で次のように推測している。このおもちゃは「愛情深いひとりの母親が、愛するわが子の思い出の品としてわが子の亡骸と一緒に埋めたものではないか」

アステカの子どもの生きた時代は、世界最古の車輪が発明されてから何千年もあとのことだ。それでも、ヨーロッパ人がはじめてアメリカ大陸に車輪をもちこむより前の時代だったのは間違いない。だとすれば、旧世界と新世界の両方で、陶工をしていた母親か父親がそれぞれ独自に車輪と車軸を発明しておもちゃをこしらえたことになる。

私が話を聞いた考古学者は、これほど重要な発見が遊び道具のためになされたと考えることに二の足を踏む。だが技術者は違う。むしろ、はじめての車輪と車軸がいきなり重さ二〇〇キロ超の四輪荷車（ワゴン）として登場していたとしたら、そちらのほうがよほど驚くと口をそろえる。発明品の小型版（現代なら模型や試作品と呼ばれる）は、ほぼ決まって大型版の先に現れるものだ。大型版より製作が簡単で、時間もかからず、問題個所を明らかにして解決策を見出すのも短時間でできる。

ただ、発明した者の創意工夫は素晴らしいものではあったが、このおもちゃが社会に革命を起こすことはなかった。その数百年後に車輪と車軸一式を普通サイズに拡大した人物こそが、それをなし遂げたのである。

普通サイズの四輪荷車が登場するのはおよそ五四〇〇年前のことであり、これは史上はじめて（今ふうに表現するなら）拡散した発明品といっていいかもしれない。というのも、普通サイズの荷車はイラク南部からドイツに至るまで広い範囲で発掘されていて、しかもそこまで広がるのにわずか数百年しかかかっていないからである。当時の各地の文化は他とは完全に切りはなされていた。その厚い壁を突破して普及したのだから、荷車にはよほど抗《あらが》いがたい魅力があったのだろう。

『馬・車輪・言語――文明はどこで誕生したのか』の著者で、前章にも登場した人類学者のデイヴィッド・アンソニーに私は話を聞き、これほどまでに拡散したのはなぜかを尋ねてみた。すると、理由のひとつは荷車の大きさそのものだったのではないか、との答えが返ってきた。「木製の装置としては、それまで誰も見たことのないほど巨大なものだったはずだ」とアンソニーは指摘する。騒々しい音を立てて、ゆっくりと進む荷車。それを引っぱっていくのは数頭の雄ウシ。それ自体もステップでは最大級の動物だった。

荷車の発明は、史上初の人工衛星「スプートニク1号」の登場にも匹敵するものであり、人々の目にとまらないわけがない。これまでに考古学者は最古と思われる荷車をふたつ発見しているのだが、それぞれ設計が大きく異なっている。一方は、現代の鉄道車両のように車輪が車軸に固定されており、もう一方は現代の自動車のように車輪が車軸の上で自由に回転する。だとすると、荷車をつくった者たちの少なくとも一部は、近くでじっくり調べる機会のないまま遠くから眺めて真似したのではないかとアンソニーは指摘している。

荷車が発明されて広く普及したことは、中東とヨーロッパの社会にたちまちきわめて大きな影響を及ぼすことになる。まず、農耕民の生産性が大幅に向上し、その過程で農耕のあり方も変容していった。かつての農場では、肥料や種子、作物といった重い荷を運ぶのに大勢の働き手が必要だったのに対し、荷車の登場によって一家族だけで仕事をこなす道が開けた。川沿いに固まっていた住民は、恵み豊かな手つかずのステップへと爆発的に広がっていく。荷車は経済全体や生活様式や、戦い方や言語までをも一変させた。「はじめての車輪輸送が社会経済にどれだけ大きな意味をもっていたかは、どんなに強調しても足りない」とアンソニーは記している。

始まりはミニチュアだったかもしれないが、世界を変えたのはミニサイズではなく普通サイズの車輪だった。そして、小さなものを大きくすること自体にも人並外れた才能を必要とした。アンソニーによると、普通サイズの車輪と車軸をつくるには非常に繊細な技術が求められるはずなので、手持ちの道具が石器だとしたらとうていうまくはいかなかった。誕生まもない金属製の円鑿《まるのみ》や錐《きり》のたぐいがなければ、成功の見込みはなかったはずだという。また、段階を追って少しずつ形になっていったとは考えにくいので、誰かがいきなり完全な形の車輪第一号を完成させたことになる。

はじめて（普通サイズの）車輪を生みだしたのは誰かという問いは、答えを知りようがないことをたとえた決まり文句にもなっている。しかし近年になって、とうの昔に死にたえた言語を復元する研究から新しい強力な証拠がもたらされ、研究者はその発明者の正体にかつてないほど迫っている。

では、それはいったいどんな人物だったのか。

その男性を《クウェクロス（*Kweklos）》と呼ぼう〔訳注：言語学では、祖語にあったものとして復元された単語に「*」を付す〕。というのも、古言語学者の考えでは、車輪を示すものとして用いられた言葉がまさにそう発音されていたと考えられているからである。これは「回転する」という意味の動詞をもとにつくられた単語で、要は「回転するもの」を表す。車輪という発明品にはいかにも似つかわしい。《クウェクロス》がどうして男性なのかといえば、荷車を運転していたことが確認されている最古の人物が男性だからであり、その男性は黒海の北で荷車に乗ったまま土に埋まっていた。

《クウェクロス》が生まれたのはおよそ五四〇〇年前。結果的に車輪が大きな人気を博したおかげで、この年代には十分な裏づけがある。考古学の調査からは、荷車そのものや荷車の存在を示す遺物が中東から西ヨーロッパへの広い範囲で多数発見されており、しかもそれぞれの年代はわずか数世代の開きしかない。

ただし、《クウェクロス》の暮らした「場所」については今なお研究者のあいだでさかんに議論されている。アンソニーの話では、荷車が「あまりに短期間で普及したために、最も古いものがどれかをピンポイントで指ししめすことができない」という。先ほども触れたように、現時点で最古とされる荷車の車輪は二種類存在する。ひとつは、現スロベニアの首都リュブリャナの湿地帯で出土したものであり、もうひとつは黒海北岸に栄えたヤムナ文化（現ロシアのコーカサス地方北部）の墓から発掘されたものだ。この注目すべき墓からは車輪のみならず荷車全体が発見されていて、その上に三〇代の男性の骨格が座ったかたちで埋葬されていた。

考古学という研究分野は、発明品の拡散元を正確に突きとめるのには向いていない。だが言語学の切り口から見る限り、どうやら荷車と一緒に埋められていたヤムナ人の男性のほうが発明場所の近くに住んでいたと思われる。ヤムナ人は「インド・ヨーロッパ祖語（印欧祖語）」と呼ばれる言語を話していたというのが、多くの古言語学者の見方だ。この言語そのものははるか昔に消滅しているものの、それを復元した結果、車輪の発明者が話していたのがこの言葉だと考えられている。

「車輪をいい表す各地の単語を調べてみると、車輪と車軸に相当する単語のほとんどがもとは印欧祖語に由来していることがわかります。そのおおもとの言葉は、すでに存在していた動詞や名詞をもとにしてつくりだされています」。アンソニーは私にそう説明してくれた。たとえば、印欧祖語で「車軸」は「アクス（*aks）」というが、これはもともと印欧祖語で「肩」を意味する単語だった。つまり、車輪や荷車などを表現する際に外来語を用いるのではなく、母語の中にすでにあった言葉を選んだことになる。

この点はきわめて重要だ。というのも、外国の技術を取りいれるのであれば、その外国の用語も併せて採用するのが普通だからである。スペイン人が西インド諸島からはじめてタバコ草をもち帰ったとき、現地の先住民が使っていた「tabako」という呼称をそのまま残した。車輪を示す単語の起源を研究した結果から、《クウェクロス》は黒海の北で荷車と一緒に埋まっていた男性と同じヤムナ人であり、印欧祖語を話していたと推測されるのである（証明されるわけではないが）。《クウェクロス》は農耕と牧畜で暮らしを立てていた。イヌ、ウマ、ヒツジを飼い、もしかしたら最古の部類に入る羊毛の服を着ていたかもしれない。ハチミツ酒を好み、ウシを育ててその乳を飲んだ。おそらくは川の近くの小さな農村で、ロングハウス（第9章参照）に住んでいたと思われる。

言語学の研究から明らかになったのは、《クウェクロス》たちが空をつかさどる男神を信仰し、その神にウシやウマを生贄《いけにえ》としてささげていたことである。また、村には民の尊敬を集める首長と戦士がいたこともわかっている。ヤムナ人のＤＮＡ解析の結果を踏まえるなら、《クウェクロス》はたぶん茶色い瞳に黒っぽい髪（赤毛だった可能性も少しある）をもち、肌は少しオリーブ色がかっていた。ヤムナ人男性の平均身長はおよそ一七五センチ。長年の畑仕事のせいでたぶん筋骨隆々としていただろう。

こうした人物像の多くはもちろん推測の域を出ないものの、ひとつ確かなことがある。史上初の荷車をつくった《クウェクロス》は、その発想においても技術においても抜きんでた存在だったということだ。それ以外に説明のしようがない。小さなおもちゃを実生活で使える大きさに拡大するためには、計画・設計・木工作業のすべてにおいていくつもの問題を解決しなければならなかったはずである。そのため、アンソニーをはじめとする一部の研究者は、はじめての銅器がつくられてからわずか数世代で最初の荷車が誕生したのは偶然ではないと確信している。使い物になる車輪と車軸を組みたてるには正確な技術が不可欠であり、それは石器ではなし遂げられなかった見込みが大きいからである。

『なぜ車輪は丸いのか（*Why the Wheel Is Round*）』の著者スティーヴン・ヴォーゲルによると、車輪の何より重要な部分は車軸とのはまり具合だ。きつすぎれば荷車は絶望的なほど効率が悪くなり、ゆるすぎれば車輪がぐらぐらしたあげくに外れてしまう。マッチ箱サイズの車輪と車軸ならこの点が問題になることはないし、車軸の直径と長さの比を適切なものにする必要もない。ところが大型の車輪の場合、車軸が太すぎると摩擦が大きくなりすぎるし、細すぎたら細すぎたで荷の圧力で折れる。

　車輪そのものも見た目以上に複雑な仕掛けであるため、つくるのはひと筋縄ではいかない。仮に《クウェクロス》が倒木の幹をサラミふうの輪切りにしていたら、車輪づくりはあっけなく失敗に終わっていただろう。ヴォーゲルによれば、肝心なのは木目の方向である。サラミ状の木材ではその端で重みを支えることができず、負荷がかかるとすぐさまゆがむ。では《クウェクロス》はどうしたかというと、幹を縦方向に切った板状の木材を何枚も用意し、それを複数組みあわせて車輪に仕上げた。初期の車輪はみなそういう設計になっている。個々の木材にでっぱった部分とへこんだ部分をつくっておき、それを丁寧にはめ合わせることで見事に丸い車輪を形づくった。

　車輪の直径も非常に重要である。小さすぎたら道のくぼみから抜けられないし、大きすぎればただでさえ重たい荷車を動かせなくなる。

《クウェクロス》はその並外れた技術で、このどれかひとつではなくすべてをやってのけた。荷車が段階を追って発達していったとは考えにくく、全か無か、うまくいくかいかないかのどちらかだったとアンソニーはいう。しかし、どれだけ優れた技術があっても雄ウシという存在がなければ、《クウェクロス》の車輪は無用の長物と化していただろう。

　ウシはもともとオーロックスという野生の動物だったが、レヴァント地方（東部地中海沿岸地方）のナトゥーフ人によって今から一万年ほど前に家畜化された。当初はもっぱら肉と乳を手に入れるのが目的だったが、紀元前四〇〇〇年頃にはすでに、黒海東岸のマイコープ文化のもとで雄ウシが去勢されて使役動物として利用されるようになっていた。ウシを屈服させて首に軛《くびき》（荷車の先端についた横棒）をかける過程は、けっして楽しいものではなかったはずだ。ドイツの考古学者ザビーネ・ラインホルトは次のように指摘している。「これはまったく新しい次元の家畜化であり、動物の生活様式を侵害する度合いでいったら古い時代の事例をはるかに超えている」。去勢し、手荒に扱い、痛みを与える。そうされることでウシは「無気力になる」とラインホルトは記している。「心をへし折られるのだ」

苦痛をこうむったのは雄ウシの側だけではない。荷車に乗ったまま墓に入っていた例のヤムナ人の男性には、一生のあいだに二六か所の骨折に見舞われた痕跡が残っていた。おまけに、背骨、左の肋骨数本、および片足には関節症が認められている。この男性の人生は過酷なものではあったが、けっして珍しいものではなかったに違いない。ヤムナ文化の最初期の墓からは、荷車とともに埋葬された遺体がほかにも複数発見されており、その多くに何か所もの骨折が確認されている。とくに手足がひどい。雄ウシに軛をかけるのが、人間と動物の凄絶な戦いだったからだろう。マイコープ人の墓には、鼻輪をつけたウシが一緒に埋められている。これは、野獣を征服したことを讃えるためだったのではないかと一部の考古学者は推測している。

《クウェクロス》のつくった四輪荷車は重さ数百キロで、大きさは一メートル×二メートル程度。そこにはじめて数頭の雄ウシをつなぐと、雄ウシは木製の部品をきしませながら懸命に荷車を引いて歩きだした。そのとき、《クウェクロス》は農耕のあり方を未来永劫にわたって変えた。かつては農場の重い荷を村人総出で運んでいたのに、今や荷車一台と数頭の雄ウシがあれば家族だけで事足りる。

その結果、ヤムナ人は荷車を移動式住居とし、家族単位で各地へと広がっていった。川沿いに固まっていた村々を離れ、広大な手つかずのユーラシアステップへ、そしてさらにその彼方へと散っていったのである。

その文化が移動していった足跡は今もはっきりと残っている。

ヤムナ人は高地のステップをおりてヨーロッパや西アジアへと広がっていきながら、行く先々に自分たちの荷車と文化、そして言語をもたらした。今日、世界人口の四五パーセントが、《クウェクロス》の印欧祖語から分岐した言語を話している。たとえば英語、ギリシャ語、ラテン語、サンスクリット語、ポルトガル語、スペイン語、スウェーデン語、スロバキア語、パシュトー語（アフガニスタンの公用語のひとつ）、ブルガリア語、ドイツ語、アルバニア語などがそうで（これでもほんの一部ではあるが）、じつに多岐にわたる。それがすべて、もとをたどれば印欧祖語に行きつく。

ヤムナ人がステップを出て、南方と西方の諸文化を自分たちの勢力範囲に収めていったことは、近年のＤＮＡ研究からも裏づけられている。彼らの文化が他を圧するうえで、巨大な荷車が大いに物をいったのは確かだ。しかし、それ以上に威力をふるったのは、一緒についていったごくごく小さな密航者のほうだったかもしれない。じつは、ロシア西部の約五〇〇〇年前の人骨の歯からペスト菌の祖先にあたる細菌が見つかっていることから、ヤムナ人はヨーロッパになだれこみながら、図らずも生物兵器をばらまいたのではないかと研究者は考えている。

《クウェクロス》が早速この病気に斃《たお》れたとしてもおかしくはなく、事故で命を絶たれた可能性もある。なんといっても、知られている限りで世界最古の荷車の運転手は二六か所も骨を折っていたのだから。いずれにしても、荷車が短期間で人気を博したことから考えて、《クウェクロス》は生きているあいだにその功績を認められたのではないか。先史時代の発明家としては異例のことである。そして、荷車に乗せたかたちで運転手を埋葬するのがのちにヤムナ人の慣習になったことを思うと、その第一号は《クウェクロス》その人だったかもしれない。

第12章
はじめての謎の殺人事件の犯人は誰？

ホモ・サピエンスの全史を24時間に縮めたとすると
これが起きたのは23時35分（5300年前）

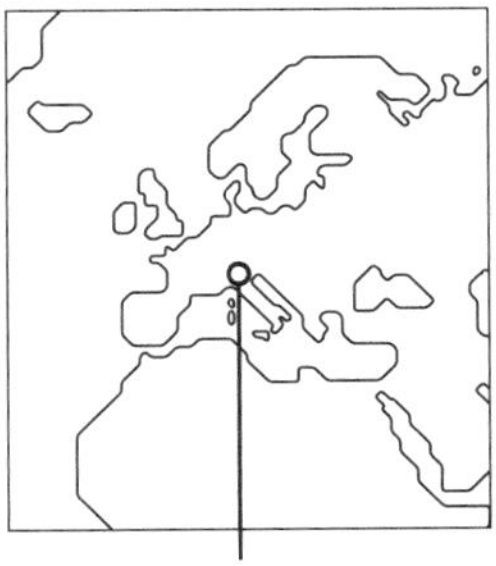

5300年前
はじめて謎の殺人事件が起きる

銅器時代（新石器時代と青銅器時代のあいだ）のイタリアン・アルプス。夜明け前の空がかすかに白みはじめた頃、男は自分の狙う相手がふもとの村を出発するのを目で追った。男が見つめるなか、標的は足の踏み場を選びながら、樹木の茂った山麓《さんろく》の丘をゆっくりと歩いていく。やがて、相手が山へ向かう上り坂に消えたのを確かめてから、男は静かに自分の荷物をまとめた。

ヒツジ皮の胴着とヤギ皮のすね当てを身につけ、ヤギ皮とヒツジ皮を縫いあわせた外套《がいとう》を羽織って上からベルトを締める。皮とひもでできた深靴に新しい干し草を詰め、干したヤギ肉を包んで木枠つきのバックパックにしまう。それから火打石製のナイフをベルトにねじこみ、シカ皮の矢筒を背負って長弓を肩にかける。そして標的のあとを追った。

男は身長およそ一六五センチ。やせているがたくましく、強靭な脚と肺はこの地の高度と地形に十分に慣れている。一歩一歩、一定したペースと無駄のない動きで山を登っていくさまは、まさに物心ついたときから急な山道を歩いてきた者の足取りだ。狙う相手と同じ歩調で進み、けっして急いで追いついたりはしない。相手がエッツタール・アルプスの峠道を通るのはわかっていた。そこは人がよく使う交易路であり、春の雪解けでちょうど道が開けたばかりである。

標的は樹木の多いセナーレス峡谷に入っていくが、男はそこを避け、のぼってくだってまたのぼって、今でいうジミラウン峠の南側に出る。峠に近づくと、前方やや上の小さなくぼ地からひと筋の煙が立ちのぼるのが見えた。男は弓を肩からおろし、矢筒から一本矢を引きぬくと、峠を目指してじりじりと這いすすんでいった。

＊＊＊

一九九一年九月、オーストリアとイタリアの国境に近いエッツタール・アルプス。そこをふたりのハイカーが歩いていたとき、なんとも恐ろしい光景に出くわした。例年になく夏が暑かったせいで、ジミラウン峠脇の小さなくぼ地で雪が一部解け、死んだ男性のねじれた腕と苦悶《くもん》の表情があらわになっていたのである。前の冬の嵐に巻きこまれた人の遺体だとハイカーは思い、当局に通報した。ところが、監察医が検死のために携帯用削岩機で死体を自由の身にしてやったとき、男性の皮膚が凍結乾燥しているのに気づく。どうやら遺体は相当に古そうだ。もしかしたら第一次世界大戦で行方不明になった兵士ではないか。

それから男性の装備に目をとめた。

遺体のすぐそばには、いかにも古そうな銅製の斧が一本、ほぼ完全な状態で見つかった。それはじつに美しい先史時代の道具であり、その時代としてもまだ珍しいものだった。この種の斧がつくられて使用されたのは、五〇〇〇年近く前が最後である。世界中から考古学者が駆けつけて調査を開始した。地元紙は発見場所の「エッツタール」にちなんで、遺体の男性に「エッツィ」というあだ名をつける。やがて考古学者は結論をくだした――エッツィが亡くなったのはツタンカーメン王の生まれるおよそ二〇〇〇年前である、と。

古いこと自体はそれほど意外ではなく、考古学の調査からはもっとずっと古い時代の人骨もよく見つかる。ただ、これほど状態のいい遺体は例がなかった。死後ほどなく死体の上に氷河が覆いかぶさったために、いってみれば冷凍庫の扉が閉まったような恰好《かっこう》になったのだろう。結果としてエッツィは五〇〇〇年あまりのあいだ小さなくぼみに閉じこめられたまま、ほぼ完全に原型をとどめた状態に保たれていた。

低温で湿潤な環境のおかげで、エッツィのＤＮＡ、皮膚、手の爪、臓器、髪の毛、眼球はすべて保存され、胃の内容物までもがそのまま残っていた。このすべてを通して、銅器時代のヨーロッパ人がどんな暮らしをしていたかがかつてないほど垣間《かいま》見られるようになった。以後、三〇年近くにわたって調査が続けられ、現在ではエッツィほど徹底的に調べつくされた死体は史上類を見ないといえるまでになっている。

スタンフォード大学の考古学者パトリック・ハントは、ナショナルジオグラフィック協会のチームの一員としてエッツィの調査にあたった人物だ。そのハントによれば、今やエッツィの髪の色や瞳の色、最後の食事や入れ墨のほか、関節炎をはじめとする数々の体の不具合までもが判明している。歯のエナメル質を調べ、中に含まれる元素の同位体を分析することで、エッツィが具体的にどこの谷で生まれたかも解明されている。声帯を復元したおかげで、どんな声の持ち主だったかも明らかになった。低く太く、かすれた声で、人間ウシガエルといえなくもない響きらしい。また、消化管に残っていた複数種類の花粉を分析することにより、エッツィが最後にたどった正確な道筋までもが突きとめられている。

しかし、何より興味深い事実が暴かれたのは、エッツィの発見から一〇年近くたったときのこと。Ｘ線撮影によって、それまで見落とされていたことが明るみに出た。左の鎖骨の下に火打石製の矢じりがめりこんでおり、そのせいで鎖骨下《さこつか》動脈が切断されていたのである。同じ動脈が切れたら、現代の手術室の中であっても死をまぬかれないし、ましてエッツィの場合は何千年も前の山の上だ。それまでの一〇年間、エッツィの死因はさまざまに取りざたされていたが、これで議論は決着した。病死でも凍死でも事故死でもない。これは殺人だったのである。

私たちがホモ・サピエンスになるよりはるか昔から、暴力は人生につきものだった。人類学者はかつて、殺人と戦争は近代的な都市化の副産物だと考えていた。知らない者どうしが隣りあって暮らすようになったから殺人が行われ、国家権力が強大になったから戦争が起きたという理屈である。だが、近年になってこの仮説には大きな疑問符が突きつけられている。なぜかといえば、その仮説がふたつの誤った考え方から出発しているからである。ひとつは、私たちの祖先である類人猿はかなり穏やかな気性をもっていたのに、ヒトが暴力的な方向に進化してしまったというもの。もうひとつは、私たちの遠い過去には暴力が少なかったというものだ。ここ数十年における霊長類の研究からは、チンパンジーどうしが人間より頻繁に殺しあうことが確認されている。確かに狩猟採集民の戦いでは、国と国との戦争による組織的な虐殺に比べて犠牲者の数は少ない。しかし、今より人口が圧倒的に少ない分、かえって暴力行為が慢性化しやすかった。その結果、暴力事件の多発する都市部を除けば現代世界にまさるとも劣らない頻度で、暴力が発生していた。私たちはそもそもの始まりから互いの命を熱心に奪いあってきたというのが、現代の人類学者の結論である。

　では以前と何が変わったのかといえば、しだいに暴力がタブー視されるようになった点だ。はるかな昔に人を殺しても、ほめられこそすれ罰せられることなどほとんどなかっただろう。ところが、生きのこるうえでは協力が大事だということがわかり、より他者に優しい者が進化の過程で選ばれていった（このプロセスを「自己家畜化」と呼ぶ人類学者もいる）。それにつれて、少なくとも状況によっては殺人が「やってはいけないこと」とみなされるようになった。殺人者にとっては、自分の行いが露見すれば報復を受けるおそれが出てきたわけである。

こうして誕生したのが「謎の殺人事件」だ。

この変化がいつ起きたのかは考古学者にもわからない。だがエッツィ殺害事件は、犯人がなんとか逃げおおせようとしたことを示す最古の動かぬ証拠であるのは確かだ。というのも、史上最も徹底した殺人現場の捜査の結果、エッツィが顔見知りによって命を奪われ、その犯人が自分の行為を懸命に隠蔽《いんぺい》したらしきことが今や数々の証拠から浮かびあがってきているからである。

では誰がエッツィを殺したのか。

その犯人の男を《ジュヴァリ》と呼ぶことにしよう。この人物の故郷と見られる北イタリアのジュヴァル地方にちなんだものだ。なぜ男かといえば、国連による二〇一三年の報告書にあるように、世界の殺人事件の九六パーセントが男性による犯行だからである。これは今に始まった話ではない。人類学者のスコット・ブラウンによると、圧倒的に男性のほうが殺人を犯しやすいのは普遍文化のひとつであり、私たちの遠い過去からずっと続いてきた現象である。

《ジュヴァリ》は農耕と牧畜を営む一家に生まれた。狩猟採集民として移動生活を送っていたのではない。先祖は現在のトルコあたりに暮らしていた農耕牧畜民で、のちにヨーロッパへと広がった。その過程で、暴力と病気を通してヨーロッパの狩猟採集民を徐々に滅ぼし、移動しない生活様式を地域にもちこんだ。具体的には、農耕と家畜の飼育と、定住型の村落である。

《ジュヴァリ》の姿かたちが当時の典型的なヨーロッパ人男性と同じだったとしたら、茶色の目に黒っぽい髪をして、薄いあごひげをはやしていたと思われる。男性の平均身長は一六五センチ程度。やせ型で強靭な肉体をもっていたことを考えあわせると、現代でいえば競馬の騎手のような体格だったといえそうだ。

食事が偏っているので小柄である。また、日々過酷な環境の中で動きまわっていたために、上半身には無駄な肉がついておらず足腰が強かった。おまけに、たぶん変形性の関節炎を患《わずら》っていた。生まれてこのかたエッツタール・アルプスの急な山道を歩きつづけていれば、そうもなろうというものである。《ジュヴァリ》の健康状態はけっしてよくなかったはずである。ヨーロッパで農耕と牧畜が始まってほどない時代の人々は、たびたび栄養不良に見舞われた。狩猟採集民なら多種多様な食物をバランスよく食べるので、どれかひとつの動物や植物が手に入らなくても困ることはない。それにひきかえ、《ジュヴァリ》たちが生きのびられるかどうかはほんの数種の作物と動物にかかっていた。洪水や干ばつが起きればそれらが全滅してもおかしくない。天候に恵まれた年であっても、狩猟採集民に比べたら食事は格段に粗末であり、概して身長でも健康状態でも彼らより劣っていた。しかも《ジュヴァリ》たちは家畜と一緒に生活している。動物は害虫や害獣を引きよせたり、水源を汚したりするほか、人間には命取りになりかねないウイルスを隠しもっているおそれもあった。

初期の農耕民のあいだでは重い病《やまい》が珍しくなかった。発掘された骨格を確認すると、手の爪に深い溝が刻まれているものが多い。これは「ボー線条」と呼ばれ、体の不調のしるしである。《ジュヴァリ》を苦しめていたものとしては、寄生虫のサナダムシ、関節炎、マダニが運ぶライム病、潰瘍《かいよう》などが考えられ、いずれも当時のヨーロッパ人のあいだに広まっていたことがわかっている。炭水化物に偏った食事をしていたのでたぶん口の中は虫歯だらけであり、のぼりくだりの激しい地形は関節に大きな負担をかけていた。

とはいえ、体の不具合に対してまったくなすすべがなかったわけではない。近年の発見により、当時の農耕民が想像以上に高度な医術を用いていたことが明らかになっている。パトリック・ハントによれば、抗菌作用のあるキノコを薬として摂取したり、砕いた木炭を木製の針で関節に注入して、関節炎を和らげたりしていたことがうかがえるという。

《ジュヴァリ》の職業についてははっきりしていない。それは、そもそも銅器時代のヨーロッパにどんな職業があったのかがよくわかっていないせいもある。牧畜民と農耕民と、銅工がいたことは間違いないものの、商店主や、床屋や、仕立て屋はどうだったのだろうか。当時のヨーロッパでは自給自足の経済が主流だったというのが二〇年前の研究者の見解だったが、エッツィの靴を詳しく調べた結果、かつての定説以上に複雑な地域経済が存在した可能性が浮かびあがってきている。

靴の外見自体はたいして目を引くものではない。イタリア北東部のボルツァーノにある南チロル考古学博物館で、私は実際にガラスごしにその靴を見学した。そのとき、パンのかたまりをくり抜いてひもで綴《と》じあわせたみたいだ、と思ったものである。しかし、エッツィ発見の一報を受けて、靴を専門に研究するチェコの教授ペトル・フラヴァーチェクがすぐさま興味をもった。エッツィの靴は皮とひもでできたハイキングブーツであり、サイズは二五・五センチ。靴底に干し草を敷きつめている。フラヴァーチェクはその靴の正確な複製をつくり、野外で自ら試してみた。それで雪の上を歩き、水に入り、ヨーロッパの山々を登る。テストが終わったとき、その靴は「奇跡の一足」だとフラヴァーチェクは絶賛した。干し草が断熱材がわりになって雪の中でも足を温めてくれるうえ、柔らかい皮の靴底は現代のハイキングブーツよりもすべりにくい。圧力の分散にも優れているので、どこか一か所に負担がかかることもない。チェコの登山家ヴァーツラフ・パテックは実際に複製を履いてみて、「この靴で征服できない山はヨーロッパにはない」と断言した。本職の靴職人がいなければ、これほど質の高い靴は生みだせなかったはずだとフラヴァーチェクはいいきる。だとすれば、《ジュヴァリ》の村にはさまざまな仕事を生業《なりわい》とする人がいたとしてもおかしくないことになる（それが証明されるとまではいえないにせよ）。

靴が高品質であることや、靴職人がいたかもしれないことからは、当時のヨーロッパの職業についてまだほとんど解明されていない現状が透けて見える。《ジュヴァリ》の職業についても推測するのは難しいものの、一番考えられるのは牧畜民だったというものだ。

イタリアン・アルプスの山麓の丘では、ヒツジやヤギを飼うことが生計を立てるおもな手段だった。これは現代でも変わらず、エッツタール・アルプスを歩いてみれば、ウシやヒツジを呼ぶベルの柔らかな音が丘の斜面に響く。もっとも、《ジュヴァリ》が牧畜民だったというのは、その確率が高いというだけの理由ではない。人を殺すような気質をもっていたこと自体が、やはり牧畜民的な暮らし方を物語っているからである。先史時代の法律のない環境では、牧畜民はことのほか乱暴な連中だった。

農耕民の場合、その富は土の中に埋まっている。一方、牧畜民の財産は四本足の上に載っているために盗まれやすい。近代的な法律が施行される前の時代には、事が起きたらかならず暴力で報復すると知らしめることだけが泥棒から財産を守る手段だった。公正な裁判所で揉《も》め事を解決してもらえるわけではない以上、対決や脅し、あるいは盗みに対しては、過剰に反応したくなるのが牧畜民というものだった。

それをしたらどんな結果が待っているかは、比較的最近の歴史を見ても明らかである。中世のイングランドでは、牧畜集落での殺人発生率が現代の交戦地帯に匹敵するほど高かった（当時は裁判制度より公文書管理制度のほうがはるかに優れていたので記録が残っている）。一三四〇年、オックスフォードの牧畜民と農耕民は、人口一〇万人当たり一一〇件もの割合で互いを殺しあっていた。現在ではその一〇〇分の一にも満たない。

考古学研究のこぼれ話からも、《ジュヴァリ》の時代に極端なまでの暴力がはびこっていたことが見てとれる。考古学上の有名な発見は、身の毛もよだつような補足情報を伴うことが多い。うち砕かれた頭蓋骨、体内にめりこんだ矢じり、切りさかれたのど、首を絞められた痕。たとえば、北米で最古の骨格のひとつは、コロンビア河畔で発掘された九四〇〇年前の「ケネウィック・マン」のものなのだが、その骨盤にはたまたま石製の槍の穂先が埋まっていた。また、イギリスの「リンドウ・マン」は約二〇〇〇年前の男性の遺体であり、よい保存状態で泥炭地から発見された。その死因は、頭蓋骨を叩き割られ、のどを切られ、首の骨を折られたことだった。デンマークで見つかった二五〇〇年前の遺体「トーロン・マン」は、やはり泥炭地に沈んでいたおかげでほぼ往時のままの状態が保たれていた。おかげで最期の表情もありありと読みとれるし、首のまわりにきつく巻きついたひもも確認できる。これと同じ時代のスウェーデンの埋葬地を調査した結果からは、死者の一割が暴力によって命を絶たれたことが明らかになった。現代ではその比率が一〇万人中一・四人である。こうした証拠から判断する限り、《ジュヴァリ》の牧畜集落でも殺人はとりたてて珍しい出来事ではなかったと考えられる。

数年前、南チロル考古学博物館は、殺人捜査を専門とするミュンヘンの刑事アレクサンダー・ホルンにひとつの仕事を依頼した。ほかでもない、エッツィ殺害事件の捜査である。どんな殺人事件の場合もそうだが、ホルンはまず《ジュヴァリ》の動機を探った。すぐに除外したのは強盗目的である。というのも、銅製の斧が現場に残されていたからだ。現代でいえば、被害者の手首にロレックスの腕時計が巻きついたままになっているのと同じである。斧に手がつけられていなかったとすれば、敵対する集団に殺されたのでもないことになる。仮にそうなら、敵を倒したことを示す戦利品として斧がもちさられているはずだからだ。では、犯人はなぜ斧をそのままにしたのだろうか。それは、犯人と被害者に共通の知人がいて、斧をもち歩いていたらそれが誰のものかを悟られてしまうからではないか。そう考えると一番納得がいくとホルンは指摘する。要するに《ジュヴァリ》とエッツィは顔見知りだった。あくまで推測の域を出ないものの、そうだったという筋書きが一番しっくりくるのだという。

　バージニア大学の社会学者ドナルド・ブラックによると、現代の殺人事件で金品が目当てのケースは全体の一割にも満たない。圧倒的に多いのは、なんらかの理由にもとづく「処刑」としての殺人だとブラックは著書に記している。つまり、被害者は犯人によって裁判にかけられ、判決をいい渡され、死刑を執行される。そして、そうされるのが当然だと犯人は感じている。こうした分析を数千年前の殺人事件に当てはめるのは、飛躍がすぎるように思うかもしれない。しかし、じつはエッツィの片方の手のひらには、骨にまで達する深い傷が残されていた。それを思うと、《ジュヴァリ》が復讐のために手をくだしたという筋書きがなおさら真実味を帯びてくる。

　ホルン刑事によればその傷は典型的な防御創《ぼうぎょそう》であり、傷の治り具合から判断してエッツィが死亡する二四〜四八時間ほど前についたものと見られる。しかも、エッツィの火打石製のナイフは刃先が欠けていて、使い物にならなかったはずだと考古学者のハントは私に教えてくれた。それを修理していなかったとすれば、刃こぼれしてから死ぬまでのあいだにあまり時間がなかったことになる。さらには、エッツィの外套に別の人間の血液が付着しているのも確認された。これらの事実はすべて、エッツィが自らの死の一〜二日前に誰かを傷つけた、もしくは殺害したことを指ししめしている。もしかしたら《ジュヴァリ》はその犠牲者をよく知っていて、それが山に入るエッツィをつけ狙うだけの強力な（そしていつの世も変わらない）動機になったのではないか。ホルンはそうにらんでいる。

《ジュヴァリ》がエッツィに矢を放った日は穏やかな天候だったに違いない。エッツィの胃の中から焦げた干し肉とパンが見つかっていることから考えて、エッツィは峠脇の小さなくぼ地で火を起こし、のん気に昼食を食べていたのだろう。食物が消化管のどの位置にあるかを調べた結果、この最後の食事は死亡の約三〇分〜二時間前だったことがわかっている。

矢の軌道を分析したところ、《ジュヴァリ》が矢を射った位置はエッツィから三〇メートルほど離れた左やや下方だった。三〇メートルといえばほぼバスケットボールコートの長さに匹敵し、先史時代の装備の基準からすれば途方もない距離といえる。カーボンファイバー製の矢でシカを狩る現代の狩猟家であっても、もっと近づきたいと思うところだ。だが《ジュヴァリ》の狙いは正確だった。矢はエッツィの左肩甲骨を貫き、腕に血液を供給する太い動脈を切断して、鎖骨のすぐ下で止まった。動脈からの失血により、エッツィはものの数分で事切れたと見られる。

それから《ジュヴァリ》は、自分の矢が標的をとらえた手応えを感じながら犠牲者に近づく。仰向《あおむ》けに倒れているエッツィの体をひっくり返し（腕が不自然にねじれていたのはそれで説明がつく）、背中に刺さった矢を無理やり引きぬく。このときに矢じりが矢柄から外れた。調査にあたった考古学者チームは現場で一四本の矢を発見したが、すべてエッツィのものであり、《ジュヴァリ》の矢は見つかっていない。矢柄が現場に残っていると身元の割れるおそれがあるために、《ジュヴァリ》がもち去ったのだとホルン刑事は推理している。現代の暗殺者が薬莢《やっきょう》を拾っていくのと同じだ。さらにはエッツィの遺体の素晴らしい保存状態からして、《ジュヴァリ》は被害者を雪に埋めた可能性がある〔訳注：エッツィの後頭部には、とどめを刺すべく鈍器でなぐられたらしき痕も残っている〕。

自分のしたことを必死に隠そうとしたというのは、それだけ誰の犯行かが発覚しやすかったことの裏返しである。単に殺害を人に見られたくなかっただけなら、なにも山の上までつけていく必要はない。なのにそうしたのは、目撃されたくなかったことに加えて死因も特定されたくなかったからではないか。つまり《ジュヴァリ》は明らかな動機をもっていたために、エッツィが他殺と知れたら周囲からまっ先に疑われる立場にあった。それを避けるためにわざわざジミラウン峠まで追っていき、場所の遠さから遺体の発見が遅れることを狙った。

そのもくろみは見事に的中したわけである。

第 13 章
はじめて名前が記録されたのは誰？

ホモ・サピエンスの全史を 24 時間に縮めたとすると
これが起きたのは 23 時 36 分（5000 年前）

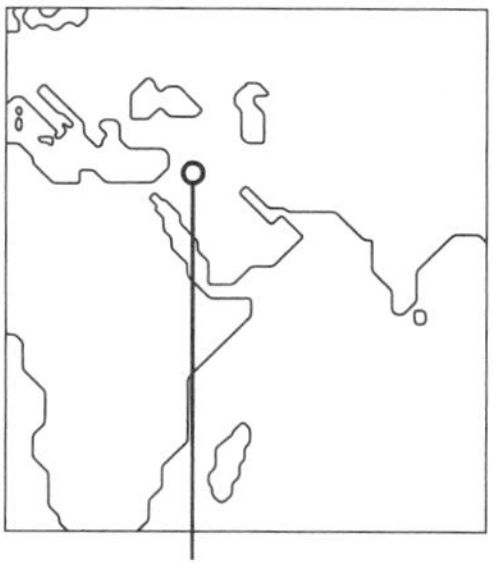

5000 年前
はじめて名前が記録される

一九七四年一一月二四日、エチオピアのハダール村近くにある小さな涸《か》れ谷で、アメリカの考古学者ドナルド・ジョハンソンは骨のかけらをひとつ見つけた。これが、私たちの祖先の系統樹に重要な枝をつけ加えることになる。

骨の持ち主は三二〇万年前の女性。ヒトでもなければサルでもない。それまでに知られていない新種であり、のちに「アウストラロピテクス・アファレンシス」と名づけられた。数か月に及ぶ発掘調査の末に、ジョハンソンとそのチームは女性の骨格全体の半分近くを発見した。当時はまだ、ジョハンソンの言葉を借りるなら、「三〇〇万年より前の人類の進化を示す証拠は手のひらに収まるくらいしかなかった」時代である。この発見は考古学界を驚愕《きょうがく》させただけでなく、一般大衆の関心もとらえた。太古の昔に生きたこのヒトの女性は、まもなく先史時代最大の有名人となる。いや、先史時代唯一の有名人といってもいい。ジョハンソンによれば、それは考古学者がその骨に名前を与えたことが大きい。「ルーシー」である。

この名前が選ばれたことに深い理由があるわけではない。発見の夜に、研究チームのキャンプでかかっていたビートルズの曲「ルーシー・イン・ザ・スカイ・ウィズ・ダイアモンズ」から取ったものだ。だが、名前は先史時代の骨格に人間性を吹きこみ、はるかな昔に生きたこの親類と現代人のあいだの心の距離を近づけた。それに、名前がなければ有名になりようもない。

ルーシーの例に限らず、文字のない時代に存在した人々や場所に対しては考古学者が名前を考えることになる。もちろん、ルーシーが友人や家族から実際にどう呼ばれていたのかも、そもそも名前があったのかどうかも私たちに知るすべはない。研究者にしてもそれは同じで、六〇〇〇年より前の時代については、人名にしろ都市名にしろ文化の名前にしろ、どれひとつとしてわかっているわけではない。現在、先史時代の人名や場所の名称として用いられているものは、一〇〇パーセント現代における創作である。発見された土地の名前を踏まえて命名される場合もあれば、ラジオから流れてきたビートルズの曲名がもとになる場合もある。

　文字が誕生する前にこの世に生きて死んだホモ・サピエンスの数は、およそ一五億人と推定されている。その誰ひとりとして名前が判明してはいないし、この先明らかになる見込みもない。文字を記すことが発明されたあとでも、限られた場所の限られた人々しか読み書きができなかった時代には、やはり大勢の人が名前を残すことのないままに一生を終えた。前章でも見たように、五三〇〇年前のエッツィについては最後の食事の内容までもが突きとめられているのに、その本当の名前は誰にもわからない。はじめてアメリカ大陸に足を踏みいれた人の名前や、ショーヴェ洞窟やラスコー洞窟に傑作絵画を描いた人たちの名前についても同様である（描き手がそれぞれの洞窟をなんと呼んでいたかも永遠に謎のままだ）。だが、メソポタミア文明が興隆して書記（文字を書きしるすこと）が考案されたおかげで、私たちははじめてとある個人の名前を知ることができた。その人物は征服者でもなければ王でもなく、女王や王子でもない。会計士である。それは少しも意外ではない。誰かの名前が最初に記録されるとしたら、征服者や王より会計士こそがふさわしい。なぜなら、会計士というのは創造性のない仕事の代名詞のように思われがちでありながら、人類の最も独創的な発明とみなされるものを生みだしたからである。

　文字は一瞬のひらめきでできあがったものではなく、はじめはメソポタミア地方で五〇〇〇年近い歳月をかけて発達した。では、そもそもどうして文字が必要になったのか。それは、ひとつの問題がしだいに煩雑さを増していったために、それをなんとか解決したいという思いが背景にあったからだ。その問題とは、自分の持ち物と他人の持ち物を区別すること。そして何より、他者が自分にどれだけ借りを負っているかである。文字の誕生から数千年後、インカ帝国は「キープ」というまったく違った文字体系を独自に編みだした。これは、縄の結び目で情報を表すもので、結縄《けつじょう》文字とも呼ばれる。しかし、その目的はメソポタミアとまったく同じだったようだ。つまり、貸し借りと所有権を記録することである。

メソポタミアの文字は縄ではなく、「トークン」から出発した。

一九六〇年代、メソポタミア地方に栄えた古代都市の発掘調査がさかんに行われるようになると、粘土製の小さな物体が遺跡から何千個も出土した。これが「トークン」であり、いろいろなデザインが見つかっている。動物の頭のような形や、丸い表面に模様の刻まれたもの。魔よけのお守りのように見えるものもあれば、陶工が上《うわ》の空でつくったようなものもある。考古学者は首をひねった。その正体にも重要性にも誰ひとり気づくことなく、当時の報告書にはただその存在のみが記され、捨てられてしまう場合もあった。ところが一九八〇年代になって風向きが変わる。フランスの考古学者デニス・シュマント＝ベッセラとピエール・アミエが、じつに意外な結論に達したのだ。トークンは芸術作品でもお守りでも、ぼんやりした陶工の失敗作でもなく、文字の発明へと至るはじめの一歩だというのである。

シュマント＝ベッセラによると、トークンは次のように使用される。あなたが九〇〇〇年前のメソポタミアで家畜を飼っていると想像してほしい。すでに交易は始まっていたものの、そのやり方はいたって単純だ。隣人があなたのヤギを一頭欲しがったとする。このとき、かわりに交換できるものを相手が何ももっていなければ、あなたは隣人に一頭の貸しがあることを覚えておく。現代の私たちが友だちに貸した金額を記憶するのと同じで、ややこしいところは何もない。

ところが、メソポタミアでは人口が増加して、いくつかの場所に集中するようになる。すると取引の数が増え、どこの誰にどれくらいの貸しがあるかを把握しきれなくなった。史上はじめて、ビジネスが脳の許容量を超えたのである。その結果として、メソポタミア人は単純ながらも賢い仕組みを使いはじめた。それがトークンである。誰かがあなたのウシを一頭もっていくときには、それと引きかえにウシの角の形をした小さなトークンをあなたに一個よこす。そうしておけば、次にあなたがその相手のヒツジを一頭もらいたいと思ったときには、手元にあるトークンを渡せばいいことになる。トークンは金銭に似ていると思うかもしれないが、そうではない。少なくともこのときはまだ、金銭のようにどんな対象にも用いることができるほどの段階には至っていなかった。とはいえ、借りと借りを交換するというこの仕組みが、いずれ貨幣の誕生につながっていくことはわけなく見てとれるだろう。そもそもごく簡単にいってしまえば、現代の貨幣とは国があなたにどれだけ借りをつくっているかを示す尺度にほかならない。あなたがコーラを飲みたくなったら、その借りを物質で表したもの（紙幣や硬貨）を店員に渡して、コーラと取りかえてもらうわけである。

しかし、交易が複雑さを増すにつれ、ばらのトークンを取りあつかう仕組みでは対応しきれなくなっていく。六〇〇〇年ほど前からは、複数のトークンを粘土製の球形容器（これを「ブッラ」という）に入れて封をするようになった。個々のブッラはいわば世界初のファイリングキャビネットであり、これを使えばひとつの取引を別の取引と分けて管理できる。だが、ファイリングキャビネットには中身がわかるようなラベルが必要だ。そこで、ブッラの表面に中身のトークンを押しつけてしるしをつけてから、ブッラを閉じるようになった。このステップは一見するとどういうことのないものであり、当然の流れに思えるかもしれない。しかし、具体的な物体で表現することから、抽象的な記号で示すことへ進むための、重要な中間地点だった。

いうまでもないが、引き出しに球形の容器が乱雑にしまわれているなどというのは、ビジネスのやり方としてほめられたものではない。だからメソポタミア人は再び一段高いレベルの記号表現へと前進し、今度はトークンを粘土板に押しつけるようになった。そして、粘土板の表面を取引ごとに四角く区切った。それはいわば史上初の文法規則ともいうべきものである。粘土板はブッラと比べて圧倒的に多くの情報を収められるうえ、はるかに読みやすい。何より素晴らしいのは、どこかに転がっていったりしないことだ。その段階からさらに進み、会計士がブッラもトークンもすっかりやめて粘土板に記号を刻むだけになるのには、それほど時間がかからなかった。

こういう仕組みになってからほどなくして、取引を担当する会計士は自分自身を表す記号を粘土板につけ加えるようになる。何千年ものちのあるときに、そうした粘土板のひとつを考古学者が見つけた。一番下に記された会計士の記号を解読し、年代測定をしてそれが最古のものであるのを確認した。つまりその会計士は史上はじめて、ビートルズの曲や地名をもとに名前をひねり出さなくてもいい人物ということになる。過去に生きたその人自身が、自分の名前を私たちにじかに伝えているのだから。

その男性の名は「クシム」である。

クシムはおよそ五〇〇〇年前に古代メソポタミアで生まれた。今でいうイラク南部にあたり、エジプト最古のヒエログリフ（象形文字）が誕生するより数百年前のことである。クシムは性別については何も語っていないものの、アッシリア学者のベント・アルスターによれば、メソポタミア文明最初期の格言はだいたい男性の視点から書かれている〔訳注：楔形《くさびがた》文字そのものと、その文字で記された文明や文化の研究をする学問を「アッシリア学」という〕。そのことから、筆写者（文字の書き手）の大多数は男性だったというのが研究者の一致した見方だ。

クシムはユーフラテス河畔に暮らしていた。そこはペルシャ湾から少し北に入った場所であり、すぐ近くでユーフラテス川がチグリス川と合流して湾へ注ぐ。二本の川は肥沃な土壌を流域にもたらした。定期的な洪水によって川の流路が幾度となく変わったことにより、広い範囲が沃野《よくや》となって一帯は一大農耕地帯へと発展した。その豊かな大地の恵みが世界最古の都市を養い、そうした都市のひとつウルクにクシムは住んでいた。当時としては世界最大の規模を誇った古代都市である。

ウルクはメソポタミア全域における交易拠点のひとつとして栄え、そこにおよそ五万の人々が日干しレンガの家で生活していた。ウルクには貴族階級が存在し、大きな寺院が穀物やビールを配給していた。また、複数の学校が驚くほど均一なカリキュラムを教えていた。たとえばウルクには「職業リスト」というものがあって、そのまったく同じ複写が一〇〇〇年間にまたがって一六五部も発見されている。これは標準化された教科書の一種であり、生徒はそれを筆写することで文字を書く練習をした。リストは書記学校の教師から教師へと受けつがれていた。アメリカ合衆国の歴史の三倍もの長きにわたって。

クシムは読み書きができたわけだから、この種の学校に通ったものと思われる。だとすれば奴隷階級ではなかったということであり、奴隷ではないというだけですでに特権階級の一員だったことがうかがえる。ウルクでは人口と労働力のかなりの割合を奴隷が占めていた。ウルクの織物工場は一か所だけで数千人の奴隷を使用していたし、ウルクの大掛かりな灌漑《かんがい》水路を掘ったのもまず間違いなく奴隷である。メソポタミア文明初期の文書は、奴隷が誰のものかを記したものが少なくない。現に、クシムの次に歴史に残った名前は奴隷を所有する「ガル＝サル」と、ガル＝サルのもとで働いたふたりの奴隷「エンパプ－X」と「スカルギル」である。シュメール語で「奴隷」を意味する言葉には「外国人」という意味があった。いささか不吉な予兆とも思える。

幼い頃のクシムは現代の子どもと似たような経験をした。五歳か六歳になると書記学校に通いはじめるのだが、その教育はのちの時代に「長いうえに退屈」だったと表現されている。クシムより一〇〇〇年近くあとに生きたひとりの生徒は、「粘土板学校の子弟」と題した文章の中で、自分の日常を次のように綴っている。「私は自分の粘土板を読み、朝食をとり、新しい粘土板を用意し、文を書いて仕上げた。午後には暗唱の課題が与えられた」

生徒が授業に遅刻したときには、頭を下げて教師に謝らなくてはならなかった。運がよければ叩かれることはなかったものの、そんな幸運に恵まれることはほとんどなく、規則違反はどれだけ軽いものでもたいてい体罰につながった。ある古代シュメール〔訳注：メソポタミア地方の南部に興《おこ》った文明〕の格言には、クシムのような生徒が鞭《むち》で打たれるのはどういう理由かが事細かに並べられている。たとえば、教師が現れたときに立ちあがらない、許可なく部屋を出る、書き方が下手、などだ。

クシムは罪滅ぼしのために先生（男性が多かったが例外もあった）を家に招いたこともあったかもしれない。そのときは教師を上座《かみざ》に座らせて、両親から新しい服や指輪や、食事を提供させたのではないか。謝罪（や賄賂《わいろ》）が十分だと認められた場合、「粘土板学校の子弟」と同じだったとすれば教師は次のような言葉をかけたと思われる。「そなたは私の言葉を軽んじず、ないがしろにすることもなかった。したがって、かならずや書記技術の頂点にのぼりつめるであろう。……そなたが同胞や朋友らを導く存在にならんことを。……そなたは教え子としての務めを果たした。もはや教養ある大人である」

学校でのクシムは自分の粘土板に文字を刻み、それを日に干して乾かす方法を学んだ。ウルクの遺跡からはときおり何も記されていない粘土板がまとまって出土するが、これはクシムのような生徒が文章を記すために宿題として渡されるものだったと考古学者は考えている。粘土板をいったん日干しにすると、硬い板になってそう簡単には割れない。現代の考古学者がウルクの日常や、とりわけ学校生活についてこれほど鮮やかに再現できるのは、その硬さのおかげである。

書記を習う際には、まずさまざまな記号の手本を真似るところから始める。現代の生徒がアルファベットの書き方をひと筆ひと筆練習するようなものだ。遺跡からは、同じ記号の一部をくり返し書きうつして、退屈なワークシートのような姿になった粘土板が見つかっている。教育がどれだけ長くつらいものだったかをしのばせるものだ。楔形文字は全部で一〇〇〇種類近くあり、クシムはそれをすべて覚えなくてはならなかった。しかも数の問題もある。つまり、当時はまだ数字が発明されていなかったため、ヒツジとヤギと年ではそれぞれ数え方が違った。五人の人間、五頭のヒツジ、そして五本の指を眺めて、そこに「五」という要素が共通していることに誰も気づいていなかったのである。そんなこと、誰にだってわかりそうなものだと思うかもしれないが、けっしてそうではない（試しに「五」の意味を説明しようとしてみると、多少は数というものの概念の難しさがつかめるのではないだろうか）。数字は私たちの中にあまりに深くしみこんでいるので、それがどれだけ独創的な発明かを実感するのは容易ではない。数字があるおかげで私たちはまったく異なる物事を比較し、対比させ、測定することができる。だがクシムにとって不幸なことに、数字を発明する天才が現れたのはのちの時代だった。そのせいで、クシムが学ばなければならない記号は大幅に増えた。クシムの教育は成人してからも続いたと研究者は考えている。

学校を卒業したあと、クシムは比較的高い地位につき、ビールの大量醸造を手がける寺院の事務・会計職として働いた。日々の仕事を記録する際には、絵文字のような記号（いわば文字の原型）を用いた。大麦を表す記号は大麦の穂のように見えるし、ウシを意味する記号はかつてのウシの角のトークンをほうふつとさせる。ただ、クシムには愛の詩や小説を書くことはできなかった。絵文字のシステムには完全な文法が存在しないうえ、いろいろな音を表現することはまだできなかったからである。自分が何者かを記したいと思っても、一音一音に対応した文字があるわけではない。そのため、それぞれ「ク」と「シム」を示す記号を並べることで対処した。たとえばあなたの名前が「カーペット」だとしたら、次のようにするのと同じである。

クシムを意味する記号に「クシム」という音をあてたのは、ドイツのアッシリア学者ハンス・ニッセンである。もっとも、その記号が本当に「クシム」と発音されていたかどうかは定かではない。クシムにとって文字と音はまったく関係のないものだったかもしれないからだ。その粘土板の情報を読んだ者が「クシム」の記号を見ても、現代人が家紋を目にしたときと同じ印象しか抱かなかった可能性もある。

いささか皮肉めいているが、クシム自身はあまり印象に残らない人物だったのではないだろうか。見たところ、この男性は異常なまでに「普通」なのである。たぶん、世界初の大量生産品ももっていたことだろう。それは「斜角外縁《しゃかくがいえん》土器」と呼ばれる鉢で、ウルクのいたるところから出土している。この鉢を穀物で満たして支給することが、当時の給料に相当したと考古学者は考えている。一週間が終わると、雇用主はクシムの鉢に所定の量の穀物を入れてその労に報いた。

大寺院の事務・会計職として働いていたことを思うと、クシムはかなり「高給取り」だったと思われる。その反面、会計の仕事では優秀とはいいがたい一面ももっていた。たとえばクシムのつくった粘土板のひとつでは、本当に必要な量の一〇倍の大麦を誤って発注している。別の粘土板ではビールの製法を説明しているのだが、麦芽の量が足りていない。大麦と麦芽は一対一というきわめて単純な比率でいいので、これはかなりの凡ミスである。

このように細部がおろそかになる面はあったにせよ、それを「過剰な正確さを追求しようとするお役人的な情熱」で補っていたとニッセンは指摘している。ある粘土板でクシムは、大麦およそ一三万五〇〇〇リットル（八一トン）を表現するのに、いくつもの単位を組みあわせて誤差わずか五リットルほどという正確さで記している。「その労を惜しまぬ細かさは、数々の数学的エラーとは対照的だ」とニッセンは書いている。

クシムは平凡で、役人気質で、間違いを犯しやすい事務官であり、貸し借りなどを記録する仕事をしていた。それは、はじめて歴史に名を残した人物としていかにもふさわしいプロフィールといえる。

メソポタミアで一〇〇〇年かけて筆写者や会計士が文字を発達させていくあいだ、文字を記すことは貴族や役人や、クシムのような事務官や会計士だけの専売特許だった。一般大衆は文字などに見向きもしなかったか、もしくは収税吏から武器のようにふるわれるせいで文字を嫌っていたかのどちらかである。そのことを雄弁に物語る例がある。メソポタミアの都市が病気や侵略者によって倒れると(そういうことは何度もあった)、市民はほぼ例外なくたいまつを手にまず文書館に向かうのだ。当時の一般市民にとってこの文字は、現代人にとっての税法に対する感覚に近かったのかもしれない。なんといっても、それこそが文字というツールの意味するすべてだったからである。それは完全にクシムやアーサー・アンダーセン〔訳注:かつてアメリカにあった大手会計事務所〕の領分であり、シェイクスピアの出番はなかった。

クシムが世を去ったとき、世間はさして気にとめなかったのではないかと思う。社会での地位が飛びぬけて高かったわけではないし、民衆から愛される職業だったわけでもない。ただ、仮にクシムの墓に墓標が建てられたとしたら、ほかの多くに先駆けてそこに名前が記されたことだけは間違いなさそうだ。

第14章
はじめて石けんを使ったのは誰？

ホモ・サピエンスの全史を24時間に縮めたとすると
これが起きたのは23時38分（4500年前）

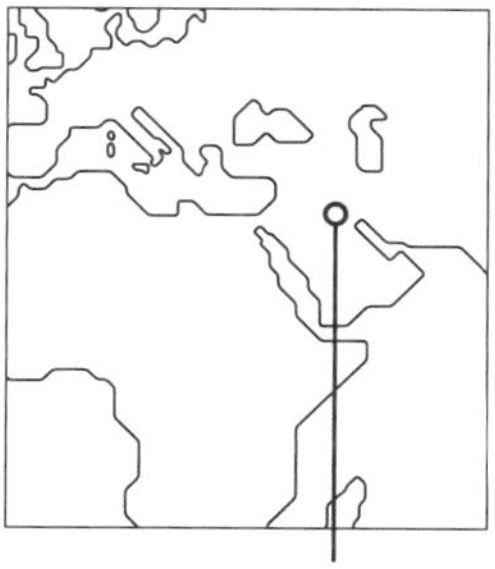

4500年前
はじめて石けんを使う

一九四二年三月一四日の朝、コネチカット州ニューヘイヴンの病院で、アン・シーフ・ミラーは死の床《とこ》についていた。

ミラーは三三歳の看護師である。一か月前に流産し、ありふれた感染症にかかった。輸血やサルファ薬など、当時としては最先端の治療を施されていたものの、徐々に熱が上がって四二度に迫り、意識が薄れはじめていた。

「これまでのすべての経験から判断して、致死的な溶血性連鎖球菌敗血症を発症していた」と、主治医のジョン・バムステッドは自分のノートに記している。バムステッド医師は万策尽き、まだ実験段階の薬をニュージャージー州の研究所から取りよせた。それはきわめて貴重だったため、あとで病院の技術者がミラーの尿から成分を回収したほどである。

州警察官につき添われて、きめの粗い濃褐色の粉末がミラーの病床に届いた。担当の細菌学者モリス・テイガーは、いやなにおいのするその薬を手にし、「いくらかの疑惑と懸念」を抱きつつしげしげと眺めたとのちに書いている。それでもテイガーは午後にその薬をミラーに注射した。翌朝、すでにミラーは平熱に戻っていて、当初考えられていた余命を約五七年過ぎるまで長生きした。

この実験的な薬はペニシリンである。ミラーを皮切りに、二億人を超える人々がこの薬に命を救われてきた。

ペニシリンは世界初の抗生物質である。抗生物質は人類と感染症との闘いに革命を起こした。しかし、悪しき細菌との終わりなき闘いにおいて、抗生物質はあくまで二番めに効き目のある武器にすぎない。どんな医療製品も、医学上のどんな発見も、救った命の数で太刀打ちできないものがひとつある。石けんだ。

オランダのアマチュア科学者アントニー・ファン・レーウェンフックが自作の顕微鏡をのぞいて、レンズの向こうに小さな生き物を見つけたのは一六七四年のこと。以来私たちは、この世界に信じがたい数の細菌がすんでいることを少しずつ受けいれてきた。そう、地球には細菌がひしめいている。もしも異星人がこの惑星にやって来たら、ここはシラミだらけの安宿も同然だといい捨ててすぐに帰っていくだろう。私たちが夜に頭を載せる枕にも、朝に使用するシリアルのスプーンにも、表面には細菌が存在する。生物学者の推定によれば、人間の片方の手のひらにはいついかなるときにも約一五〇種の細菌がいる。そのほとんどは無害であり、人体に有益なものすらあるが、一部は皮膚を通りぬけて体内に入ったら命にかかわりかねない。人口密度の高い都市では、危険な細菌や病気が一個のドアノブから数百人に広がるおそれがある。石けんは都市を健康にしているだけでなく、都市生活そのものを成りたたせているといってもけっして過言ではないだろう。

石けんの起源はじつに古いので、それがどれだけの命を救ってきたかを正確につかむのはたぶん永遠に不可能である。知られざる科学史を紹介する「サイエンス・ヒーローズ」というウェブサイトの研究者は、私がその問いをぶつけると白旗を上げた。だが、どれだけ控えめに見積もっても数億人はくだらない。もっとも、実際はその数字がもっと多くてもいいくらいである。ユニセフ（国連児童基金）の報告書によると、料理の前にかならず石けんで手を洗うだけで、世界の五歳未満の子どもの呼吸器感染症は現状より約二五パーセント減少し、下痢《げり》の発生数も半分近くになる。それだけでも毎年一〇〇万人以上の命が助かるだろう。

石けんは昔も今も一貫して軽んじられ、あるべきほどには使用されていない。それは、効能をＰＲするうえで致命的な欠陥をもっているためだ。なにしろ、目には見えないものをきれいにしているというのだから。教養ある現代人でさえ、発想を飛躍させないとそれを受けいれるのは難しい。アメリカ疾病対策センター（ＣＤＣ）は、医師ですら望ましい回数の半分しか手を洗っていないと指摘している。抗生物質なら、その目覚ましい効果ははたからもはっきりとわかる。ミラーのような病人を一夜にして死の扉からひき離し、ダンスフロアへ連れていくのも夢ではない。一方の石けんは、じつは健康な人間の命も救っているのだが、救われた本人は自分がどんな弾をかわしたのかに気づいていない。このため、ペニシリンより多くの命を助け、現代の都市生活には欠かせないものでありながら、石けんのありがたみは依然として十分に理解されていない。実際には、医学における人類史上最も重要な発見と呼ぶにふさわしいのに。

では、誰が石けんのつくり方を編みだしたのだろうか。

その女性を《ニニ》と呼びたい。古代シュメールの医学の女神ニンシナ（ニンイシンナとも）にちなんだ名だ。なぜ女性かといえば、シュメールの織物産業で働いていたと考えられるからである。人類学者のジョイ・マッコリストンが私に教えてくれたところによれば、この仕事に携わる者は女性が大多数を占めていた。

《ニニ》は、現在でいうとイラクの南部で四五〇〇年前に生まれた。おそらくシュメールの都市ギルスに住んでいたものと思われる。というのは、石けんの製法を詳しく記した最古の粘土板がこの都から発見されているからである。ギルスは人口がはじめて数万人に達した都市のひとつであり、一時期は古代ラガシュ王国の王都でもあった。ギルスは「人類初」の物事に事欠かず、知られている限り世界最古の橋もここにあった。

《ニニ》が生まれたのは、ギザの大ピラミッドが建設された時代とだいたい重なる。《ニニ》は現代人の平均よりは少し背が低いものの、外見は現代人そのものだ。楔形文字の粘土板で、シュメール人はたびたび自分たちのことを「黒頭《こくとう》の民」と呼んでいる。シュメールの人物の彫像は大きな青い目をもつことが多いが、それは彼らの神々の特徴であって、実際に瞳の青いシュメール人はめったにいなかったというのが歴史家のほぼ一致した見解である。《ニニ》の瞳も髪と同様に黒っぽかったことだろう。シュメールの絵文字から判断する限り、《ニニ》は羊毛製か羊皮製の服を着ていたと見られ、裾《すそ》には足首まで届く縁飾りがついていた。女性は服に模様をつけて飾り、男性はスカートのような長い腰巻きと飾り帯を身につけていた。

メソポタミア研究で知られ、『古代メソポタミアの日常生活（*Daily Life in Ancient Mesopotamia*）』の著者でもあるカレン・ネメト゠ネジャトによると、《ニニ》が暮らしていた社会はなんの救いもないほどに男性優位だった。家では父親が家長として家族を支配下に置き、父親が亡くなるか《ニニ》が嫁ぐかするまでそれが続く。女性が結婚するのは一〇代の場合もあれば、もっと早い場合もあった。メソポタミア地方の古代王国のひとつアッカドの文書には、結婚時の新婦の身長が一メートルに満たなかったという記述が残っている。

《ニニ》にとっての結婚は、《ニニ》の父親と義理の父親のあいだの契約の一種だった。シュメール人の結婚観からすると、花嫁は花婿のものではなく嫁ぎ先の家のものなので、夫が死ねば妻はその兄弟と再婚するのが普通だった。シュメールの女性には自立できる見込みが無きに等しかったと、ネメト゠ネジャトは記している。《ニニ》も同じで、実の父親や義理の父親や、夫に頼らずに生きられた時期は、一生のあいだに片時もなかった。

妻としての《ニニ》の一番大事な仕事は子どもを産むことである。とくに跡取り息子だ。結婚は伝統的に一夫一婦制ではあったものの、妻とのあいだに子どもができない場合、夫は第二夫人や妾《めかけ》をもったり、養子を迎えたりすることがあった。癒しの女神であるグラを讃える歌のなかで、シュメールの女性の人生は次のように表現されている。短い言葉ながら、状況がよく伝わってくる。

私は娘
私は花嫁
私は妻
私は家政婦

《ニニ》は下層階級の出だったと思われる。というのも、家の中の仕事をするだけでなく、かなり現代的な役割も担っていたからだ。メソポタミア文明は人類に数々の贈り物をしてくれたが、そのひとつが織物工場での労働である。それは指先の感覚がなくなるような、きつく単調な作業だった。工場は官営で大きく、奴隷や債務者や、今でいう従業員に似た存在を働かせていた。そしてその労働者たちが羊毛を刈りとり、糸をつむぎ、染色し、毛織物を生産し、それを重要な輸出品としてメソポタミア地方のいくつもの都市に送りだしていた。

《ニニ》が雇われる頃、すでにギルスの織物工場は一大生産拠点へと発展を遂げており、その規模は現代の基準からしても十分に目を見張るものだった。考古学者のダニエル・ポッツの計算によれば、ギルスだけで三か月間に二〇万三三一〇頭のヒツジの毛が刈られていた。まだ剪毛機《せんもうき》が発明されていなかったことを思うと、この数字にはなおさら驚くしかない。楽に刈りとる方法がなかったので、当時は毛をひと房ひと房切っていくしかなく、それを二〇万頭あまりのヒツジすべてについて行う。大変な手間と時間がかかるため、一日に織ることのできた毛織物の長さは工員ひとり当たり二五センチ程度だったとポッツは考えている。とはいえ、たとえばシュメールの古代都市のひとつウルの織物工場では、一か所で一万人もの労働者を使用していた。おかげで、年間四〇〇〇トン以上の毛織物を生産できたと、アッシリア学者のベンジャミン・スチュードヴェント＝ヒックマンは指摘する。どうやら《ニニ》もそうした労働者のひとりだったようだ。

それどころか、ある程度の責任をもつ役職についていた可能性もある。考古学者のリタ・ライトによると、当時の工場では三〇人からなるチームを女性の監督官が率い、普通の工員より高い給料を（大麦や布のかたちで）もらっていた。製造工程に石けんを導入するという大きな影響力を発揮したことから考えて、《ニニ》がそうした監督官のひとりだったとしてもまったくおかしくはない。

石けんの使用を示す最古の記録は、先ほども触れたようにギルスで発見された楔形文字の粘土板だ。考古化学者のマーティン・リーヴィーによると、その粘土板は今から四五〇〇年前のものであり、羊毛の洗浄と染色にかかわる事柄が記されている。適切な染色を施すには、羊毛からラノリン（羊毛脂）を取りのぞかなければならず、この作業は石けんを用いると格段に楽になる。現代でも毛織物を製造する際には、刈りとったばかりの原毛を石けん水で洗ってラノリンを除去している。

アルカリと油脂が反応するプロセスを「けん化」と呼ぶ。この化学反応に助けられたのは、けっして

《ニニ》がはじめてだったわけではない。私はノースダコタ州立大学の化学教授セス・ラスムセンに会って話を聞いた。すると、ごくありふれた材料があればいいので、《ニニ》よりはるか昔に誰かが偶然この反応を発見したというのが定説だと教えてくれた。草や木を燃やしてできる灰はアルカリ性なので、灰を水で湿らせて、動物の解体に用いた脂まみれの道具をそれで洗ったのではないかと多くの研究者が考えている。灰と獣脂が結びつくと図らずも脂が加水分解され、不純物の混じった単純な石けんができる。

『穴居人から化学者へ（*From Caveman to Chemist*）』の著者ヒュー・サルズバーグによると、湿らせた灰で油脂が除去できることは最古の職工も知っていて、それを使って自分の織物を洗浄していたと見られる。灰のアルカリが羊毛のラノリンと結合して、けん化が起きたはずだ。

しかし五〇〇〇年前より昔の時代には、石けんそのものがつくりだせる（そしてその気になればそれで自分の手を洗える）ことに思いいたる者はいなかった。少なくともそれがラスムセンの見方である。メソポタミアで書記が始まってから一〇〇〇年のあいだ、石けんについて触れられた文書はひとつも見つかっていない。そのため、石けんが実際に使用されたのは、はじめて石けんのことが粘土板に記された四五〇〇年前の近辺だったとおおかたの研究者は考えている。「そのはるか以前から石けんが知られていたのなら、もっと古いシュメールの記録に残っていてもよさそうなものだが、そういったものは発見されていない」とラスムセンは指摘する。

《ニニ》の素晴らしいところは、灰が洗浄効果を発揮するのはラノリンや獣脂と混じりあうからだと気づいた点である。そして、灰を入れた水に油脂を加えれば今でいう液体石けんができるとひらめいた。ほんの小さな一歩に思えるかもしれないが、それができたら、洗おうとしている油脂に反応を助けてもらう必要はなくなる。アルカリと油脂の申し分のない混合物をつくれば、なんでもきれいにできる。とくに大事なのが人間の手だ。

《ニニ》の最初の石けんは、バケツの水に灰と油脂を加えただけの簡単なものだったのではないかとサルズバーグは考えている。のちになって《ニニ》本人かほかの誰かが、灰と油脂の粒を濾《こ》して取りのぞけばいいことに気づいた。「浸出」というプロセスを通じて、灰のアルカリ成分をすでに水が吸収しているからである。灰混じりの水で体を洗いたいと思う人はほとんどいないだろうから、こうして上澄み（これを灰汁《あく》という）だけでも効果があるとわかったのは、石けんの一番重要な用途を広めるうえで大きな後押しとなった。最終的には上澄みを取りだすのをやめて、灰を詰めた袋をティーバッグのように水にひたして石けんをつくるようになる。中世を通してそれが続いた。

知られている限りで最古の石けんの製法は、油一リットルに対して灰汁およそ六リットルを混ぜあわせるというものだ。ラスムセンによれば、純度は高くないが使い物になる液体石けんがこれでできる。こうして《ニニ》は、最も人命を救うことにつながる医療製品を生みだした。

もっとも、本人にはそれを知る由もなかったが。

石けんはペニシリンのように細菌を死滅させるわけではなく、細菌を「除去する」働きをもつ。個々の石けん分子はマッチ棒のような構造をしていて、頭の部分が水と、軸の部分が油と結びつく。このように水と油の両方に結合するところがミソだ。油脂が存在すると、軸の部分がそのまわりを取りかこんで「スーツケースのように」（とは化学者の言葉）油脂を内側に閉じこめる。そうなると、普通なら分離するはずの水と油が一時的に混じりあって共存できるようになる。細菌が油の中やその下にひそんでいた場合は、水と一緒に洗いながされてくれるというわけだ〔訳注：ウイルスの場合、脂質の膜（エンベロープ）に包まれたものについては、石けんがその膜を引きはがしてウイルスを無害化する効果をもつ〕。ただ、いくら石けんに人命を救う力があるとしても、その効能を目で見て確認するのは難しい。だから、《ニニ》の生きているあいだにその功績が盛大に讃えられることはなかっただろうし、《ニニ》自身も自分が何をしたかに気づいてはいなかっただろう。ラノリンの洗浄が以前よりいくらか楽にできるようになったので、織物工場ではそれなりに感謝されたかもしれない。給料として受けとる大麦の量が多少は増えたのではないだろうか。

シュメール人が石けんで手を洗うことはまず間違いなくなかったが、それは現代の医師がしばしば手洗いを忘れるのと同じ理由によるものである。つまり、そんなことをしなくても自分の手はきれいに見えるからだ。発明から何百年ものあいだ、体を清潔にするために石けんが使われた証拠はいっさい確認されていない。皿や衣服など、明らかな油汚れのついたものにのみ使用されていた。

自分の皮膚を清浄にするために石けんが使われた最初の証拠は、ヒッタイト帝国の首都ボアズキョイ（現在のトルコ）で発見されている。《ニニ》より一〇〇〇年近くあとの時代の粘土板に、次のような言葉が刻まれていたのだ。

水で私は沐浴《もくよく》した。
ソーダ〔訳注：石けんのこと〕で私は体を洗った。
輝く水盤からのソーダで私は身を清めた。
水盤からの混じりけのない油で私は麗しさをまとった。

神々《こうごう》しいまでの堂々たる衣服で私は身を包んだ。

技術というのはどれほど重要で画期的であっても、世間に広まるのには時間がかかる。しかも《ニニ》の発見は普及にことのほか長い時間を要した。先ほども触れたように、石けんはいまだ世界の津々浦々に行きわたっているとはいいがたい。また、石けんが五〇〇〇年かけて進んできた道のりもまた、けっして平坦ではなかった。

メソポタミア文明よりのちの時代になると、石けんの広まり方にはなおさらムラが生じるようになる。どう考えても石けんよりひどいとしかいいようのない、別の選択肢が選ばれることも少なくなかった。たとえば、古代ローマの洗濯屋は通行人の尿を桶《おけ》に集めて腐らせ、それで洗濯をしていた。ローマの博物学者である大プリニウスは、ガリア人（いわゆる「蛮族」）が尿でなく石けんを使っているのを目にして、彼らが石けんを発明したと記している。古代ギリシャの医学者ガレノスは、石けんに医学的な予防効果があると見抜いてその使用を勧めたものの、ギリシャ人はほとんど石けんを用いずに水で体を洗っていた。

石けんに人命を救う効能のあることがなかなか受けいれられなかったのは、細菌が目に見えないという理由からだけではない。細菌そのものがあまりにも正しく理解されていなかったからである。一九世紀というかなり最近になっても、微生物が人の命を奪うかもしれないとほのめかしただけで、世界有数の先進的な病院を追われることもあった。

一八四七年、ウィーン総合病院に勤務するハンガリー人の産科医センメルヴェイス・イグナーツ〔訳注：ハンガリーでは日本と同様に人名を「姓→名」の順序で表記するので、本章はそれに準じている〕は、ひとつの謎について調べはじめた。その謎とは、助産師が世話をする第二産科と比べて、医師たちが担当する第一産科では妊婦の死亡する割合が五倍近く高いことである。死因は産褥熱《さんじょくねつ》と呼ばれる感染症だ。いったいなぜなのか。センメルヴェイスは、助産師とすべて同じやり方に医師たちもならうべきだと訴え、第一産科の病棟で聖職者が鐘を鳴らすのまでやめさせた。第二産科では行われていなかったからである。しかし、何をしてみても効果がない。あるとき同僚の医師のひとりが、産褥熱で死亡した患者の遺体を解剖している最中に、誤って自分の指を傷つけた。その医師がのちに同じ産褥熱のような症状で亡くなったのを見て、センメルヴェイスは新しい仮説を思いつく。第一産科の医師たちは、分娩《ぶんべん》を手がける前に検死解剖をすることが多いのをセンメルヴェイスは知っていた。助産師たちにそういうことはない。もしかすると、医師たちはなんらかの致死性の微粒子かにおいを死体から運び、それを妊婦にうつしてしまっていたのではないか。センメルヴェイスはそう考え、医師たちに手を消毒するよう指示した。するとたちまち死亡率は低下する。だが、妊婦の死亡が自分たちのせいであるかのような物言いが医師たちにはおもしろくなく、やがて反旗をひるがえした。センメルヴェイスは解雇され、医師たちは手を清潔にするのをやめた。のちにセンメルヴェイスは精神科病院に入れられ、そこで息を引きとった。

センメルヴェイスの何千年も前に生きた《ニニ》もまた、その名を知られることなく一生を終えたに違いない。シュメール人の平均寿命はわずか四〇歳ほどだったと推定されており、それは古代都市が病と感染症の吹きだまりだったせいもある。人口密度が高いにもかかわらず、誰ひとりとして石けんで手を洗う者のいない世界。そこで暮らしていた《ニニ》は、自らの発明が四五〇〇年後に予防することになる細菌感染によって命を奪われたのかもしれない。

第15章
はじめて天然痘にかかったのは誰？

ホモ・サピエンスの全史を24時間に縮めたとすると
これが起きたのは23時41分（4000年前）

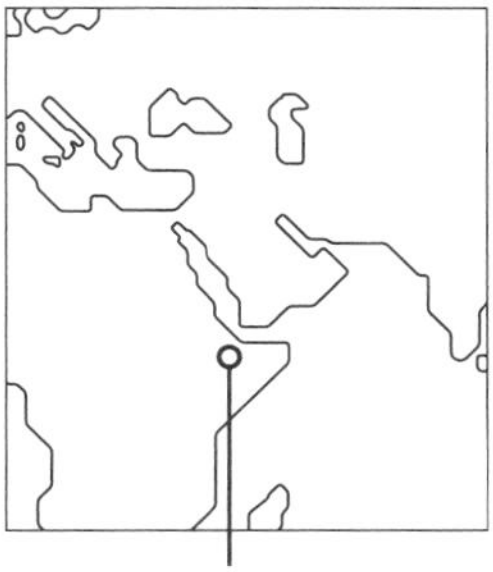

殺害した人数が史上最も多いのは、チンギス・カンでもアレクサンドロス大王でもない。ひとつの戦争でもなければ、すべての戦争の合計ですらない。

それは、なんの落ち度もないたったひとりの不運な人間。その人物は今から四〇〇〇年前に、アフリカ大陸北東部の「アフリカの角《つの》」と呼ばれる地域に生まれた。そして、おそらくは塵《ちり》に付着していた新種のウイルスをなんの気なしに吸いこんだ。

その正体は天然痘ウイルス（学名 *Variola virus*）である。このウイルスは新世界の人口を全滅寸前にまで追いこみ、旧世界でも多くの犠牲者を出した。一八世紀には、ヨーロッパだけで毎年四〇万人が天然痘で死亡していたほどである。二〇世紀に入ってから天然痘で亡くなった人の数は、二度の世界大戦における死者数の合計の三倍にものぼる。アステカ帝国とインカ帝国が滅亡した際も、ヨーロッパの船乗りがもちこんだ天然痘がその大きな原因のひとつをつくった。

天然痘は選り好みをせずに、若者も老人も、王も農民も等しく殺した。天然痘に斃《たお》れた王族には、ローマ皇帝マルクス・アウレリウスをはじめ、イングランド女王のメアリー二世、ロシア皇帝のピョートル二世、フランス国王のルイ一五世などがいる。かのエイブラハム・リンカーンも、有名な「ゲティスバーグ演説」の一週間後に天然痘にかかった。

天然痘が戦争の勝敗を左右したこともある。普仏戦争（一八七〇～七一年）のとき、ドイツ兵は天然痘の予防接種（これを「種痘《しゅとう》」という）を受けていたのに対し、フランス兵はそうではなかった。この戦争でフランスは大敗を喫するが、犠牲者の半数近くが天然痘によるものだった。ジョージ・ワシントンが自軍の兵全員に種痘を命じたことは、独立戦争を戦ううえで最も重要な判断だったと見る研究者もいる。

現在、天然痘は根絶されているものの、ペストのように人類の手に負える病気になったわけではない。つまり、明日あなたが天然痘にかかったとしたら、助かるかどうかは呪術師の時代とたいして変わらないことになる。誰かがどこかの都市に天然痘ウイルスをばらまけば、何千何万はおろか、ことによると何百万という人が命を落としてもおかしくない。かつてのユーゴスラビアで一九七二年に天然痘の流行が起きたときには、メッカ巡礼から戻ったたったひとりのイスラム教徒が発端となって一七五人の患者と三五人の死者が出ている。このときは感染地域を封鎖し、接触者を探しだして隔離し、夜間外出禁止令を敷き、戒厳令を宣言することで流行は終わりを見た。人類の歴史において天然痘ほど私たちを苦しめ、私たちに大きな爪痕を残したウイルス性疾患はない。

一九五九年、世界保健機関（ＷＨＯ）は種痘を武器に、天然痘根絶計画を始動した。計画を率いるのは、アメリカの疫学者ドナルド・Ａ・ヘンダーソンである。天然痘ウイルスは人間にしか感染しないうえ、一四日ごとに新しい宿主を探さないと存続できないので、根絶は少なくとも理屈のうえでは不可能ではなかった。とはいえ、呆《あき》れるほど思いきった試みなのは確かである。ヒトに感染するウイルスをなんであれ地球上から消しさるなど、過去に一度も例がなかった。それも不思議はなく、この「・」ほどの面積にウイルス粒子は何百万個も楽々と収まる。しかも計画をスタートした年には、少なくとも一五〇〇万人がすでに天然痘にかかっていた。それでもヘンダーソンとＷＨＯのチームは努力を続け、一九七七年一〇月二六日の時点ではその数を一にまで減らしていた。世界中で全力をあげて追いつめた結果、天然痘ウイルスはたったひとりの体内に残るだけとなったのである。そのひとりとは、ソマリアのアリ・マオ・マーランという若者だった。

マーランは当時二三歳。ソマリア南部のメルカに暮らし、地元の病院で調理師として働いていた。病院は従業員に種痘を義務づけていたのだが、マーランは接種を受けていなかった。針が怖かったからだとのちに語っている。つまり、マーランの免疫系はウイルスの猛攻に対してなんの準備もできていなかった。にもかかわらず、天然痘への感染が確認されたふたりの子どもを隔離施設へ移送することになったとき、マーランはその一五分ほどの道のりの道案内を買って出た。そして同じ車に乗った。

　やがてマーランは体調不良を訴える。ところが、水疱瘡《みずぼうそう》（水痘《すいとう》）だという誤った診断が下されたために、隔離されることがなかった。例のふたりの子どもはひとりが死亡してひとりが回復したため、当局はこれをもって流行を抑えこんだと勘違いする。おかげで、人気者のマーランのもとには九一人もの見舞い客が訪れた。医師たちが自らの過ちに気づくと、ＷＨＯはソマリア南部全域に大規模な封じこめチームを派遣し、マーランと接触した人物を徹底的に洗いだした。検問所を設け、家々をしらみつぶしにし、マーランが入院している病院そのものを封鎖し、合計五万五〇〇〇人ほどに種痘を実施する。そして、新たに感染する者が現れるかどうかを待った。

＊　＊　＊

　マーランが車に乗ったときからさかのぼること四〇〇〇年、この世に天然痘ウイルスが出現した。とある忌《いまわ》しき瞬間に、ひとりの人間の一個の細胞の中で、「大痘瘡《だいとうそう》（variola major）」と呼ばれる一般的なタイプの天然痘ウイルスが遺伝子変異によって誕生したのである。そして、本人にはなんの罪もないものの、結果としてこの人物が史上最も多くの命を奪うことになる。

それはいったい何者だったのだろうか。

その不運な男性を《0《ゼロ》号患者》と呼ぼう。これは、伝染病のひとりめの患者を指して医学界で使われる用語だ。なぜ男性かというと、天然痘ウイルスの遺伝子を詳しく調べた結果、アフリカの角のあたりの家畜ラクダと密接なかかわりがあったらしきことが確認されたからである。当時のその地域では、男性がラクダの群れと一緒に何週間も野営をすることがよくあった。

《0号患者》は四〇〇〇年ほど前に、現在のエチオピアかエリトリアにあたる地域に生まれた。時代は、一五〇〇キロあまり北でクフ王がギザの大ピラミッドの建設を命じた数百年後のことである。《0号》の文化に文字はなかったものの、古代エジプト最初期のレリーフとヒエログリフのおかげで、この地域の民の暮らしぶりは今に伝えられている。エジプト人は《0号》の故郷を「プント国」と呼び、エジプト人もプント人も紅海を通って船で互いの国を行き来した。これは海の交易路として世界で最も古い部類に入る。

エジプトのレリーフには、プント国王ペラフを描いたものがある。それが当時のプント人男性の姿を忠実に表しているとすれば、《0号》も赤銅色《しゃくどういろ》の肌をもち、髪を短く刈りこんで頭蓋帽《とうがいぼう》をかぶっていたのではないか。ペラフのように長いヤギひげを前に向けてはねさせたり、腰布のひもに短剣を差したりしていたかもしれない。

エジプトのレリーフによれば、《0号》はドーム型で高床式の小屋を建て、地面から入口までは梯子《はしご》をかけていた。こういう構造だったのは、捕食動物から身を守るとともに、床下の支柱を柵がわりにして家畜を入れておくためではなかったかと見られている。

《0号》はおそらく農耕牧畜民であり、作物を栽培しながら数種類の家畜（イヌ、ウシ、ロバ、ラクダなど）を飼育していた。小屋のかたわらにはミルラ（没薬《もつやく》とも）の木が影をつくる。ミルラの樹脂は薬や香料となるため、古代エジプトで非常に珍重されていた。ミルラに加え、プント国で産出する黄金、毛皮、風変わりな野生動物、さらには奴隷労働力を求めて、エジプト人は長旅をいとわずに船で紅海をくだった。クフ王の息子もプント人の奴隷をひとり使用していた。

《0号》は生活でも仕事でもラクダと一緒だったろう。ただし、ラクダを飼うのは乗るためではなく、乳が目的だった。授乳中のラクダは一日最大二〇リットル近い乳を出し、牧畜民がラクダ乳だけで何週間と生きのびた例もある。《0号》に限らず、ラクダを最初に手なずけた民も乳が目当てであり、その人々はもともとアラビア半島南部に住む農耕牧畜民だった。コロンビア大学の歴史家で『ラクダと車輪（*The Camel and the Wheel*）』の著者であるリチャード・ブリエットによると、今から五〇〇〇年前にラクダが家畜化されてほどなく、家畜ラクダは香料商人の船で紅海を渡った。

　こうして人間の生活圏にラクダが入りこんだことは、天然痘ウイルスの祖先となるウイルスにとっては大きなチャンスが開けたのと同じであり、人類にとっては恐ろしいリスクを背負うことでもあった。人間が動物の体液となんらかのかたちで接触すれば、ウイルスは種の垣根を跳びこえて新しい宿主の体の中に入ることができる。幸い、動物の種類によって免疫系は異なるため、ひとつの種ではうまくいっても別の種の体内では攻撃力を発揮できない場合が多い。ウイルスが異質な動物の体に入ることは、「人間が宇宙服なしに火星に降りたつようなもの」だとウイルス学者のネイサン・ウルフは記している。最終的にウイルスは衰えて活動しなくなるか、新しい宿主の免疫系に見つけだされて破壊されるかだ。また、増殖はできても感染力をもたないケースもあり、これは新しい宿主にとって少し危険度が高い。

宿主をうまく乗りかえるには、新しい環境でも複製と感染ができるような変異をウイルスが手に入れなくてはならない。これにはいくつか方法がある。遺伝子変異が起きてそうなる場合もあれば、同じ細胞に感染した二種類のウイルスが合体して新種のウイルスをつくる場合もある。

人類は現在までに、家畜化されたさまざまな動物（イヌやブタなど）の病気にことごとくさらされてきた。そのため、それらの動物から直接移ってこられそうなウイルスは、現時点ですでにすべてがそうしているというのがウイルス学者の見方だ。では現代において家畜動物の何が危険かというと、それらが野生動物からヒトへとウイルスの橋渡しをしてしまうことにある。

しかし《0号》の時代には、ラクダが家畜化されて新しい環境にもちこまれてからまだ長い時間がたっていなかったため、人間は危険な状態に置かれた。ラクダに感染するウイルスにとっては、攻撃すべき新しい免疫系の登場である。家畜化によってヒトとラクダが日常的に接触するようになり、ラクダのウイルスが人体に入りこむ機会は数えきれないほど生じた。

天然痘ウイルスの祖先が具体的にどういうウイルスだったかは明らかになっていない。WHOの天然痘根絶チームで指導的立場だった医師のドナルド・R・ホプキンズは、それが齧歯《げっし》類《るい》をターゲットにするポックスウイルス（天然痘ウイルスもこの一種）だったのではないかと考えている。なぜなら、天然痘ウイルスの遺伝子の中に、ネズミのタンパク質をつくる指令の記されたものが見つかるからである。これはおそらく前世の名残りではないかと、ホプキンズは著書『史上最大の殺人ウイルス（*The Greatest Killer*）』で指摘している。近年に実施された遺伝子研究の結果も、すでに絶滅したアフリカの齧歯類（たぶんアレチネズミの仲間）に感染していたポックスウイルスが、天然痘ウイルスの直接の祖先であることを裏づけているようだ。ただし、ウイルスがネズミからヒトへと旅をする途中で、ホテルの支配人のような役目を果たしたのがラクダである。ロシアのノボシビルスクにある生化学・基礎医学研究所の遺伝学者で、論文「天然痘ウイルスの起源（The Origin of the Variola Virus）」の著者イーゴリ・バブキンは、人間の生活圏にラクダが入ってきたことが、齧歯類から人類へとウイルスが移動する際の踏み石になったと私に話してくれた。バブキンの考えでは、ラクダの免疫系を攻撃する過程で祖先ウイルスの内部で進化をうながす引き金が引かれた。アレチネズミのウイルスがラクダの体内で複製した際に新しい遺伝物質を拾い、ただの厄介なウイルスだったものが化け物へと変わったというのである。

　こうして、アフリカのアレチネズミに感染するポックスウイルスから新種のウイルスが枝分かれした。そのウイルスを《0号》がどうやって体内に取りこんだのかはわからない。アレチネズミを解体して食べたからかもしれないし（ホプキンズはそうにらんでいる）、スタンフォード大学の免疫学教授ロバート・シーゲルが私に教えてくれたように、たまたま妙な塵が鼻から入るといったたわいのない出来事がきっかけだったのかもしれない。現にハンタウイルス肺症候群という病気は、ウイルスに汚染されたネズミの糞尿をエアロゾル（飛沫《ひまつ》核）として吸いこむことで発症する。

　いずれにしても、ウイルスが《0号》の体内に入ったあとは、新しい環境に対応できずに一巻の終わりとなってもいいはずだった。ところがこのときは、ラクダの体内で拾った新しいトリックと不運が重なって、新種のポックスウイルスは《0号》の体内に残りつづけた。それどころか、大いにその数を増やした。《0号》ののどにたどり着くと、天然痘ウイルスは粘膜細胞に取りついて複製を開始した。感染した細胞を顕微鏡でのぞくとぞっとするような変貌を遂げていて、なめらかな丸い球だった細胞はトゲがはえたような姿に変わっている。細胞からは中空の細いトンネルが現れ、まるで槍が健康な細胞を探して突きさそうとしているかのように伸びていく。目当ての細胞にトンネルが届いたら、その中を通ってウイルス粒子が移動していくので、白血球に見つかって攻撃されることがない。次の細胞に入りこんだら、また同じプロセスがくり返される。

はじめのうち、《0号》の免疫系は何も疑っていなかった。感染から七〜一〇日のあいだウイルスがどこに潜伏しているかは明らかになっていないものの、リンパ節で複製しているのではないかというのが多くのウイルス学者の見解である。そのおかげで、ウイルスが短期間で膨大な数にまで増殖する間《かん》も、免疫系はだまされたままおとなしくしている。一週間あまりにわたって右肩上がりに増えつづけたあと、ウイルス粒子は隠れ家を飛びだし、血流に乗って一番近い臓器へ向かう。この段階で《0号》の免疫系ははじめて防御態勢を取り、《0号》本人は症状を感じはじめる。

最初は発熱や頭痛が起こり、続いてすぐにのどが痛くなるというのが典型的な初期症状だ。《0号》ののどの病巣《びょうそう》からはウイルスの手りゅう弾がまき散らされ、どの手りゅう弾にもウイルス粒子が詰まっている。それが微細な唾液《だえき》の飛沫に乗って空中に飛びちり、半径三メートルほどの範囲を感染危険地帯に変える。はじめのうちは流感（インフルエンザ）の症状と勘違いされやすいが、ウイルスが皮膚への攻撃を開始すると、特徴的な赤い発疹《ほっしん》が首、顔、背中などに現れる。ここに至って、流感よりはるかに深刻な病気だと《0号》も察したことだろう。ほどなくして発疹には膿《うみ》が溜まり、体は独特のにおいを放つようになる。この天然痘特有の膿疱《のうほう》を痘疱《とうほう》という。

ＷＨＯの根絶チームのひとりだった疫学者のウィリアム・フェイギーは、家の中に天然痘患者がいるのを歩道からにおいだけで突きとめたことが二度あると、著書『燃える家（*House on Fire*）』に記している。そのにおいは「動物の死骸を思わせる」ものだったという。においの原因は誰にもわからないが、痘疱が腐敗していくせいではないかとフェイギーは指摘している。

その苦痛ときたら拷問にも等しい。服が皮膚に触れただけで痘疱が破れてしまうので、天然痘患者はほとんど何も身につけることができない。フェイギーによると、この段階に達した患者のほとんどはとにかく死にたいと願うようになる。

もちろん、天然痘ウイルスに《0号》を殺す意図があったわけではない。フェイギーによれば「ウイルスに悪意はいっさいなく、ただ自らを永遠に存続させたいという衝動につき動かされているだけ」だ。そうはいっても、天然痘患者にとってはどちらかが滅びるまで闘いは終わらない。《0号》の免疫系がウイルスを破壊するか、ウイルスが《0号》の息の根を止めるかのふたつにひとつである。

天然痘ウイルスがはじめてヒトに感染したこのとき、致死性がどれくらい高かったかは免疫学者にもはっきりとはわからない。現代の天然痘ウイルスは人間の体内で数千年のあいだ増殖してきた結果、当初の姿から大幅に変化している。だが、天然痘ウイルスもほかの一般的なパターンに従うとすれば、《0号》に感染したウイルスはおそらく現代版より恐ろしいものだったろう。

一般にウイルスは、宿主の種の壁を越えてからの時間が長ければ長いほど、致死性が低くなる傾向にある。なぜかというと、ウイルスからすれば宿主の命を奪うのは得策ではないからだ。ウイルスは増殖して拡散したいのに、宿主がすぐに死んでしまっては、新たな宿主となってくれそうな人と接触する機会が失われる。そのため、一種類の宿主の体内で過ごす時間が長くなればなるほどウイルスの致死性は下がっていき、かわりに感染力の強い変種が優勢になっていく。はじめてヒトを宿主としてから数千年後、天然痘ウイルスに「小痘瘡《しょうとうそう》（variola minor）」という変種が出現した。大痘瘡の致死率が三〇パーセントなのに対し、小痘瘡ではわずか一パーセントである。

《0号》にとってはなんともついていないことに、たぶん現代で知られているより圧倒的に致死性の高いウイルスを体に取りこんでしまった。おそらく助からなかっただろう。

だが天然痘ウイルスはこの世に残りつづけた。《0号》に感染しているどこかの時点で（もしくは死後に誰かが《0号》の遺体を取りあつかったときに）、ウイルスは新しい宿主を見つけた。これは家族であることが多い。フェイギーによると、二〇世紀にはすでに天然痘ウイルスが見事に人体に適応していたため、病人の世話をした家族は五〇パーセントの確率で天然痘をうつされていた。しかし、ウイルスがまだ進化の初期段階にあった頃は、致死性が現代より高かった反面、人から人へと移動するのはまだあまり得意ではなかったと見られている。

『史上最大の殺人ウイルス』の中で、ホプキンズはこの史上初の感染について次のように書いている。

「ヒトという新しい宿主に乗りかえて適応するパターンがほかの病気と同じだったとすれば、このケースでも……人から人への感染ははじめのうちは稀だったと考えられる」

ウイルス学では、特定のウイルスがもつ感染力を表すのに「基本再生産数」という尺度を用い、「R_0」という記号で表現する（発音は「アール・ノート」）。これは、免疫をまったくもたない集団内にウイルスが入りこんだときに、一人が平均何人に感染させるかを示す数値だ。R_0が一より小さければいずれ感染は終息し、一より大きければ感染は拡大する。R_0が大きければ大きいほど流行の危険性も増す。現代の天然痘ウイルスはR_0が六であり、これは普通の風邪とだいたい同じである。WHOの根絶プロジェクトを率いたヘンダーソンは、天然痘ウイルスの最初のR_0はかなり低かったと踏んでいる（ただし、消滅しなかったわけだから一より大きかったのは間違いない）。やがて人間のあいだで広がるにつれて、ウイルスは人体に適応していった。その過程で、力ずくでパスワードを突破するハッカーよろしく私たちの免疫系を攻撃しながら、感染率を高めていった。何兆回と複製し、何百万回と複製エラーを起こすうち、より存続に有利な遺伝子変異が起きて、感染率の高くなったものがときおり現れるようになる。自然選択によってその新しい変異体がほどなく優勢になり、また同じプロセスがくり返されていった。いうまでもないが、このようにして適応するうえで知性が働いていたわけではない。ウイルスはいわば一〇〇万匹のサルがキーボードに向かっているようなものであり、そうやってたまたま生まれた『ハムレット』が天然痘ウイルスなのである。

　人類の歴史の大半がそうだったように、《0号》の暮らしていた場所も小さな村にすぎなかったとしたらどうなっていただろうか。天然痘は村人のあいだに燃えひろがり、全員が死ぬか、全員が免疫を獲得するかしたあとでウイルスはなくなっていただろう。感染力の強い病気はなんでもそうだが、天然痘も永遠に存続するためには大きな人口を必要とする。研究者の計算では、天然痘ウイルスは一四日のあいだに二〇万人以上を感染させないと数を維持できない。このため、農耕革命より前の時代ではそれだけの人口密度を確保できず、天然痘ウイルスが残りつづける見込みはまずなかったと研究者は見ている。まだ農耕が行われていない時代にも、身の毛もよだつ病気が小さな集落をすばやく駆けぬけることはあっただろうが、じきに新しい宿主が足りなくなって消えうせていたはずである。

ところが、天然痘ウイルスが動物からヒトに飛びうつってきたのは、たまたまそれだけの人数が密集して暮らすようになってまもない時期だった。それは世界経済の夜明けともいうべき時代である。アフリカの角では農耕牧畜民がはじめての大規模社会を築き、エジプト人とプント人は世界でもまだ例の少ない海上交易路を開いた。天然痘は《0号》の村からアフリカの角全域へと何年かかけてしみ出していったあと、奴隷にされるプント人か、エジプト人商人の体に乗って紅海を北上していったと見られる。ひとたびナイル川流域に着けば、四〇〇〇年前でも人口は一〇〇万人をくだらない。もはや天然痘ウイルスを止められるものはなかった。

天然痘の最古の症例として証拠が確認されているのは、エジプトの三体のミイラに残った痘疱である。うち二体は氏名不詳のエジプトの高官のもので、それぞれがミイラになった時代は約三六〇〇年前と約三二二〇年前である。最も有名なのがもう一体のミイラで、三一八〇年ほど前に亡くなったエジプト王ラムセス五世のものだ。ヒエログリフによれば、ラムセス五世は急性の病で身まかったとある。ヘンダーソンが実際にそのミイラを調べたところ、天然痘特有の痘疱が顔、首、肩を覆っているのがわかった。以後、天然痘はエジプトから世界へと広がっていく。

およそ三四〇〇年前には、現在のトルコにいたヒッタイト人がエジプトの軍勢と戦った。ヒッタイトの楔形文字の粘土板には、エジプト人捕虜によって病気がもたらされたことが綴られている。天然痘は、香料の交易路を行き来するエジプト商人によってインドに運ばれたと見られ、インド二大古典医学書の『チャラカ・サンヒター』と『スシュルタ・サンヒター』には天然痘に関する詳細な記述がある。二五〇〇年前の時点（万里の長城が築かれる少し前）で、天然痘はすでに中国に渡っていた。また、一六世紀にはスペインの征服者によって新世界にもちこまれ、そこでことのほか悲惨な結果を生んだ。感染症が流行しているとき、免疫を得た人の数が増えていけばウイルスのR_0は低下するため、感染者数が急激に増加することはない。ところが、新世界ではじめての流行が起きたときには、この病気にかかって生きのびる者がおらず、したがって免疫を獲得する者もいなかった。新世界初の天然痘の流行は、この世の終わりもかくあらんというほどの惨事となった。

天然痘との戦いの歴史は古い。昔から、一度この病気にかかると二度とかからないことは経験として知られていた。この弱点をはじめて利用したのが中国人である。イギリスの生化学者で科学史家のジョゼフ・ニーダムによると、世界ではじめて種痘が行われたのは約一〇〇〇年前の中国だった。これは、感染性の下がった天然痘ウイルスを患者から採取して、それを健康な人間にわざと接種して免疫を与えようとするものである（このやり方を「人痘法《じんとうほう》」と呼ぶ）。

一六世紀中国の文献には、この人痘法に関する次のような記述が登場する。「その接種を施した者たちの名はもはや定かではないが、彼らはそれを尋常ならざるひとりの奇人から教わり、その人物自身は秘術の達人たちから学んだ。以来、その手法は国中に広まった」

この「尋常ならざる奇人」は種痘の生みの親といっていいだろう。種痘は今なお人類が天然痘ウイルスと戦ううえでの最大の盾となっている。

天然痘がもつ決定的な弱点は、同じ人が二度かからないというだけではない。感染した人の痘疱の毒性が、乾くと自然に弱くなるということである。つまり、痘疱内のウイルス粒子がすでに多数消滅しているわけだ。ウイルスは短期間で急速に増殖していくものだが、感染当初のウイルス粒子の数が少なければそれだけ病気も軽くて済む。死亡率の違いは目を見張るほどだった。自然に感染した患者の死亡率が三〇パーセントにのぼったのに対し、種痘を受けた者の死亡率は一〜二パーセントにとどまった。

一七世紀に入る頃には、中国とインドで種痘が広く実施されるまでになっていた。中国の医師は手順の手引書を出版し、その知識が一世紀後にヨーロッパに伝わった。

しかし、人痘法は人間の患者からウイルスを得る手法であり、完璧とは程遠かった。たとえば、十分に乾いた適切な痘疱を用いないと、毒性が強いままの天然痘ウイルスを健康な人に感染させることになる。さらに厄介なのは、自然にかかった患者と同様、そこから恐ろしいウイルスが広がりかねない点だ。現に、種痘をきっかけに流行が起きるケースが少なくなかった。

天然痘ウイルスの「終わりの始まり」が訪れたのは一七九六年の五月一四日。イギリスの医師エドワード・ジェンナーが、自らの仮説を検証してみようと思いたった日である。ジェンナーは地域の医師から興味深い話を聞いていた。地元の何人かの農民に種痘をしたのに、いつものような弱い天然痘の症状が現れなかったというのである。この農民は天然痘を患ったことはなかったものの、牛痘《ぎゅうとう》と呼ばれる天然痘のウシ版に最近かかっていた。牛痘はウシだけでなく人間にも感染する病気である。発症すれば不快な思いをしはするが、人から人へうつることはないし、死に至ることもめったにない。

この話から、ジェンナーはひとつの仮説を思いついていた。そしてこの日、その仮説の正しさを確かめるべく、牛痘患者の膿をジェームズ・フィップスという八歳の少年に接種する。すると、全面的な牛痘の症状が起きることはなく、発熱して膿疱が一個できただけだった。数週間後、ジェンナーが今度は通常の人痘法でフィップスに種痘を行ったところ、驚くべきことに少年には天然痘の反応がいっさい生じなかった。

人痘法と違って牛痘法による種痘は死亡率が限りなくゼロに近いうえに、接種のあとで天然痘の流行が始まることもない。病室で一週間過ごすかわりに、牛痘の膿疱が一個で済む。のちには、種痘にさらに適したポックスウイルスの一種「ワクシニアウイルス」が発見された〔訳注：ＷＨＯの天然痘根絶計画で使用されたのはこのワクシニアウイルスをベースにしたワクチン〕。

こうして種痘が開発されたあとも天然痘ウイルスは消滅することなく、二〇世紀だけで五億人もの人がこの病気に斃れたと見られている。最終的にはＷＨＯの一八年に及ぶ根絶計画によって、ウイルスはアリ・マオ・マーランの体内に残るのみとなった。幸いにもマーランの免疫系がしだいに優勢になり、最後にはウイルスに勝った。さらに注目すべきことに、マーランと接触した九一人は誰ひとりとして天然痘を発症することがなかった。

こうして一九七七年一一月、およそ四〇〇〇年にわたって人類を苦しめた天然痘ウイルスの最後の個体が、マーランの免疫系によって葬りさられた。

後日談

現在、天然痘ウイルスは、少なくとも二本の小瓶《バイアル》の中にまだ存在している。一本が保管されているのはアメリカのジョージア州アトランタにある研究所、もう一本はロシアのノボシビルスクの研究所だ。天然痘ウイルスを使った生物兵器を開発していると、表立って認めた国家はこれまでひとつもない。しかし一九七一年、ソ連はアラル海の島でひそかに天然痘兵器の実験を行っていた。そのとき、沿岸の町から出港した環境調査船が期せずして島に近づきすぎ、町にウイルスをもち帰って三人が死亡した。また、自然に天然痘を発症したのはマーランが最後ではあるが、一九七八年にはイギリスのバーミンガム大学で天然痘ウイルスの漏出《ろうしゅつ》事故が起きている。この事故では、ウイルスが実験室から換気ダクトを通じて上の階に移動し、医療用写真の現像の仕事をしていたジャネット・パーカーに感染して命を奪った。広域の種痘プログラムは一九七三年頃に終了しているため、世界人口の大半はこのウイルスに対して再び無防備な状態にある。

第16章
はじめてジョークを文字に記したのは誰？

ホモ・サピエンスの全史を24時間に縮めたとすると
これが起きたのは23時41分（4000年前）

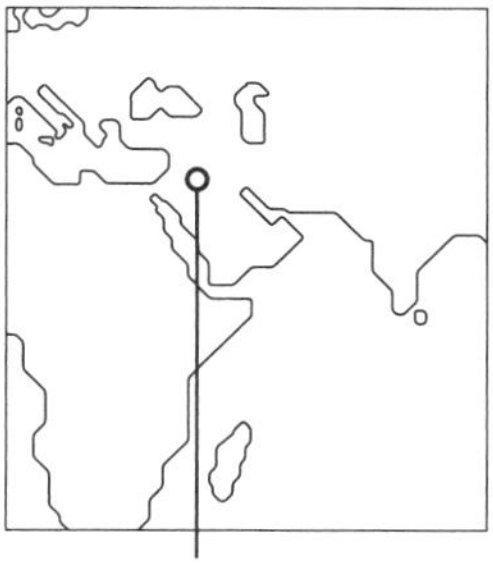

4000年前
はじめてジョークを文字に記す

一八七二年一一月のある日の午後、大英博物館の片隅で、アッシリア学者のジョージ・スミスは一枚の粘土板を前に背を丸めていた。そこに記された楔形文字を少しずつ解読していく。じつに骨の折れる作業だ。楔形文字は全部で一〇〇〇種類近くあり、句読点が打たれているわけではない。しかも、二〇〇〇年あまりの歳月を経て粘土板は劣化し、表面がすり減って凹凸がほとんどなくなっていた。それでもスミスはひとつの期待を胸に作業を進める。その摩耗した粘土板の前段部分には、この先になんらかの秘密が明かされているらしきことがほのめかされていた。だから、博物館の技術者に修復してもらうのを待ってはいられなかった。ついにその指が最後の文字の上で止まったとき、スミスは叫び声を上げた。椅子から飛びあがり、部屋を駆けまわり、そして伝えられるところによれば着ているものを脱ぎだしたという。一〇年に及ぶ探索の果てに、旧約聖書最大の物語を裏づける証拠を見つけたのだ。

当代随一のアッシリア学者という世評とは裏腹に、スミスは異色の経歴の持ち主だった。一四歳で学校を中退し、出版印刷会社ブラッドベリー・アンド・エヴァンズで紙幣の彫刻工として働きはじめた。何もなければたぶんそのまま勤めていたのだろうが、たまたま職場から歩いていける距離に大英博物館があった。スミスは昼休みを博物館で過ごすようになる。仕事柄、細かく彫りこまれたものに目が慣れていたことから、メソポタミアの古代都市遺跡から発掘された楔形文字の粘土板に吸いよせられた。昼休みのたび眺めるうちに、独学で楔形文字が読めるようになる。やがて誘いを受けて会社を辞め、大英博物館で仕事を始めると、たちまち世界屈指のアッシリア学者となった。

一八六七年には粘土板に、紀元前七六三年六月一五日に日食が起きたという記述を見つけている。それは、メソポタミア上空で日食が観測されたはずだと天文学者が計算していた日と一致した。具体的な日付が示されたものとしては世界最古の日食の記録である。

　しかし、古代の粘土板を翻訳していくうち、スミスは新たなテーマに並々ならぬ興味を抱くようになる。それは、旧約聖書に登場する数々の出来事をじかに裏づける記述を探しだすことである。とくに情熱を傾けたのが「ノアの洪水」だ。あれほどの大災害が本当に起きていれば、記録に残っていないはずがないと考えた。長年にわたる探求の末、スミスは目当てのものをついに見つける。それはオスマン帝国の考古学者ホルムズ・ラッサムによって発掘された粘土板で、「創世記」よりはるか昔に書かれたものだった。そこに「大洪水」の話と、巨大な船をつくって世界の動物を救った男の話が物語られていた。スミスが服を脱がずにいられなくなったのはこのときである。

　洪水の物語は『ギルガメシュ叙事詩』の一部であり、この叙事詩は世界最古の文学作品とみなされている。氏名不詳のアッシリア人が大洪水の物語を綴ったのは、今からおよそ二七〇〇年前。それ以前に、どれくらい昔から口承で語りつがれていたのかは知る由もない。叙事詩はフィクションではあるものの、ノアの洪水と似ているのは偶然ではない。聖書版の洪水は、この叙事詩がもとになったというのがおおかたの研究者の見方である。

　『ギルガメシュ叙事詩』は書記の最終進化形といっていい。というのも、第13章でも見たように、文字を記すことが発明されてから最初の一〇〇〇年間は、文字はもっぱら会計士や収税吏の領域にあったからだ。貸し借りを記録し、税を徴収するための手段だったわけである。文字というツールそのものが、いわばメソポタミア版のクレジットスコア〔訳注：個人の信用力を表す偏差値〕であり、納税申告用紙だった。このことから研究者たちはひとつの疑問を抱く。そんな融通の利かない帳簿づけの手段が、果てしなく変幻自在な媒体へとどうやって姿を変えたのか。そして、ついに二七〇〇年前に世界で最も有名な物語をしたためられるようになったのはどうしてなのか。

その答えは、書記学校で生まれたいくつかのジョークだったかもしれない。

ジョークや滑稽《こっけい》な格言がはじめて文献に登場するのは、およそ四〇〇〇年前のことである。テュービンゲン大学のアッシリア学者ヤナ・マトゥスツァークが私に教えてくれたところによれば、当時の学校では教師が気の利いた古い言葉を例文として出し、生徒たちに書きうつさせていた。これには、生徒にシュメール語（当時はすでに使われなくなっていた）を学ばせるとともに、イソップ寓話《ぐうわ》の古代版よろしく教訓を垂れる狙いがあった。例文ははじめは単純な文章のものが多かったものの、しだいに複雑な道徳物語へと発展していく。一番古いジョークや格言がどれなのか、突きとめるのはまず無理だ。粘土板の年代は、そこまでの正確さで特定することはできないからである。それでも、イェール大学のアッシリア学者ベンジャミン・フォスターにこの問いをぶつけてみたところ、四〇〇〇年ほど前に書かれた次の短いジョークを候補にあげてくれた。ほかのどれにも劣らず、世界最古のジョークと呼べるだけの資格を十分にもっているとのことである。

　ヒツジ小屋にライオンが現れたとき、イヌは一番上等な首輪をつけた。

どうしようもないほどにおもしろくない。だがそれは意外でもなんでもなく、よくできたジョークであっても数日で賞味期限が切れることはあるものだ。だから、これを現代人が見ておかしいと思うかどうかは問題ではない。このジョークをつくったアッカド人はたぶんくすっと笑ってもらっただろうし、少なくともそれを期待できたはずだとフォスターはいう。

この種のジョークのおかげで、人類の最も創意に富んだ発明は退屈な帳簿づけや納税申告の世界を脱し、まったく別の領域へと移っていった。こうした最古のジョークや格言を皮切りとして、文字は物語や情報はもちろん、話し言葉で表現できるすべてを伝える手段となっていく。笑えないジョークによって書き言葉に革命が起こり、喜劇の台本や古代の洪水物語までをも綴れるツールとなった。

では、先ほどのジョークをつくって、書き言葉を救ったのはどんな人物だったのだろうか。

その男性を《ウィル》と呼ぼう。書き言葉の生んだ最も偉大な作家のひとり、ウィリアム・シェイクスピア氏にちなんだものだ。男性としたのは、最古の部類に入る格言が圧倒的に男性の視点から書かれているからである（ただし、女性の書き手も間違いなく存在した）。

《ウィル》は四〇〇〇年ほど前にニップルという古代都市で生まれた。場所は現在のイラク中部にあたり、バグダードの南方一五〇キロあまりのところに位置する。この都は非常に古く、今からおよそ七〇〇〇年前にユーフラテス川流域の沼沢地《しょうたくち》に開かれた。その後、世界で最も長く人が住みつづけた都市となっていたが、紀元後最初の千年紀のどこかで滅びて朽ちはてた。《ウィル》が生まれた頃にはすでにユーフラテス川の流路は変わり、頻繁に洪水に見舞われていた平原はおおむね干上がっていた。ニップルの市民は住居に葦《あし》を用いるのをやめて、メソポタミア地方でおなじみの日干しレンガを使うようになっていた。

《ウィル》が生きた頃のニップルはアッカド帝国の支配下にあった。そこは帝国における宗教上の中心地のひとつであり、大寺院を有していた。この都の遺跡からは、シュメール語で書かれた粘土板が四万点ほど出土していて、そのほとんどが寺院の運営にかかわる内容をもつ。たとえば役人の俸給、市民への課税、穀物の収支などである。一方、明らかにニップルの書記学校でつくられたらしき粘土板もいくつか発掘されている。当時の学校では寺院の事務官が生徒にシュメール語を教えており、《ウィル》もそうした教師のひとりだった。つまり、社会での地位がわりあい高かったということである。それなりに財力のある家の出だったと見られるので、富裕な商人の息子といったところだったかもしれない。

アッカド人は多神教徒であり、日常生活のこまごまとした事柄がそれぞれ異なる神々によってつかさどられていると信じていた。負債があれば、早く清算できるようにと太陽神ウトゥに祈る。復讐をもくろんでいるなら、戦闘の神ニヌルタに助けを乞う。店で何かのサービスが購入される場合は、店主はそのサービスを迅速に提供することを知恵の神エンキに誓う。もっとも、《ウィル》自身はそれほど信心深くはなかったようだ。少なくともそれが、デンマークのアッシリア学者ベント・アルスターの考えである。アルスターは著書『古代シュメールの知恵（*Wisdom of Ancient Sumer*）』の中で、最も古い時代の格言は「社会におけるふるまい方についてまったく宗教臭のない視点」から書かれていると指摘している。《ウィル》のようなシュメール語の筆写者たちは、現代に置きかえれば「日曜日にだけキリスト教徒になる人間」だったというのが、研究者たちの一致した見解である。要するに、その場その場で信仰心のさじ加減を変えていたということだ。

幼い頃は《ウィル》自身も書記学校に通っていたはずである。この教育制度は現代の初等教育と驚くほど似ている。子どもたちは同じくらいの年齢で学校に行きはじめ、宿題をこなし、テストを受け、どの学校でも同じような授業を同じようにして教わる。楔形文字には句読点がないので、現代の言語に比べれば文法は単純だったろうが、学ぶのは退屈だったに違いない。というのも、当時はすでにシュメール語が死語になっていたからだ。そのせいで、呆れるような間違いも起きたとアルスターは指摘する。たとえばある粘土板では、生徒が「足の不自由な」を表す文字を写そうとして、「カエル」の文字を刻んでしまっている。その言語が母語であれば絶対に犯さないミスである。シュメール語は現代でいうラテン語のような存在であり、選ばれし者が教育を受けるときにのみ用いられる言葉だった。

とはいえ、書記学校では帳簿づけにとどまらないさまざまなことが教えられていたと研究者は考えている。礼儀作法や道徳の授業もあり、メソポタミアのよき男女としてどうふるまうべきかがテーマとなった。《ウィル》のような生徒たちは、語りつがれてきた古来の格言を通してそれを学んだ。その種の格言は、絵に描いたような愚か者を登場させてその行いの悪さや間抜けぶりをあざ笑い、それによってよりよい行動を知らしめるという狙いをもつ。こうした格言や笑い話は、マトゥスツァークが「侮辱術」と呼ぶものの一種だ。侮辱術はメソポタミア文明の初期に生まれて以来、何世紀ものあいだ口承で伝えられていたが、それを新しい意味と目的のもとにはじめて文字にしたのが《ウィル》である。もちろん、その後は《ウィル》の新しい考え方が筆写者たちのあいだで広まっていき、新しい格言がいくつも誕生した。アッカド帝国時代の辛辣《しんらつ》な悪口の例を、マトゥスツァークがいくつか翻訳してくれた。

……サル並みの知性！

あの女の家はブタ小屋。居間はかまど。

お前の旦那《だんな》には着るものがない。お前自身はぼろをまとっている。そしてそこから尻が突きだしている！

書記学校の教師がこうしたユーモラスな罵《ののし》り言葉を教えたのは、生徒に笑ってもらいたかったからだけではない。教訓を伝える目的もあった。マトゥスツァークは私宛のメールで次のように書いている。「すでにおわかりのとおり、シュメール語の教訓的な文献における『ユーモア』とは、冗談をいったりおもしろおかしい逸話を話したりすること自体に主眼を置いていたのではなかったのです」。おもな狙いは、愚か者をあざけったり馬鹿にしたりすることを通して生徒を教育するところにあった。たとえば次の例文もそうである。

私の畑が小さからんことを。さすれば（早く）家に帰れる！

この「ジョーク」を現代に置きかえればこんな感じになるだろうか——「稼ぎがあまり多くなりませんように。そうすれば所得税をたくさん払わなくて済むから！」
《ウィル》が生徒だった頃には、おそらくこの種の格言や侮辱の言葉を口伝えで学んでいたのだろう。相当たくさん覚えたに違いない。だからこそ、のちに自分が学校の教師となったときに、前例にならうだけでなく自らも新しくつくることができた。《ウィル》の画期的だったところは、そうした侮辱的でユーモラスな格言を口承ではなく文字にした点である。それは、もっと興味を引く題材で生徒たちに筆写の勉強をさせたかったからかもしれない。それまでは大麦の出荷や取引の詳細といったつまらない事柄ばかりが延々と課題文になっていたが、《ウィル》は新しいジョークを例文に選んだ。それが「ヒツジ小屋にライオンが現れたとき、イヌは一番上等な首輪をつけた」だったのではないだろうか。

　なぜ《ウィル》がこれを滑稽だと考えたかというと、つまりイヌは次のような気持ちだったからである。「私は番犬だったが、こうしてライオンがやって来たのを見てしまった以上は、飼いイヌのふりをしようと思う」。翻訳してしまうとおもしろみが薄れはするものの、ジョークの骨格部分は驚くほど時を超越している。現代風にアレンジするなら、「海水浴場にサメの背びれが現われたとたんに、監視員が昼休みを取ろうとする」とでもいおうか。

＊　＊　＊

　このように、文字で記された最古のジョークは現代的なユーモアとも相通ずるところが多い。この点に注目しているのが心理学者だ。ホモ・サピエンスの脳のどこかでユーモアがつくられるときには、なんらかの基本公式ともいうべきものを踏まえているように思えるからである。このことから、これまでに大勢の研究者、哲学者、コメディアン、そして作家が、笑いとユーモアを説きあかす普遍的な説明を模索してきた。

　古代ローマの博物学者である大プリニウスは、笑いは横隔膜を刺激することで生じると信じていた。いわく、横隔膜は皮膚のすぐ下に広がっているので、皮膚の薄い脇の下をくすぐられたときに人が笑うのはそのためだし、剣闘士が腹を刺されて笑いながら息絶えるのも横隔膜が傷つくからだという。もっと時代がくだってからは、笑いは突然「心地よい心的変化」が起きたときに生まれると心理学者は説いた。大プリニウスよりほんの少し説明感が増しただけで、実のあることは何ひとついっていないのだが、ともあれその心地よい心的変化がなぜ発生するのかをめぐっていろいろな説が登場してきた。それらは大きく三つに分けられる。

ひとつめは「不適合理論」で、番犬のジョークがこれにあたる。何かというと、ジョークの話し手が聞き手の脳に「ジグ」の準備をさせておき、直後にそれを裏切って「ザグ」と行く。「酒場に僧侶と司祭と……アヒルが入っていく」などがこの例だ。マシュー・ハーレーほか著の『ヒトはなぜ笑うのか――ユーモアが存在する理由』では、こうした不適合によって人が心地よさを得るのは、自分の思いこみの誤りに気づいたときに脳がご褒美として少量のドーパミンを分泌するからではないかとしている。「一匹のシロアリが酒場の中に歩いていき、『バーテンいるかい?』と尋ねた」というような単純なジョークを読むと、一瞬の間《ま》を置いたあとで少しおもしろいと感じる。その理由はこの不適合理論で説明できる。

ふたつめは、アリストテレスが名づけたところの「優越理論」だ。

優越理論とは、自分が突如として優越感を覚えたときに生じる笑いに関するものである。この笑いはほかの誰かを犠牲にすることで成りたっており、その誰かが痛い目を見るというのがよくある型だ。コメディ映画監督のメル・ブルックスは、アリストテレスが乗りうつったかのようにこう語っている。「悲劇とは、私が指を切ること。喜劇とは、あなたがドブに落ちて死ぬこと」。つまり、優越理論を数式風に表現すると次のようになる。「喜劇＝苦痛＋距離」

三つめにして最も基本的なのが「解放理論」である。アメリカの哲学者ジョン・デューイによれば、この「解放」とは「緊張が突如として緩和されること」である。恐ろしい場面や不安をかき立てる出来事がいきなり安全な状況になったとき、私たちはそれをおもしろいと感じるが、その理由を説明するのがこの理論である。たとえば、びっくり箱や追いかけっこ、あるいはくすぐりなどによって笑うことがこれに当てはまる。この「解放」はヒトに限らずほかの動物にも作用し、たとえばチンパンジーは人間のよちよち歩きの幼児と同じくらい追いかけっこが好きだ。だとすれば、恐怖から安心へと唐突に切りかわることで生じる笑いは、生物としての遠い過去に起源をもつといえそうである。

ユーモアには、人の期待を裏切ることがかかわるケースが多い。人が何を期待するかは時代や文化によって大きく異なるため、ジョークからは社会の構造が透けて見える。たとえば、笑い者になるのは誰か。法律家なのか、無骨者なのか、大地主なのか、はたまた会計士？　民族、性別、外見についてはどうだろう。優越理論からもわかるように、ユーモアは社会で最も立場の弱い者に矛先が向けられやすい。楔形文字で記されたユーモアの場合、槍玉にあげられているのは圧倒的に奴隷と女性である。マトゥスツァークが翻訳してくれた次のジョーク（これまでに発見されたうちで最古のもののひとつ）には、アッカド人がもっていた女性蔑視《べっし》の姿勢があらわになっている。

あの女の（まことに）穢《けが》れなき子宮は「終わった」——（つまり）女の家にとっては経済的な損失だ。

この「まことに穢れなき」という言い回しは、書き言葉で皮肉を表現したものとしては最古の部類に入るとマトゥスツァークは教えてくれた。この種の古いジョークからは、アッカド帝国の社会構造がさらに浮きぼりになる。先ほども登場したアッシリア学者のベンジャミン・フォスターによると、小役人と商売人が頻繁にターゲットにされる一方で、王族を茶化したものはない。また、臆病、野心、無作法、肉欲、うぬぼれといった性質を示した者も恰好のネタにされた。ただし、フォスターが私に話してくれたところによれば、「明らかに下品と断定できる楔形文字のジョークを突きとめるのは難しい」のだという。それは「古代の品位の基準がほとんど明らかになっていない」ためだ。

　品のない言葉を用いることは、今も昔も笑いを生む手段として重宝されている。悪態の文句もそのひとつだ。悪態をつくという行為は、特定の文化でタブーとされるものにあえて触れることであり、それ自体はこれまでもつねに存在してきたはずである。あいにく、《ウィル》が自分の足に重い物を落としてしまったときに、なんとわめいたかは定かではない。何をタブーとするかは移ろいやすいからだ。ある文化では信じがたいほど下品とされることでも、別の時代ではおとなしすぎるとみなされる場合はある。たとえば、現代英語における悪態の文句は排泄《はいせつ》行為と性行為にかかわるものが多い。ところが、中世のイギリスではプライバシーというものがほとんどなかったので、排泄行為はたいていなんの隠しだてもせずに行われていた。そのため、排泄関係の言葉は文化に対する衝撃度に乏しく、悪態の文句にするほどのインパクトがなかった。中世という比較的最近の時代であっても現代とそれだけ違う。中世の幼稚園の先生は、「クソ」のたぐいの言葉を日々の授業に平気で織りまぜていたかもしれない。では、中世のイギリス人がショッキングな言葉を発したいときにはどうしたかというと、「神の骨（God’s bones）」や「神の血（God’s blood）」といった表現を用いた。《ウィル》の下品な叫びは宗教か民族がらみだったのか、トイレ関連だったのか、はたまたまったく別の何かだったのか。研究者にもわからない。

しかし、オチの部分は変化するにしても、ユーモアや小話《こばなし》の基本的な組みたて方はほとんど変わらず、なかにはそっくり同じといいたくなるものもある。たとえば次にあげるのは、世界最古の（文字にされた）笑い話としてフォスターが紹介しているもので、四〇〇〇年前のアッカド人によって書かれた。

> 九頭のオオカミが一〇頭のヒツジをつかまえた。獲物が一頭余るので、どうやって分配すればいいかとオオカミたちは頭を抱えていた。そこへキツネが一匹通りかかり、こう告げた。「私が分けてあげよう。君たちは九頭だから、一頭取ればいい。私は一匹だから、九頭いただく。それがいい分け方だと思う」

この話に出てくるキツネは、人類学で「トリックスター」と呼ばれるものの典型である。トリックスターとは、自分個人が利益を得たいがために社会の規則を破る存在のことだ（破ること自体が目的ではなく）。トリックスターは、これまでに研究対象となったほぼすべての文化で民話にたびたび登場してくる。アメリカ先住民の民話でこの役回りを演じるのはコヨーテが多く、アフリカではウサギ、ハリウッドならさしずめジム・キャリーかバッグス・バニーだ。これは一種の定番キャラクターであり、ホモ・サピエンスの脳は時を超えてこの役柄におもしろさと強い魅力を感じるようである。

このように、ユーモアや下品な言葉、そしてトリックスターがこれほど長いあいだ生きながらえてきたのだとすると、《ウィル》が粘土板に向かうよりずっと前から、ホモ・サピエンスのすべての文化でそれらが用いられてきたと考えてよさそうに思える。ただ、それを文字として記したのは《ウィル》が最初だった。そうすることで、さして洗練されていないジョークや侮辱の言葉が、帳簿づけと無関係のものとしてははじめて文字として記録されることとなった。《ウィル》流のやり方で（たぶん生徒にとって学びやすくするために）楔形文字の書き方を教える過程で、文字という器《うつわ》そのものが変化していくことになる。《ウィル》から数世紀が過ぎても、機知に富んだ文句や教訓的な文章を書きしるす伝統は書記学校に残った。同じようにする教師の数が増えるにつれ、彼らは初歩的な絵文字にすぎなかったものを発展させ、話し言葉のすべての音を再現できる文字へと変貌させていった。

　はじめのうち、文字で書かれるのは短くて気の利いたフレーズだった。しかし文字の発達とともに、ジョークや格言は最終的に物語や神話へ、叙事詩や歌へ、そして伝記や医学論文へとつながっていった。《ウィル》のようなアッカド人の教師が創意を凝らし、小さいながらも重要な貢献を果たしたことこそが、歴史時代そのものを誕生させたといっていい。

　残念ながら、《ウィル》の墓が発見されることは未来永劫ないだろう。だが、その十人並みのユーモアセンスは粘土板という確かな証拠に刻まれ、今もこれからも失われることはない。

第17章
はじめてハワイに上陸したのは誰？

ホモ・サピエンスの全史を24時間に縮めたとすると
これが起きたのは23時55分（1000年前）

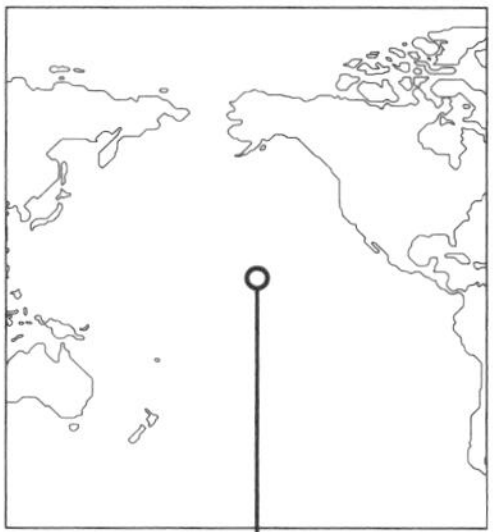

1000年前
はじめてハワイに上陸する

現代型ホモ・サピエンスの「出《しゅつ》アフリカ」の過程は、全世界への拡大と探検の物語と見ることができる。始まりはおよそ五万五〇〇〇年前。ホモ・サピエンスはアフリカをあとにし、まずシナイ半島を越えて中東へと進出した。それからあとは小集団をつくってヨーロッパへ、あるいはアジアへと散っていった。ヨーロッパ大陸を移動しながら北を目指した者たちもいた。イギリスでは、北西ヨーロッパ最古の人骨として、四万一〇〇〇年前のあごの骨が見つかっている。これは、ホモ・サピエンスがヨーロッパ大陸から陸橋を通って（当時は陸続きだった）今のグレートブリテン島に到達した証しだ。南に向かった集団もある。インドから東南アジアを抜け、現在は水没している陸橋に沿ってインドネシアのスマトラ島、ジャワ島、バリ島（当時はここまでが陸続きだった）までたどり着いた。だが、そこで深い海溝に行く手を阻まれる。この海溝はボルネオ島の東から、バリ島とロンボク島のあいだへと延びている（これを境に動物分布の様子が変わることを発見した一九世紀の博物学者アルフレッド・ウォレスの名にちなんで、「ウォレス線」とも呼ばれる）。いくら氷河期で海面が現在より一〇〇メートル近く下がっていたとはいえ、ウォレス線を越えるには船がいる。しかし、線より東のフローレス島で発見されたホモ・サピエンスの歯から判断する限り、少なくとも四万六〇〇〇年前にホモ・サピエンスは船でウォレス線を渡った。そして四万年前にはすでにオーストラリア大陸を縦断し、タスマニア島の最南端にまで達していたと考えられている。

　東に進んだ集団もいた。アジアを横断して四万年前にはすでに日本に住みつき、北に向かって北緯六〇度線を越えた（それより北で生きのびたヒトはそれまでいなかった）。東シベリアに入り、三万二〇〇〇年前にはベーリンジア（第7章参照）に達する。カナダを覆う巨大な氷床によって南への道は閉ざされていたものの、一万六〇〇〇年前には地球が温暖化して氷床が解けはじめた。カナダの南側に出てからは、一〇〇〇年のうちに人類は南米大陸の最南端部にまで分布を広げる。四〇〇〇年前には、カナダの北極圏地域の東端と、グリーンランドにも到達した。

三〇〇〇年前には、地球上で人が住める地域のほぼすべてで現生人類が暮らすまでになる。だが唯一、緑のおい茂る南太平洋の島々だけはほかの地域と遠く離れているため、空白のままだった。

四万六〇〇〇年ほど前にはじめてウォレス線を越えたあと、船に乗った人々はそのまま東を目指した。はじめは島と島との距離が非常に短かったので、海岸に人が立てば次の島が見えた。ポリネシア考古学の権威であるニュージーランドのジェフリー・アーウィンは、この密に固まった島々を「航海技術養成所」と名づけている。大規模な群島という比較的安全な環境のもとで、船づくりや航海の技術を発展させることができたというわけだ。

この太古の冒険家たちはごく初歩的なヨットのような船を操って島から島へと進んでいき、やがてパプアニューギニアの東にあるソロモン諸島にたどり着いた。ところがソロモン諸島を過ぎると、南太平洋の島々の間隔は急速に開いていく。次の島々はバヌアツだが、ソロモン諸島からは何もない大海原を五〇〇キロ近くも行かねばならない。

この距離が、東太平洋に乗りだしていこうとする人類の試みをことごとく阻み、そのまま長い年月が過ぎた。やがておよそ三〇〇〇年前に、飽くなき探求心では人類史上に並ぶ者のないラピタ人（ポリネシア人の始祖）が、台湾から突如として現れる。ラピタ人がどんな船に乗っていたかはほとんど証拠が残っていないものの、研究者たちの推測ではアウトリガー・カヌーを発明していたと見られている。これは、カヌー本体の脇に浮材《ふざい》（これをアウトリガーという）を張りださせて安定性を高めたもので、これによって向かい風の中で漕《こ》ぐ力も増す。ラピタ人はアウトリガー・カヌーを駆使してソロモン諸島を通りぬけ、バヌアツを発見し、さらにその先へと航海していった。四〇〇年のうちにはフィジー諸島を見つけ、西ポリネシア（トンガ、サモア）に達した。これほどの短期間になし遂げられているのは、ラピタ人の探求心によるものとしか説明のしようがないと考古学者はいう。アーウィンは次のように述べている。「彼らが船を走らせたのは……水平線の向こうが見たかったからだ」

やがて、南太平洋のあまりの広さがラピタ人の前進をも阻んだ。サモアより先は、大きな間隔をあけて島々が点在している。ニュージーランド、クック諸島、タヒチ島、マルケサス諸島、イースター島、最後は南米大陸の西海岸に至る。それぞれは何千キロという距離で隔てられており、これを旅するには大型の船と、数か月に及ぶ航海と、熟練の船乗りが必要だ。それでも一二〇〇年前には、この途方もない大海原をポリネシア人が征服していた。

南に向かったポリネシア人はニュージーランドを発見した。東を目指した者たちは、クック諸島、タヒチ島、マルケサス諸島、イースター島と進んで、ついに南米大陸チリの海岸に到達した。そのことはサツマイモが証明している。サツマイモは中南米にしか自生していないのに、ニュージーランドに開墾されたポリネシア人の畑ではサツマイモが栽培されていたからだ。このことは、ポリネシア人の少なくとも一部が単に南米を訪れただけでなく、一万キロ近い距離を越えて交易関係を結んでいたことを物語っている。

しかし、ポリネシア人が打ちたてた数々の海の偉業の中でも、特筆すべきなのがハワイ諸島の発見である。これは人類史上最も偉大な探検の成果といっていいかもしれない。

ハワイ諸島は世界で最も地理的に孤立した群島である。果てしない広大な無のただなかで、地球がたまさかしゃっくりをした場所。それがハワイだ。どこを起点にしてもとてつもなく遠いのに、ヨーロッパの探検家がはじめて訪れたときにはすでに人が住んでいた。そのため初期の探検家のあいだでは、船が遭難してここに流れ着いたのだと決めつける者が多かった。だが、コンピュータ・シミュレーションや遺跡の発掘調査を通して当初の航海を再現した結果、ハワイ諸島の発見は偶然によるものではないことが確認された。その点についてはもはや疑いようがない。なぜかといえば、偶然説を支持する証拠が存在しないというのがひとつ。もうひとつは、明確な目標のない航海ではどこから出発してもハワイに到達する見込みが無きに等しいとわかったからである。考古学者のスコット・フィッツパトリックは、太平洋の貿易風と潮の流れをシミュレーションし、そういう結論をくだしている。ハワイが偶然に見つかったという説は、原因と結果の結びつけ方を間違えていた。「ハワイが絶海の孤島群だから発見は偶然だったに違いない」のではなく、「絶海の孤島群だからこそ偶然はあり得ない」のである。

フィッツパトリックによれば、ハワイはじかにそこを目指して探索しなければ見つけることができない。発見するためには高速の船を使って南半球の晩春に、おそらくはマルケサス諸島から出発する必要があった。

つまり、南太平洋の島々に住みついた人々は壮大な距離を旅する海洋探検家であり、彼らの中で最も優れた者がハワイを発見したのに違いない。

いったいそれは誰だったのか。

その男性を《カーク船長》と呼ぼう。『スター・トレック』に登場する宇宙船の船長の名にちなんだものだ。こちらも、宇宙という新世界へ乗りだした偉大なる探検家である。
《カーク》は今から一〇〇〇年ほど前にマルケサス諸島に生まれた。この諸島そのものもほかの地域から隔絶した孤島群であり、ハワイの南東およそ三七〇〇キロに位置する。当時のマルケサス諸島の文化がどういうものだったのかについては、同時代の記録がほとんど残っていない。《カーク》の時代の東ポリネシアには文字がなかったうえに、ヨーロッパの探検家がもちこんだ病気（天然痘など）のせいで、一六世紀から二〇世紀前半までのあいだに人口が約九八パーセント減少した。このため、マルケサスの古代の航海文化については、考古学的な証拠や、この諸島をはじめて訪ねたヨーロッパ人の日記の内容や、近隣のポリネシア文化や、諸島の地形などをつなぎ合わせて理解するしかない面が多い。

マルケサス諸島の住民は狩猟採集民ではなく、農耕牧畜と漁業で暮らしを立てていた。《カーク》はブタやニワトリを家畜として飼い、パンノキやタロイモやヤムイモを栽培しながら、恵み豊かな浅瀬で魚を捕ったり貝を集めたりしていた。衣服は簡素である。諸島は熱帯にあって年間を通じて暖かいため、樹皮を叩いてつくった布を腰に巻く程度だったと思われる。だが、それ以外のありとあらゆる部分に装飾を施していた。

一七七四年、チャールズ・クラークという英国海軍士官が、ジェームズ・クック率いる有名な南太平洋探検航海に同行し、マルケサス人の様子を次のように日記に書きしるしている。「頭から足先まで、考えられる限り最も美しく入れ墨をしている」。マルケサス人にとって入れ墨はなくてはならないものだった。それは自分たちの文化と信仰を表現するものであり、生涯を通して何度となく施されるものだった。入れ墨師は専業の専門職であり、骨などでつくった針に木炭などの墨をつけ、その針を棒状の槌《つち》で叩いて皮膚に打ちこむ。もちろん痛みを伴う。しかも高価でもあったので、客は食料や品物、奉仕などを提供することで対価を支払った。入れ墨のことをマルケサス語で「タトゥ」といい、ヨーロッパの探検家たちは故国に戻るときにこの技術と言葉を一緒にもち帰った。

《カーク》もまず間違いなく全身を入れ墨で覆っていただろう。耳たぶには穴をあけ、クジラの歯でつくった耳飾りを下げていたに違いない。特別な儀式や行事の際には、雄鶏《おんどり》の尾羽の頭飾りや花を身につけた(女性用には、ネズミイルカの小さい歯をいくつもつなげた髪飾りがあった。非常に精巧で、製作には何週間もかかった)。《カーク》は自分が使用する物にもすべて装飾を加えていた。マルケサス人にとって芸術とは単に美しいだけのものではなく、神々と交信する手段でもあったからだ。

マルケサス人はノーズフルート(鼻笛)を吹いたので、《カーク》も楽器を演奏したかもしれない。ヨーロッパの探検家たちが伝えるところによれば、マルケサスの男性はしばしば愛する女性に向けて窓の外から音楽を奏でたという。まるで恋の熱に浮かされた一〇代の若者のようだが、使ったのは大型のポータブルステレオとギターではなくノーズフルートだった。

《カーク》はいうまでもなく戦士でもあっただろう。

マルケサス諸島は高地が多く、山々がそびえ、絶壁が谷底の集落を守る。高地地方は暴力がはびこっていたことで悪名が高い。岩壁に阻まれて集落どうしのコミュニケーションが十分にとれず、そうした意思疎通の乏しさが殺戮《さつりく》と復讐の連鎖へとつながりやすかった。もちろん、二〇世紀ヨーロッパのような国と国との組織的な戦争に比べれば、規模も犠牲者の数も桁違《けたちが》いに小さい。それでも人類学の研究からは、人口ひとり当たりの殺人発生件数がしばしば二〇世紀ヨーロッパの五倍に達したことが明らかになっている。

暴力の結果として、《カーク》の文化には人身《ひとみ》御供《ごくう》（人間を生贄として神にささげること）と、おそらくは食人の習慣もあったと見られている。古い時代の研究報告から、その両方がマルケサスに存在したらしきことがうかがえるのだ。政治学者のジェームズ・ペインによると、暴力が日常茶飯事の世界では、人間を生贄にするという結論に至っても少しも不思議ではない。一般には、これは南太平洋や、そこで信じられている宗教に特有のものだというイメージがあるが、けっしてそうではない。おもだった宗教のほぼすべてで、儀式のために人を殺すことが過去のどこかの時点で行われていたとペインは指摘する。というのも、人身御供は宗教の教えそのものとはほとんど関係がなく、慢性的な暴力が原因となるものだからである。ペインの考えでは、暴力が頻繁に起きているとふたつの結果が生じる。ひとつは、人の命を軽んじるようになること。もうひとつは、これだけ暴力が蔓延《まんえん》しているのは神々がそれを好んでいるからだとみなすようになることだ。命の価値が低いのであれば、神を喜ばせるためにひとつくらい無駄にしてもかまわない、というわけである。

　しかし、戦士であり農夫であり漁夫であり、あるいは音楽家である前に、《カーク》は船乗りだった。

　一七七八年にクック船長がハワイに到達したとき、すでに東ポリネシアでは遠洋航海がほぼ廃れていた。そのため、《カーク》がどうやって航海術を学んだのかについては十分な情報がない。だが、手がかりになるものがふたつある。ひとつは、トゥパイアというタヒチ人に関する記録だ。トゥパイアはクックの第一回航海に同行して、帆船「エンデバー号」に乗りこんだ人物である。もうひとつは、マウ・ピアイルックにまつわる話と、本人による経験談だ。ピアイルックは、一九三二年にミクロネシアのサタワル島で生まれた伝統航法師である。これらにもとづき、《カーク》についてもこうだったのではないかという筋書きを研究者は組みたてている。
《カーク》はピアイルックと同様、父か祖父から航海術を学んだと思われる。ピアイルックの場合、祖父から南太平洋の港や風や、潮の流れについて教わったのが教育の始まりだった。《カーク》も星々を目印に航海する方法を身につけたに違いない。しかも、トゥパイア自身が語った内容から判断する限り、《カーク》が受けた教育はたき火を囲んで星座の位置を覚えるといったようなものではなく、むしろ天文学の博士課程に近かった。

クック船長のエンデバー号に乗船しているあいだ、トゥパイアは方角や出港時刻をクックに知らせた。また、ソシエテ諸島、オーストラル諸島、クック諸島、サモア、トンガ、トケラウ諸島、フィジーのすべての島々について、港や危険な浅瀬、さらには首長の名前を教えた。トゥパイアは自らの記憶だけに頼って、半径二〇〇〇マイル（約三二〇〇キロ）以内の海域にある一三〇の島々の地図を作成してもいる（自ら描いたか口述して描かせたかは当時の記録によって異なる）。少尉候補生としてエンデバー号に乗船していたジョゼフ・マーラは、トゥパイアのことを「真に卓越した能力の持ち主」と評した。当時のイギリス人が異国の文化に理解を示さなかったことを思うと、これは相当なほめ言葉といえる。

ポリネシアの文化には文字も地図も存在しなかったため、《カーク》は膨大な情報をすべて頭に入れておかなくてはならなかった。星々についてや、それらが空にどういう弧を描くかも理解していないといけないし、どの季節にその星々が現れていつ消えるのか、あるいは一番高く昇ったときにどの星がどの島の真上に来るかといったことも心得ている必要があった。ポリネシア人の航海能力についてクックは次のように書いている。

彼らのうちの賢い者たちは、水平線より上にあるときの星々が何月《なんがつ》に天空のどの位置に来るかを知っている。一年のあいだのどの時期に出現していつ消えるのかについても、じつに細かく把握している。ヨーロッパの天文学者が容易には信じられないほどの正確さで。

年長の航法師たちは、海で《カーク》の実地訓練を行ったことだろう。たったひとりで航海させ、航路を見失えば確実に死が待ちうける状況にも追いこんだはずだ。《カーク》はマルケサス諸島内の島々をたびたび訪れただけでなく、一五〇〇キロ近い海原を越えてタヒチ島にも旅したに違いない。《カーク》たちの船は「カヌー」と表現されることがあるが、そういってしまうと少し誤解を与えるように個人的には思う。そのせいでポリネシア人の航海能力が実際より低く評価され、「当てもなく漂っていたらたどり着いた説」を広める結果につながった気がする。私たちが「カヌー」と聞いて想像するのは、日帰り旅行で穏やかな湖に浮かべるたぐいのものだ。だがそれは《カーク》の船とは似ても似つかない。

発掘された古代の船体と口承で伝えられるところによると、《カーク》の「カヌー」は全長が二五メートル近く。しかも、ふたつの船体を連結させた双胴船だった（これを「カタマラン」と呼ぶ）。船は煮炊きのためのコンロと、少なくとも二本のマストを備え、甲板《かんぱん》上には休むための小屋もついていた。まさに見る者を圧倒する壮大な船である。これまた『スター・トレック』にちなんで、私はその船を《エンタープライズ号》と呼びたい。

《カーク》は《エンタープライズ号》の船体に巨大なテリハボクの木材を用い、できるだけたくさんの人や物を運べるようにそれを深く削った。ココナッツの果皮から繊維を取りだして縄をない、ヤシの葉を編んで大きな帆をつくる。これだけの巨船を建造するには多大な資源が必要だった。そのことから、島を探索することはポリネシア人にとって単なる片手間の楽しみではなく、すべての中心となる価値観だったと研究者は確信している。

完成した《エンタープライズ号》には四〇人を乗せることができ、数か月分の水と食料を積むことができた。水だけで重さは四トンを超える。その気になれば「入植スターターキット」ともいうべきもの（つがいのブタやニワトリのほか、サツマイモ、ヤムイモ、パンノキなどの作物の種子）を一緒にもっていくこともできただろう。しかし、初回は失敗するリスクが非常に大きかったはずなので、一回の探索を終えられるだけの人手と物資に絞ったと見られる。

中年の域に達する頃、《カーク》は大海原を行くベテラン航法師になっていた。すでに東のイースター島にも、西のタヒチ島やクック諸島にも航海していたのではないか。ところが、ハワイを発見することになる航海では北を目指すことに決める。その方角に陸地があることをポリネシア人は知らなかった。だとすれば、なぜそんなことを思いたったのか。もしかしたら、考古学者のパトリック・カーチが著書『わが首長は陸を行くサメ（*A Shark Going Inland Is My Chief*）』のなかで説いているとおりだったのかもしれない。何かというと、《カーク》はムナグロという渡り鳥に目をとめたのだ。

ムナグロは全長二五センチほど。背は茶色と黄色のまだら模様で、浜辺や干《ひ》潟《がた》で餌を捕る。この鳥はマルケサス諸島に半年滞在し、四月になると北へ向けて飛びたつ。そして半年たつと、また戻ってくる。クック船長は一七七八年の探検航海の際、ムナグロが船の上を飛びさっていくのを見て日誌に次のように記した。「これは、しかるべき時季にこの鳥が繁殖できるような陸地が北にあることを意味しているのではないか」。《カーク》もその八〇〇年近く前に同じ疑問を抱いた可能性がある。

ただ、もしそうなら、結果的に《カーク》は運に恵まれていたことになる。というのも、ムナグロは驚異的な渡りの能力をもっており、実際の繁殖地はハワイではなくアラスカの海岸だからだ。ハワイは休憩のための中継地点にすぎない。それでも、北に陸地があるかもしれないとムナグロが感じさせてくれたおかげでハワイが発見できたというのは、十分に考えられる筋書きである。

フィッツパトリックは気象モデルを使い、《カーク》の航海をシミュレーションした。すると、ハワイを発見する確率が一番高かったのは、貿易風の向きがちょうどいい一一月に出発した場合という答えが出た。南半球の晩春以外の時期に出航したとしたら、必要な距離を行ける見込みは皆無であり、港に戻らざるを得なかったはずだという。

航海するには、刻々と変わる緯度と経度を把握する必要があった。緯度を知るのはわりあい簡単で、正午の太陽や夜の星々が水平線からどれくらいの高さにあるかを測ればいい。しかし、経度を突きとめるのはひと筋縄ではいかない。おそらく《カーク》は「推測航法」と呼ぶ方法を用いたと思われる。現代の船乗りがこの航法の話をするときは、いやそうな顔をするものだ。なにしろ、風向き、波のうねり、渡り鳥の飛ぶ道筋、星々の位置、太陽が描く弧といった、数々の要素を通して現在位置を判断しなければならないし、潮の流れを計算に入れながら船の速度を割りだす必要もある。当然ながら、眠ってなどいられない。現代の船乗りが推測航法で船を走らせる際には、一日二二時間のあいだ舵《かじ》に張りつき、残りの時間は信頼できる仲間に託す。船のスピードや海流を絶えず監視していなくてはいけないからだ。

《カーク》は船を進ませながら、近くに島があることを示すきざしが現れないかどうか注意深く目を配った。沿岸に暮らす鳥、波の屈折（水深の変化に伴って波の進行方向が変わること）、ウミガメ、漂流ゴミ、水平線に盛りあがった雲。これらは陸の存在を告げる目印となる。コンピュータ・シミュレーションによると、現地の一般的な条件のもとであれば《カーク》の船は平均三ノット（時速約五・六キロ）で進んだと推測される。だとすれば二四日後くらいにはカモメの姿が見え、うねりの向きが変化しただろう。標高約四二〇〇メートルのマウナ・ケア山を背に雲が盛りあがっているのも確認できたはずだ。

《カーク》がどこに上陸したかははっきりしていない。クック船長の場合は第一回の航海でカウアイ島のワイメア湾を、そして第二回の航海ではハワイ島のケアラケクア湾を選んだ。だが《カーク》がどこで船を降りたにせよ、そこで信じがたいほどの楽園を目にしたのは間違いないだろう。三〇センチ近い大きな巻貝が浅瀬のあちこちに見え、簡単につかまえて食用にできそうな大型の飛べない鳥もいる。とはいえ、たぶん《カーク》は長くは滞在しなかったに違いない。ポリネシア人による最初の航海は、探検の色合いが濃かったというのがおおかたの研究者の見解である。《カーク》は物資を補給し、そこが住むに適した土地であることを確かめたうえで、帰路についたと考えられる。

航海の技術的な面でいうと、行きよりも帰りのほうが危険が大きかったはずである。およそ一か月のあいだ船を走らせて正しい緯度に戻れたとしても、恐ろしい問題が待ちかまえていた――ここはマルケサスの東なのか西なのか。

一八世紀後半になるまで、これは「経度の問題」として船乗りを悩ませていた。東西方向の位置を示す手がかりは天空に存在しない。唯一、日の出と日の入りの時刻が異なってはいるのだが（現代ならこのせいで時差や時差ぼけが生じる）、これは目には見えない変化である。船の速度や潮の流れを計算する際に《カーク》が小さなミスを犯してしまったら、あるいは嵐が吹きあれて船が進路をそれてしまったら、容易に判断を誤って死の航海へとまっしぐらだ。船の上で観察するありとあらゆることに《カーク》の命がかかっており、それがうまくできなければ忘却の彼方へと消えさるしかない。

《カーク》から七〇〇年後、英国海軍提督のジョージ・アンソンは、世界周航の旅の途中で同じような苦境に陥った。ティエラ・デル・フエゴの南で嵐に襲われて、方向を見失ったときのこと。乗組員が壊血《かいけつ》病《びょう》で次々と命を落とすなか、アンソンは一時的に港に避難しようとチリ沖のファン・フェルナンデス諸島を目指した。ところが、おおよそ正しい緯度まで船を進めることはできたものの経度が定かではなく、東に行くべきか西に舵を切るべきかを図りかねた。結局、アンソンはその両方を選ぶ。敵対するチリ〔訳注：当時のチリはスペインの植民地であり、イギリスはスペインと交戦中だった〕の沖合を一〇日近くジグザグに走りつづけ、ようやく港を見つけたときにはおよそ八〇人の乗組員が死亡していた。

クック船長自身がマルケサス諸島を目指したとき、頼りにしたのはスペインの探検家アルバロ・デ・メンダーニャが残した測定結果である。メンダーニャはヨーロッパ人としてははじめて、一五九五年にマルケサス諸島に到達していた。メンダーニャは緯度については正しく記録していたものの、経度には一一〇〇キロ程度の誤差を見込んでいた。これはテキサス州の横幅にほぼ匹敵する。それでもクックが無事マルケサス諸島にたどり着けたのは、諸島より東であることを確実に知っている場所から出発したからだ。だから、正しい緯度まで船を進めたら、あとはそこからまっすぐ西に行けば島影が見えるという寸法である（これを「距等圏《きょとうけん》航法」という）。

《カーク》は北から戻るので、同じ手は使えない。正しい緯度まで南下したとき、テキサス大のエラーを犯している時間的な余裕はなかったはずだ。西に向かうか東を目指すか、すぐに判断しなくてはならない。

ヨーロッパの船乗りが経度を測定できるようになったのは、ようやく一七六一年になってからである。その年、イギリスの時計職人ジョン・ハリソンが、驚異的に正確な時を船上で何か月も刻みつづける時計(クロノメーター)を完成させた。《カーク》がどうやって経度を知ったのか、謎は残る。もしかしたら古代のポリネシア人は、数千年に及ぶ島々の開拓の歴史を通じて経度を測る未知の技法を編みだしていて、それがただ単に今は失われてしまっただけではないかと考える研究者もいる。「オセアニア大航海展」(二〇〇七年)の展示解説書『ヴァカ・モアナ　先祖たちの大航海――太平洋における発見と植民(*Vaka Moana: Voyages of the Ancestors: The Discovery and Settlement of the Pacific*)』〔訳注:「ヴァカ・モアナ」とは「航海カヌー」のこと〕の第三章「航海と植民」の中で、先ほども触れたポリネシア考古学者のジェフリー・アーウィンは次のように述べている。「不可能ではない。……こうした偉大なる航法師たちは、さまざまな島の真上に来る天頂星をすべて記憶していた。そして、一種のアルゴリズムを組みたて、それをもとに故郷の島の西側を恐れることなく航海することができた」

《カーク》はマルケサスに帰ったあと、移住する住民を率いて再びハワイに戻ったのではないだろうか。おそらく数艘《そう》の船に分かれ、それぞれに四〇人の人々と、新しい集落を築くのに必要な家畜や種子を乗せていった。では、ハワイの土を踏んでから彼らはどうしたのか。炭素分析の結果によれば、広大な森林を燃やして農場に変え、島固有の大型の飛べない鳥を狩って、わずか一世代のあいだに絶滅させたと見られている。手つかずの大地と肥沃な土壌は爆発的な人口増加をもたらした。およそ八〇〇年後にクックが到着したとき、ハワイ諸島には推定五〇万人もが暮らすまでになっていた。

《カーク》はといえば、たぶんその後も航海を続けたに違いない。東ポリネシアの島々のあいだには、以後も数世紀にわたって島民どうしの交流があった。ポリネシアに残る口述の歴史によれば、古代の航法師たちはタヒチとハワイを行き来しており、タヒチではハワイの石を使って石器がつくられた。だが、やがてこの伝統は途絶えた。ハワイの人口がある一線を越えた頃にポリネシア人は遠洋航海をやめ、諸島内を航行することに軸足を移したのではないかとパトリック・カーチは推測している。クックがカウアイ島に入港したとき、何十艘もの船が出迎えて歓迎したが、《カーク》の《エンタープライズ号》並みの規模をもつ大型船は一艘もなかった。だが、古代の双胴船《カタマラン》はすでに失われていたとしても、クック自身はポリネシア人が優れた航海能力をもつことを確信していた。彼らがハワイに入植したのも偶然ではなく、意図をもってなされたと信じて疑わなかった。

二〇一四年にイスラエルの洞窟で、五万五〇〇〇年前の頭蓋骨の小さなかけらが見つかった。その骨は、現代型のホモ・サピエンスがアフリカを出たことを示すとともに、住むに適したありとあらゆる場所を地球上で探すべく、人類が一歩を踏みだしたことを告げるものでもあった。

そしてその五万四〇〇〇年後、《カーク》のハワイ発見をもってその旅は終わった。

謝辞

大勢の研究者たちの並外れた寛大さがなければ、本書のアイデアを組みたてることはもちろん、そのアイデアに近づくことすらできなかっただろう。彼らは貴重な時間を割いて、それぞれの研究について辛抱《しんぼう》強く私に教えてくれた。お世話になった人の数が多すぎて、たったこれだけのページにはとうてい並べきれない。とはいえ、とりわけ頼りにさせていただいた方々については名前を記してお礼を申しあげたい。いうまでもないが、本書に誤りがあればそれはすべて私の責任である。だが、以下にあげる人たちがあれほどまでに力を貸してくれなければ、その誤りはこんな数では済まなかったはずだ。

まず、本書がまだ単なる構想にすぎなかったときに、ヒントや手ほどきを授けてくれたビル・ダーラムに感謝する。キャラ・ウォール＝シェフラーとテイト・ポーレットにもお礼をいいたい。ふたりともいろいろなアイデアや意見を聞かせてくれ、誤りを指摘してくれた。噛んで含めるように説明してくれたキース・デブリン、ジョン・リック、セス・ラスムセン、リチャード・クライン、ロバート・シーゲル（そしてその学生たち！）にも謝意を表したい。尋常ならざる迷宮入り事件の解決に尽力したパトリック・ハントと、とてつもなく古い冗談を飛ばしてくれたヤナ・マトゥスツァークにも感謝の言葉を贈る。

本書の草稿を読んで数々の提案をくれた、大勢の友人と家族にありがとうを伝えたい。また、巻頭の年表と地図の作成に期待どおりの才能を発揮したケヴィン・プロットナー、エージェントとして導き励ましてくれたアリア・ハナ・ハビブ、あらゆる段階で本書を適切にサポートしてくれたシャノン・ケリーとペンギン・ブックスの大勢のチームメンバーにもお礼を申しあげる。そして、本書の一七の物語を正しい方向へと巧みに進ませてくれた、素晴らしき担当編集者のメグ・リーダーに心からの感謝を。

訳者あとがき

とあるサルの一種が木から降り、サバンナを二足で歩きだした。やがてそれは石器をつくり、火を制御し、言語を生みだし、農耕を始め、動物を手なずけ、車輪を発明し、文字を考案し……。いずれも人類の過去において重要な節目となった出来事だ。とはいえ、これほど遠い昔の話になると、実際に誰かが行った事柄というよりも、年表に印刷された文字の羅列としか思えないものである。

しかし、これらは確かに私たちの祖先が先史時代に経験したことだ。しかも、さまざまな発見や発明の裏には、それをはじめて実行した「ひとりの人間」がいたはずである（便宜上、ホモ・サピエンスより前の祖先もあえて「人間」と呼ぶ）。本書は、個人に注目するというユニークな切り口から、その人物がどんな生涯を送り、どのように「はじめて」をなし遂げ、それが後世にどんな影響を与えたかを最新の研究成果をもとに再構築したノンフィクションだ。ありそうでなかった「顔の見えるポピュラー考古学」ともいうべき一冊である。

その人物との心の距離を近づけるために、著者はひとりひとりに独断で名前をつける。架空ではあれ名前のある個人の行動として発見・発明が提示されると、ただ漠然と「××万年前に△△が発明された」といわれるより興味の度合いがぐんと増すから不思議だ。各章では、テーマとなる「はじめて」がどういう経緯で起きたかのみならず、その人物がどこで生まれ、どういう環境でどう育ち、どんな顔かたちや体型で、どのような服装をし、どういった暮らしを営み、最後はどういうふうに世を去ったかといったことまでもが、ほのかなユーモアを交えて綴られる。文字のない時代の話なので、それらはもちろん推測の域を出ない。しかし、近年のＤＮＡ解析技術などの進歩により、そこまで詳細に推測できるだけの裏づけが集まってきているのもまた事実だ。

現に、ここ二〇年ほどは先史時代に関する発見が相次いでいる。読者は本書を読んで、記憶にあった先史時代がすでに大きく書きかえられていることに気づいたはずだ。この書きかえは現在も急ピッチで進行中である。本書冒頭の「はじめに」でも触れられているように、近年では発見が爆発的に増えているせいで、論文や書籍の発表を待つあいだにも新発見によってその内容が新たな展開を見せることが珍しくなくなっている。

じつは本書（日本語版）にも、まさしくそのとおりのことが起きた。つい先日の九月下旬に、北米大陸の内陸部で二万三〇〇〇年前〜二万一〇〇〇年前の人類の足跡を発見したと、アメリカの研究チームが発表したのである。一〇代ないしもっと幼いと見られる子どもの足跡だという（この発見に関する論文は「Evidence of humans in North America during the Last Glacial Maximum」のタイトルで『サイエンス』誌に掲載された）。それまでは本書第7章にもあるように、北米大陸に人がはじめて足を踏み入れたのは一万六〇〇〇年前頃との説が有力だった（そしてそれ以前は一万三〇〇〇年前頃が定説だった）。だが、今回の研究結果が精査されてそれが受けいれられれば、この歴史の一ページは再度塗りかえられることになる。この先も同様の傾向が続いていったら、早晩、著者は本書を丸ごと執筆しなおさなくてはいけなくなるかもしれない。それくらい、今や先史時代は新発見ラッシュに沸きたつ注目の研究領域となっている。

その先史時代に生まれたさまざまな「はじめて」の中から、本書が取りあげるのは全部で一七のテーマだ（有史後の文字のない文化に関するものも含まれる）。いかにも、と思えるテーマもあれば、「はじめてカキを食べたのは」「はじめてジョークを文字に記したのは」といった、少し唐突に感じられるものもある。しかし後者についても、そのこと自体を超えた重要な歴史の流れへと読者はいざなわれ、それが想像以上に大きな意義をもっていたことに目を開かれる。ちなみに、本書がアメリカで刊行されたのは二〇二〇年五月だが、コロナ禍前に執筆が完了していたために、新型コロナウイルス関連の話題はいっさい出てこない。だが、期せずしてテーマに選ばれていた「石けん」と「天然痘ウイルス」についての章は、現在の状況と重ねあわせてひとしお感慨深く読めるのではないかと思う。

私たちの遠い過去は解決済みの不動の世界などではなく、日々新しい事実が明らかになる解明の最前線だ。肩の凝らない一七の物語を通してそのことを感じ、先史時代への興味を深めていただければ幸いである。

なお、著者のコーディー・キャシディーはフリーランスのライター・編集者で、物理学者ポール・ドハティーとの共著『とんでもない死に方の科学』（河出書房新社）がある。ブラックユーモアと科学が融合した、軽快な読み味の一冊だ。興味のある向きはぜひ手に取ってみられたい。

最後になるが、本書を訳す機会を与えてくださり、数々の的確な指摘と提案で訳者の詰めの甘さを補ってくださった編集部の渡辺和貴さん、そして日本語版刊行にかかわってくださったすべての方々に、この場を借りて心よりお礼を申しあげる。

二〇二一年一〇月

梶山あゆみ

Fitzpatrick, Scott M., and Richard Callaghan. "Examining Dispersal Mechanisms for the Translocation of Chicken *(Gallus gallus)* from Polynesia to South America." *Journal of Archaeological Science* 36 (2009): 214–23.

———. "Magellan's Crossing of the Pacific." *Journal of Pacific History* 43, no. 2 (2008): 145–65.

Hershkovitz, Israel, et al. "Levantine Cranium from Manot Cave (Israel) Foreshadows the First European Modern Humans." *Nature* (2015).

Howe, K. R., ed. *Vaka Moana, Voyages of the Ancestors: The Discovery and Settlement of the Pacific.* Honolulu: University of Hawaii Press, 2007.

Kirch, Patrick Vinton. *A Shark Going Inland Is My Chief: The Island Civilization of Ancient Hawai'i.* Berkeley and Los Angeles: University of California Press, 2012.

Montenegro, Alvaro, et al. "From West to East: Environmental Influences on the Rate and Pathways of Polynesian Colonization." *Halocene* 24, no. 2 (2014): 242–56.

National Geographic Learning. "Beyond the Blue Horizon." In *Archaeology: National Graphic Learning Reader Series.* Boston, MA: Cengage Learning, 2012.

O'Connell, J. F., et al. "Pleistocene Sahul and the Origins of Seafaring." In *The Global Origins and Development of Seafaring,* edited by Katie Boyle and Atholl Anderson. Cambridge, UK: McDonald Institute for Archaeological Research, 2010.

Reich, David. *Who We Are and How We Got Here: Ancient DNA and the New Science of the Human Past.* New York: Pantheon Books, 2018.［デイヴィッド・ライク『交雑する人類——古代 DNA が解き明かす新サピエンス史』日向やよい訳、NHK 出版、2018 年］

Sobel, Dava. *Longitude: The True Story of a Lone Genius Who Solved the Greatest Scientific Problem of His Time.* New York: Bloomsbury, 2007.［デーヴァ・ソベル『経度への挑戦』藤井留美訳、角川書店、2010 年］

Wayfinders: A Pacific Odyssey. Produced and directed by Gail Evenari. Arlington, VA: PBS, 1999.

第 16 章　はじめてジョークを文字に記したのは誰？

Alster, Bendt. *Proverbs of Ancient Sumer: The World's Earliest Proverb Collections.* Potomac, MD: Capital Decisions, University Press Maryland, 1997.

Beard, Mary. *Laughter in Ancient Rome: On Joking, Tickling, and Cracking Up.* Berkeley and Los Angeles: University of California Press, 2014.

Foster, Benjamin. "Humor and Cuneiform Literature." *Journal of Ancient Near Eastern Literature* (1974).

Friend, Tad. "What's So Funny?" *New Yorker,* November 11, 2002.

George, Andrew, trans. *The Epic of Gilgamesh.* New York: Penguin Classics, 2003. ［『ギルガメシュ叙事詩』矢島文夫訳、ちくま学芸文庫、1998 年］

Hurley, Matthew, Daniel Dennett, and Reginald Adams Jr. *Inside Jokes.* Boston, MA: MIT Press, 2011. ［マシュー・M・ハーレー／ダニエル・C・デネット／レジナルド・B・アダムズ Jr.『ヒトはなぜ笑うのか――ユーモアが存在する理由』片岡宏仁訳、勁草書房、2015 年］

Matuszak, Jana. "Assessing Misogyny in Sumerian Disputations and Diatribes." *Gender and Methodology in the Ancient Near East* (2018): 259–72.

Mohr, Melissa. *Holy Shit: A Brief History of Swearing.* Oxford, UK: Oxford University Press, 2013.

Weems, Scott. *Ha!: The Science of When We Laugh and Why.* New York: Basic Books, 2014.

第 17 章　はじめてハワイに上陸したのは誰？

Bae, Christopher J., et al. "On the Origin of Modern Humans: Asian Perspectives." *Science* (December 8, 2017).

Buckley, Hallie R. "Scurvy in a Tropical Paradise? Evaluating the Possibility of Infant and Adult Vitamin C Deficiency in the Lapita Skeletal Sample of Teouma, Vanuatu, Pacific Islands." *International Journal of Paleopathology* (2014).

Callaghan, Richard, and Scott M. Fitzpatrick. "Examining Prehistoric Migration Patterns in the Palauan Archipelago: A Computer Simulated Analysis of Drift Voyaging." *Asian Perspectives* 47, no. 1 (2008).

———. "On the Relative Isolation of a Micronesian Archipelago During the Historic Period: The Palau Case-Study." *International Journal of Nautical Archaeology* (2007): 353–64.

Collerson, Kenneth, and Marshall Weisler. "Stone Adze Compositions and the Extent of Ancient Polynesian Voyaging and Trade." *Science* (2007).

Fischer, Steven Rodger. *A History of the Pacific Islands.* London: Palgrave Macmillan, 2002.

and Medicine (September 1976): 391–98.
Wright, Rita. "Sumerian and Akkadian Industries: Crafting Textiles." In *The Sumerian World,* edited by H. E. W. Crawford. New York: Routledge Press, 2013.

第 15 章　はじめて天然痘にかかったのは誰？

Abokor, Axmed Cali. *The Camel in Somali Oral Traditions.* Mogadishu, Somalia: Somali Academy of Sciences and Arts, 1987.
Babkin, Igor, and Irina Babkina. "A Retrospective Study of the Orthopoxvirus Molecular Evolution." *Infection, Genetics and Evolution* (2012): 1597–1604.
Barquet, Nicolau. "Smallpox: The Triumph over the Most Terrible of the Ministers of Death." *Annals of Internal Medicine* 128 (1997).
Broad, William J., and Judith Miller. "Report Provides New Details of Soviet Smallpox Accident." *New York Times,* June 15, 2002.
Bulliet, Richard W. *The Camel and the Wheel.* New York: Columbia University Press, 1990.
Esposito, J. J. "Genome Sequence Diversity and Clues to the Evolution of Variola (Smallpox) Virus." *Science* (2006): 807–12.
Foege, William H. *House on Fire: The Fight to Eradicate Smallpox.* Berkeley and Los Angeles: University of California Press, 2011.
Goldewijk, Klein, et al. "Long-Term Dynamic Modeling of Global Population and Built-Up Area in a Spatially Explicit Way." *Holocene* (2010): 565–73.
Gubser, Caroline, and Geoffrey Smith. "The Sequence of Camelpox Virus Shows It Is Most Closely Related to Variola Virus, the Cause of Smallpox." *Journal of General Virology* (2002): 855–72.
Henderson, D. A. *Smallpox: The Death of a Disease.* Amherst, NY: Prometheus Books, 2009.
Needham, Joseph. *China and the Origins of Immunology.* Hong Kong: Centre of Asian Studies, University of Hong Kong, 1980.
Pankhurst, Richard. *The Ethiopian Borderlands: Essays in Regional History from Ancient Times to the End of the 18th Century.* Trenton, NJ: Red Sea Press, 1997.
Wilson, Bee. *Consider the Fork: A History of How We Cook and Eat.* New York: Basic Books, 2012.［ビー・ウィルソン『キッチンの歴史――料理道具が変えた人類の食文化』（新装版）真田由美子訳、河出書房新社、2019 年］
Wolfe, Nathan. *The Viral Storm: The Dawn of a New Pandemic Age.* New York: Times Books, 2011.［ネイサン・ウルフ『パンデミック新時代――人類の進化とウイルスの謎に迫る』高橋則明訳、NHK 出版、2012 年］

第14章　はじめて石けんを使ったのは誰？

Adams, Robert. *Heartland of Cities: Surveys of Ancient Settlement and Land Use on the Central Floodplain of the Euphrates.* Chicago, IL: University Chicago Press, 1981.

Bhanoo, Sindya. "Remnants of an Ancient Kitchen Are Found in China." *New York Times,* June 28, 2012.

Curtis, John. "Fulton, Penicillin and Chance." *Yale Medicine* (Fall/Winter 1999/2000).

Curtis, V., and S. Cairncross. "Effect of Washing Hands with Soap on Diarrhoea Risk in the Community: A Systematic Review." *Lancet Infectious Diseases* (May 2003): 275–81.

Dunn, Rob. *Never Home Alone: From Microbes to Millipedes, Camel Crickets, and Honeybees, the Natural History of Where We Live.* New York: Basic Books, 2018. ［ロブ・ダン『家は生態系――あなたは20万種の生き物と暮らしている』今西康子訳、白揚社、2021年］

Konkol, Kristine, and Seth Rasmussen. "An Ancient Cleanser: Soap Production and Use in Antiquity." *Chemical Technology in Antiquity* (November 2015): 245–66.

Luby, Stephen, et al . "The Effect of Handwashing at Recommended Times with Water Alone and with Soap on Child Diarrhea in Rural Bangladesh: An Observational Study." *PLoS Medicine* (June 2011).

———. "Effect of Handwashing on Child Health: A Randomized Controlled Trial." *The Lancet* (July 2005): 225–33.

Levey, Martin. "Dyes and Dyeing in Ancient Mesopotamia." *Journal of Chemical Education* (December 1955).

———. "The Early History of Detergent Substances: A Chapter in Babylonian Chemistry." *Journal of Chemical Education* (October 1954).

Nemet-Nejat, Karen Rhea. *Daily Life in Ancient Mesopotamia.* Westport, CT: Greenwood Press, 1998.

———. "Women's Roles in Ancient Mesopotamia." In *Women's Roles in Ancient Civilizations: A Reference Guide,* edited by Bella Vivante. Westport, CT: Greenwood Press. 1999.

Sallaberger, Walther. "The Value of Wool in Early Bronze Age Mesopotamia. On the Control of Sheep and the Handling of Wool in the Presargonic to the Ur III Periods (c. 2400 to 2000 BC)." In *Wool Economy in the Ancient Near East and the Aegean: From the Beginnings of Sheep Husbandry to Institutional Textile Industry,* edited by Catherine Breniquet and, Cécile Michel (Hg). Oxford, UK: Oxbow Books, 2014.

Saxon, Wolfgang. "Anne Miller, 90, First Patient Who Was Saved by Penicillin." *New York Times,* June 9, 1999.

Tager, Morris. "John F. Fulton, Coccidioidomycosis, and Penicillin." *Yale Journal of Biology*

第 13 章　はじめて名前が記録されたのは誰？

Alster, Bendt. *Proverbs of Ancient Sumer: The World's Earliest Proverb Collections.* Potomac, MD: Capital Decisions, University Press of Maryland, 1997.

Bohn, Lauren E. "Q & A: 'Lucy' Discoverer Donald C. Johanson." *Time,* March 4, 2009.

Devlin, Keith. *The Math Gene: How Mathematical Thinking Evolved and Why Numbers Are Like Gossip.* New York: Basic Books, 2000.［キース・デブリン『数学する遺伝子――あなたが数を使いこなし、論理的に考えられるわけ』山下篤子訳、早川書房、2007 年］

Fischer, Steven Roger. *A History of Writing.* London: Reaktion Books, 2001.［スティーヴン・ロジャー・フィッシャー『文字の歴史――ヒエログリフから未来の「世界文字」まで』鈴木晶訳、研究社、2005 年］

Graeber, David. *Debt: The First 5000 Years.* Brooklyn, NY: Melville House, 2014.［デヴィッド・グレーバー『負債論――貨幣と暴力の 5000 年』高祖岩三郎／佐々木夏子訳、以文社、2016 年］

Harari, Yuval Noah. *Sapiens: A Brief History of Humankind.* New York: Harper Perennial, 2015.［ユヴァル・ノア・ハラリ『サピエンス全史――文明の構造と人類の幸福』柴田裕之訳、河出書房新社、2016 年］

Haub, Carl. "How Many People Have Ever Lived on Earth?" *Population Today* (February 1995).

Nissen, Hans, Peter Damerow, and Robert Endlund. *Archaic Bookkeeping.* Chicago, IL: University of Chicago Press, 1994.

Renn, Jürgen. "Learning from Kushim About the Origin of Writing and Farming: Kushim—Clay Tablet (c. 3200–3000 BCE), Erlenmeyer Collection," (2014).

Sagona, Tony. "The Wonders of Ancient Mesopotamia: How Did Writing Begin?" The Wonders of Ancient Mesopotamia Lecture Series, University of Melbourne. Presented by Museum Melbourne, 2012.

Schmandt-Besserat, Denise. *How Writing Came About.* Austin: University of Texas Press, 1997.［デニス・シュマント＝ベッセラ『文字はこうして生まれた』小口好昭／中田一郎訳、岩波書店、2008 年］

Scott, James C. *Against the Grain: A Deep History of the Earliest States.* New Haven, CT: Yale University Press, 2017.［ジェームズ・C・スコット『反穀物の人類史――国家誕生のディープヒストリー』立木勝訳、みすず書房、2019 年］

Shoumatoff, Alex. *The Mountain of Names: A History of the Human Family.* New York: Kodansha International, 1985.

Stadler, Friedrich. *Integrated History and Philosophy of Science: Problems, Perspectives, and Case Studies.* New York: Springer, 2017.

Rasmussen, Simon, et al. "Early Divergent Strains of *Yersinia pestis* in Eurasia 5,000 Years Ago." *Cell* (October 2015).

Reinhold, Sabine, et al. "Contextualising Innovation: Cattle Owners and Wagon Drivers in the North Caucasus and Beyond." In *Appropriating Innovations: Entangled Knowledge in Eurasia, 5000–150 BCE.* Oxford, UK: Oxbow Books, 2017.

Vogel, Steven. *Why the Wheel Is Round: Muscles, Technology, and How We Make Things Move.* Chicago, IL: University of Chicago Press, 2016.

Williams, Christina, and Kristen Pleil. "Toy Story: Why Do Monkey and Human Males Prefer Trucks?" *Hormones and Behavior* (May 2008).

第12章　はじめての謎の殺人事件の犯人は誰？

Bowles, Samuel, et al. "Did Warfare Among Ancestral Hunter-Gatherers Affect the Evolution of Human Social Behaviors?" *Science* (June 5, 2009): 1293–98.

Brennan, Bonnie, and David Murdock. *Nova:* "Iceman Reborn." Produced and directed by Bonnie Brennan. Arlington, VA: PBS, February 17, 2016.

Bulger, Burkhard. "Sole Survivor." *New Yorker,* February 14, 2005.

Butterfield, Fox. "Historical Study of Homicide and Cities Surprises the Experts." *New York Times,* October 23, 1994.

Feltman, Rachel. "What Was Otzi The Iceman Wearing When He Died? Pretty Much the Entire Zoo." *Washington Post,* August 18, 2016.

Hanawalt, Barbara A. "Violent Death in Fourteenth and Early Fifteenth-Century England." *Comparative Studies in Society and History* 18, no. 3 (July 1976): 297–320.

Müller, Wolfgang, et al. "Origin and Migration of the Alpine Iceman." *Science* (2003): 862–66.

Nordland, Rod. "Who Killed the Iceman? Clues Emerge in a Very Cold Case." *New York Times,* March 26, 2017.

Oeggl, Klaus, et al. "The Reconstruction of the Last Itinerary of "Ötzi", the Neolithic Iceman, by Pollen Analyses from Sequentially Sampled Gut Extracts." *Quaternary Science Reviews* 26 (2007): 853–61.

Pinker, Steven. *The Better Angels of Our Nature: Why Violence Has Declined.* New York: Viking Press, 2011.［スティーブン・ピンカー『暴力の人類史』幾島幸子／塩原通緒訳、青土社、2015年］

United Nations Office on Drugs and Crime. *Global Study on Homicide 2013* (2014).

Wrangham, Richard W., et al. "Comparative Rates of Violence in Chimpanzees and Humans." *Primates* (January 2006).

第 10 章　はじめてウマに乗ったのは誰？

Anthony, David. *The Horse, the Wheel, and Language: How Bronze-Age Riders from the Eurasian Steppes Shaped the Modern World.* Princeton, NJ: Princeton University Press, 2007.［デイヴィッド・W・アンソニー『馬・車輪・言語――文明はどこで誕生したのか』東郷えりか訳、筑摩書房、2018 年］

Anthony, David, and Dorcas Brown. "Horseback Riding and Bronze Age Pastoralism in the Eurasian Steppes." In *Reconfiguring the Silk Road,* edited by Victor Mair and Jane Hickman. Philadelphia, PA: University of Pennsylvania Press, for the Museum of Archaeology and Anthropology, 2014.

Chang, Will, et al. "Ancestry-Constrained Phylogenetic Analysis Supports the Indo-European Steppe Hypothesis." *Language* (January 2015).

Diamond, Jared. *Guns, Germs, and Steel: The Fates of Human Societies.* New York: W. W. Norton, 1999.［ジャレド・ダイアモンド『銃・病原菌・鉄』倉骨彰訳、草思社、2012 年］

Haak, Wolfgang, et al. "Massive Migration from the Steppe Is a Source for Indo-European Languages in Europe." *Nature* (June 2015).

Olsen, Sandra. "Early Horse Domestication on the Eurasian Steppe." *Documenting Domestication: New Genetic and Archaeological Paradigms* (2006): 245–69.

Outram, Alan K., et al. "The Earliest Horse Harnessing and Milking." *Science* (March 2009).

第 11 章　はじめて車輪を組みたてたのは誰？

Anthony, David. *The Horse, the Wheel, and Language: How Bronze-Age Riders from the Eurasian Steppes Shaped the Modern World.* Princeton, NJ: Princeton University Press, 2007.［デイヴィッド・W・アンソニー『馬・車輪・言語――文明はどこで誕生したのか』東郷えりか訳、筑摩書房、2018 年］

Anthony, David W., and Don Ringe. "The Indo-European Homeland from Linguistic and Archaeological Perspectives." *Annual Review of Linguistics* 1 (2015): 199–219.

Bouckaert, Remco, et al. "Mapping the Origins and Expansion of the Indo-European Language Family." *Science* (2012).

Callaway, Ewen. "Bronze Age Skeletons Were Earliest Plague Victims." *Nature* (October 2015).

Charnay, Désiré. *The Ancient Cities of the New World.* Cambridge, UK: Cambridge University Press, 2013.

Hassett, Janice, et al. "Sex Differences in Rhesus Monkey Toy Preferences Parallel Those of Children." *Hormones and Behavior* (August 2008): 359–64.

Yaccino, Steven. "For Its Latest Beer, a Craft Brewer Chooses an Unlikely Pairing: Archaeology." *New York Times,* June 17, 2013.

第9章　はじめて外科手術を行ったのは誰？

Albanèse, J., et al. "Decompressive Craniectomy for Severe Traumatic Brain Injury: Evaluation of the Effects at One Year." *Critical Care Medicine* (October 2003).

Alt, Kurt W., et al. "Evidence for Stone Age Cranial Surgery." *Nature* (June 1997).

Butterfield, Fox. "Historical Study of Homicide and Cities Surprises the Experts." *New York Times,* October 23, 1994.

Faria, Miguel A. "Neolithic Trepanation Decoded: A Unifying Hypothesis: Has the Mystery As to Why Primitive Surgeons Performed Cranial Surgery Been Solved?" *Surgical Neurology International* (May 2015).

Henshcen, Folke. *The Human Skull: A Cultural History.* Santa Barbara, CA: Praeger Publishers, 1965.

Hershkovitz, I. "Trephination: The Earliest Case in the Middle East." *Mitekufat Haeven: Journal of the Israel Prehistoric Society* (1987): 128–35.

Lv, Xianli, et al. "Prehistoric Skull Trepanation in China." *World Neurosurgery* (December 2013): 897–99.

Meyer, Christian, et al. "The Massacre Mass Grave of Schöneck-Kilianstädten Reveals New Insights into Collective Violence in Early Neolithic Central Europe." *PNAS* (September 2015): 11217–222.

Olalde, Iñigo, et al. "A Common Genetic Origin for Early Farmers from Mediterranean Cardial and Central European LBK Cultures." *Molecular Biology and Evolution* (December 2015): 3132–42.

Petrone, Pierpaolo, et al. "Early Medical Skull Surgery for Treatment of Post-Traumatic Osteomyelitis 5,000 Years Ago." *PloS One* (May 2015).

Prioreschi, Plinio. *A History of Medicine: Primitive and Ancient Medicine.* n.p.: Horatius Press, 2002.

Rudgley, Richard. *The Lost Civilizations of the Stone Age.* New York: Free Press, 1999.

Sigerist, Henry. *A History of Medicine Volume 1: Primitive and Archaic, vol. 1.* Oxford, UK: Oxford University Press, 1951.［ヘンリー・E・ジゲリスト『医学の歴史——医学の夜明けを尋ねて』大津章訳、三学出版、2009 年］

Verano, John. *Holes in the Head: The Art and Archaeology of Trepanation in Ancient Peru.* Cambridge, MA: Harvard University Press, 2016.

Watson, Traci. "Amazing Things We've Learned from 800 Ancient Skull Surgeries." *National Geographic,* June 30, 2016.

Current Opinion in Genetics & Development (December 2016) : 27–35.
Tamm, Erika, et al. "Beringian Standstill and Spread of Native American Founders." *PLoS ONE* (September 2007).

第８章　はじめてビールをつくったのは誰？

Bostwick, William. *The Brewer's Tale : A History of the World According to Beer.* New York : W. W. Norton, 2014.
Braidwood, Robert J., et al. "Did Man Once Live by Beer Alone ?" *American Anthropologist* 55, no. 4 (October 1953).
Gallone, Brigida, et al. "Domestication and Divergence of *Saccharomyces cerevisiae* Beer Yeasts." *Cell* (September 2016).
Hayden, Brian, et al. "What Was Brewing in the Natufian ? An Archaeological Assessment of Brewing Technology in the Epipaleolithic." *Journal of Archaeological Method and Theory* (March 2013).
Hobhouse, Henry. *Seeds of Change : Six Plants That Transformed Mankind.* Los Angeles, CA : Counterpoint, 2005. ［ヘンリー・ホブハウス『歴史を変えた種——人間の歴史を創った５つの植物』阿部三樹夫／森仁史訳、パーソナルメディア、1987 年］
Katz, Solomon, and Mary Voigt. "Bread and Beer : The Early Use of Cereals in the Human Diet." *Expeditions* 28, no. 2 (1986) : 23–35.
Legras, J. L., et al. "Bread, Beer and Wine : *Saccharomyces cerevisiae* Diversity Reflects Human History." *Molecular Ecology* (May 2007).
Moore, A. M. T., et al. "The Excavation of Tell Abu Hureyra in Syria : A Preliminary Report." *Proceedings of the Prehistoric Society* (1975).
National Geographic. "What the World Eats." National Geographic website, April 2019. https://www.nationalgeographic.com/what-the-world-eats.
Paulette, Tate, and Michael Fisher. "Potent Potables of the Past : Beer and Brewing in Mesopotamia." *Ancient Near East Today* 5, no. 4 (April 2017).
Rodger, N. A. M. *The Command of the Ocean : A Naval History of Britain 1649–1815.* New York : Penguin Books, 2006.
Smalley, John, and Michael Blake. "Sweet Beginnings : Stalk Sugar and the Domestication of Maize." *Current Anthropology* (December 2003).
Standage, Tom. *A History of the World in 6 Glasses.* New York : Bloomsbury, 2005. ［トム・スタンデージ『歴史を変えた６つの飲物——ビール、ワイン、蒸留酒、コーヒー、茶、コーラが語るもうひとつの世界史』新井崇嗣訳、楽工社、2017 年］

https://www.bradshawfoundation.com/chauvet/2nd-visit.php

Théry-Parisot, Isabelle, et al. "Illuminating the Cave, Drawing in Black: Wood Charcoal Analysis at Chauvet-Pont d'Arc." *Antiquity* (April 2018).

Thurman, Judith. "First Impressions," *New Yorker,* June 23, 2008.

第７章　はじめてアメリカ大陸を見つけたのは誰？

Abbott, Alison. "Mexican Skeleton Gives Clue to American Ancestry." *Nature* (May 2014).

Bourgeon, Lauriane, et al. "Earliest Human Presence in North America Dated to the Last Glacial Maximum: New Radiocarbon Dates from Bluefish Caves, Canada." *PLoS One* (January 2017).

Cinq-Mars, Jacques, and Richard E. Morlan. "Bluefish Caves and Old Crow Basin: A New Rapport." *In Ice Age Peoples of North America. Environments, Origins, and Adaptations of the First Americans,* edited by Robson Bonnichsen and Karen L. Turnmire. College Station, TX: Texas A&M University Press, Center for the Study of the First Americans, 1999.

Erlandson, Jon, et al. "The Kelp Highway Hypothesis: Marine Ecology, the Coastal Migration Theory, and the Peopling of the Americas." *Journal of Island and Coastal Archaeology* (October 2007).

Fagundes, Nelson, et.al., "How Strong Was the Bottleneck Associated to the Peopling of the Americas? New Insights from Multilocus Sequence Data." *Genetics and Molecular Biology* 41 (2018): 206–14.

Goebel, Ted. "The Archaeology of Ushki Lake, Kamchatka, and the Pleistocene Peopling of the Americas." *Science* (2003).

Graf, Kelly E., Caroline V. Ketron, and Michael R. Waters. *Paleoamerican Odyssey.* College Station, TX: Texas A&M University Press, 2014.

Lesnek, Alia, et al. "Deglaciation of the Pacific Coastal Corridor Directly Preceded the Human Colonization of the Americas." *Science Advances* (May 2018).

Potter, Ben A. "A Terminal Pleistocene Child Cremation and Residential Structure from Eastern Beringia." *Science* (February 2011).

Pringle, Heather. "Welcome to Beringia." *Science* (February 28, 2014).

Ruhlen, Merritt. *The Origin of Language: Tracing the Evolution of the Mother Tongue.* New York: John Wiley, 1996.

Sikora, Martine, et al. "Ancient Genomes Show Social and Reproductive Behavior of Early Upper Paleolithic Foragers." *Science* (November 2017).

Skoglund, Pontus, and David Reich. "A Genomic View of the Peopling of the Americas."

ラ・クローバー『イシ——北米最後の野生インディアン』行方昭夫訳、岩波書店、2003 年]

Lombard, Marlize. "Indications of Bow and Stone-Tipped Arrow Use 64,000 Years Ago in KwaZulu-Natal, South Africa." *Antiquity* (September 2010).

Lombard, Marlize, and Miriam Noël Haidle. "Thinking a Bow-and-Arrow Set: Cognitive Implications of Middle Stone Age Bow and Stone-Tipped Arrow Technology." *Cambridge Archaeological Journal* (June 2012).

Sisk, Matthew, and John Shea. "Experimental Use and Quantitative Performance Analysis of Triangular Flakes (Levallois Points) Used As Arrowheads." *Journal of Archaeological Science* (September 2009).

Wadley, Lyn, et al. "Traditional Glue, Adhesive and Poison Used for Composite Weapons by Ju/'hoan San in Nyae Nyae, Namibia. Implications for the Evolution of Hunting Equipment in Prehistory." *PLoS ONE* (October 2015).

Yu, Pei-lin. "From Atlatl to Bow and Arrow: Implicating Projectile Technology in Changing Systems of Hunter-Gatherer Mobility." In *Archaeology and Ethnoarchaeology of Mobility,* edited by Pei-lin Yu. Gainesville, FL: University of Florida Press, 2006.

第6章　はじめて名画を描いたのは誰？

Cave of Forgotten Dreams. DVD. Directed by Werner Herzog. Orland Park, IL: MPI Media Group, 2011.

Chauvet, Jean-Marie, Eliette Brunel Deschamps, and Christian Hillaire. *Dawn of Art: The Chauvet Cave.* New York: Harry N. Adams, 1996.

Clottes, Jean. *Cave Art.* New York: Phaidon Press, 2010.

Conard, Nicholas. "New Flutes Document the Earliest Musical Tradition in Southwestern Germany." *Nature* (August 2009).

Curtis, Gregory. *The Cave Painters: Probing the Mysteries of the World's Prehistoric Artists.* New York: Random House, 2008.

Franses, P. H. "When Do Painters Make Their Best Work?" *Creativity Research Journal* (2013): 457–62.

Fu, Qiaomei, et al. "The Genetic History of Ice Age Europe." *Nature* (June 9, 2016).

Lotzof, Kerry. "Cheddar Man: Mesolithic Britain's Blue-Eyed Boy." Natural History Museum website, February 7, 2018, updated April 18, 2018. https://www.nhm.ac.uk/discover/cheddar-man-mesolithic-britain-blue-eyed-boy.html.

McAuliffe, Kathleen. "If Modern Humans Are So Smart, Why Are Our Brains Shrinking?" *Discover* (September 2010).

Robinson, John. "Return to the Chauvet Cave." Bradshaw Foundation website, 2001.

版」か』山下篤子訳、日本放送出版協会、2004年]

Rodgers, Alan, et al. "Genetic Variation at the MC1R Locus and the Time since Loss of Human Body Hair." *Current Anthropology* (2004).

Ruddiman, William. *Earth's Climate: Past and Future.* New York: W. H. Freeman, 2003.

St. Clair, Kassia. *The Golden Thread: How Fabric Changed History.* London: John Murray, 2018.

Toups, Melissa, et al. "Origin of Clothing Lice Indicates Early Clothing Use by Anatomically Modern Humans in Africa." *Molecular Biology and Evolution* (January 2011).

Wales, Nathan. "Modeling Neanderthal Clothing Using Ethnographic Analogues." *Journal of Human Evolution* (December 2012).

Zinsser, Hans. *Rats, Lice and History.* Boston, MA: Little, Brown and Company, 1934. [ハンス・ジンサー『ネズミ・シラミ・文明』橋本雅一訳、みすず書房、1984年]

第5章　はじめて弓で矢を放ったのは誰？

Alexander, Gerianne, and Melissa Hines. "Sex Differences in Response to Children's Toys in Nonhuman Primates *(Cercopithecus aethiops sabaeus).*" *Evolution and Human Behavior* (November 2002): 464–79.

Backwell, Lucinda, et al. "The Antiquity of Bow-and-Arrow Technology: Evidence from Middle Stone Age Layers at Sibudu Cave." *Antiquity* (April 2018).

Churchill, Steven. "Weapon Technology, Prey Size Selection, and Hunting Methods in Modern Hunter-Gatherers: Implications for Hunting in the Palaeolithic and Mesolithic." *Archaeological Papers of the American Anthropological Association* (January 1993).

Churchill, Steven, et al. "Shanidar 3 Neandertal Rib Puncture Wound and Paleolithic Weaponry." *Journal of Human Evolution* (August 2009).

Farmer, Malcolm. "The Origins of Weapon Systems." *Current Anthropology* (December 1994).

Kennett, Douglas. "Sociopolitical Effects of Bow and Arrow Technology in Prehistoric Coastal California." *Evolutionary Anthropology Issues News and Reviews* (May 2013).

Kratschmer, Alexandra Regina, et al. "Bow-and-Arrow Technology: Mapping Human Cognition and Perhaps Language Evolution." *The Evolution of Language: The Proceedings of the 10th International Conference.* 2014.

Kroeber, Theodora. *Ishi in Two Worlds: A Biography of the Last Wild Indian in North America.* Berkeley and Los Angeles: University of California Press, 1961. [シオドー

Minimum Weight for Height Necessary for Their Maintenance or Onset." *Science* (October 1974).

Kelly, Robert L. *The Lifeways of Hunter Gatherers: The Foraging Spectrum.* Cambridge, UK: Cambridge University Press, 2013.

Klein, Richard, with Blake Edgar. *The Dawn of Human Culture.* New York: John Wiley, 2002. ［リチャード・G・クライン，ブレイク・エドガー『5万年前に人類に何が起きたか？——意識のビッグバン』鈴木淑美訳、新書館、2004年］

Lee, Richard Borshay. *The !Kung San: Men, Women, and Work in a Foraging Society.* Cambridge, UK: Cambridge University Press, 1979.

Marean, Curtis, et al. "Early Human Use of Marine Resources and Pigment in South Africa During the Middle Pleistocene." *Nature* (October 2007).

National Cancer Institute. "Age and Cancer Risk." Cancer.gov. April 2015.

Shea, John. "The Middle Paleolithic of the East Mediterranean Levant." *Journal of World Prehistory* (January 2003).

Trinkaus, Erik, et al. "Anatomical Evidence for the Antiquity of Human Footwear Use." *Journal of Archaeological Science* (August 2005).

第４章　はじめて衣服を身につけたのは誰？

Brown, Donald E. *Human Universals.* New York: McGraw-Hill Humanities/Social Sciences/Languages, 1991. ［ドナルド・E・ブラウン『ヒューマン・ユニヴァーサルズ——文化相対主義から普遍性の認識へ』鈴木光太郎／中村潔訳、新曜社、2002年］

deMenocal, Peter, and Chris Stringer. "Climate and the Peopling of the World." *Nature* (October 2016).

Gilligan, Ian. "The Prehistoric Development of Clothing: Archaeological Implications of a Thermal Model." *Journal of Archaeological Method and Theory* (January 2010).

Hayden, Brian. "Practical and Prestige Technologies: The Evolution of Material Systems." *Journal of Archaeological Method and Theory* (March 1998).

Hogenboom, Melissa. "We Did Not Invent Clothes Simply to Stay Warm." BBC Earth. September 19, 2016.

Kittler, Ralf, Manfred Kayser, and Mark Stoneking. "Molecular Evolution of Pediculus Humanus and the Origin of Clothing." *Current Biology* (August 2003).

Papagianni, Dimitra, and Michael A. Morse. *The Neanderthals Rediscovered: How Modern Science Is Rewriting Their Story.* New York: Thames & Hudson, 2013.

Pinker, Steven. *The Blank Slate: The Modern Denial of Human Nature.* New York: Penguin, 2003. ［スティーブン・ピンカー『人間の本性を考える——心は「空白の石

第2章　はじめて火を起こしたのは誰？

Aiello, Leslie, and Peter Wheeler. “The Expensive-Tissue Hypothesis.” *Current Anthropology* (April 1995).

“Bonobo Builds a Fire and Toasts a Marshmallow.” *Monkey Planet,* BBC One. 2014.

Bramble, Dennis, and Daniel Lieberman. “Endurance Running and the Evolution of Homo.” *Nature* (November 2004).

Carmody, Rachel N., and Richard W. Wrangham. “The Energetic Significance of Cooking.” *Journal of Human Evolution* (2009).

Hoberg, E. P., et al. “Out of Africa : Origins of the Taenia Tapeworms in Humans.” *Proceedings of the Royal Society Biological Sciences* (April 2001).

McGee, Harold. *On Food and Cooking : The Science and Lore of the Kitchen.* New York : Scribner, 1984. ［Harold McGee『マギーキッチンサイエンス――食材から食卓まで』香西みどり監修、北山薫／北山雅彦訳、共立出版、2008 年］

Plavcan, J. Michael. “Body Size, Size Variation, and Sexual Size Dimorphism in Early Homo.” *Current Anthropology* (December 2012).

Pruetz, Jill D., and Nicole M. Herzog. “Savanna Chimpanzees at Fongoli, Senegal, Navigate a Fire Landscape.” *Current Anthropology* (August 2017).

Raffaele, Paul. “Speaking Bonobo.” *Smithsonian Magazine,* November 2006.

Salzberg, Hugh. *From Caveman to Chemist : Circumstances and Achievements.* Washington, DC : American Chemical Society, 1991.

Sorensen, A. C. et al. “Neanderthal Fire-Making Technology Inferred from Microwear Analysis.” *Scientific Reports* (July 2018).

Theunissen, Bert. “Eugène Dubois and the Ape-Man from Java.” Dordrecht, The Netherlands : Kluwer Academic Publishers Group, 1988.

Wade, Nicholas. *Before the Dawn : Recovering the Lost History of Our Ancestors.* New York : Penguin Press, 2006. ［ニコラス・ウェイド『5 万年前――このとき人類の壮大な旅が始まった』安田喜憲監修、沼尻由起子訳、イースト・プレス、2007 年］

Wrangham, Richard. *Catching Fire : How Cooking Made Us Human.* New York : Basic Books, 2009. ［リチャード・ランガム『火の賜物――ヒトは料理で進化した』依田卓巳、NTT 出版、2010 年］

第3章　はじめてカキを食べたのは誰？

Caspari, Rachel, and Sang-Hee Lee. “Older Age Becomes Common Late in Human Evolution.” *Proceedings of the National Academy of Sciences* (July 2004).

Frisch, Rose, and Janet McArthur. “Menstrual Cycles : Fatness as a Determinant of

参考文献

第１章　はじめて何かを発明したのは誰？

Byrne, Richard. *The Manual Skills and Cognition That Lie Behind Hominid Tool Use.* Cambridge, UK: Cambridge University Press, 2004.

Currier, Richard. *Unbound: How Eight Technologies Made Us Human and Brought Our World to the Brink.* New York: Arcade Publishing, 2015.

DeSilva, Jeremy M. “A Shift Toward Birthing Relatively Large Infants Early in Human Evolution.” *Proceedings of the National Academy of Sciences* (January 2011).

Falk, Dean. “Prelinguistic Evolution in Early Hominins: Whence Motherese?” *Behavioral and Brain Sciences* (August 2004).

Goodall, Jane. *The Chimpanzees of Gombe: Patterns of Behavior.* Cambridge, MA: Harvard University Press, 1986.［ジェーン・グドール『野生チンパンジーの世界』杉山幸丸／松沢哲郎訳、ミネルヴァ書房、2017年］

Henrich, Joe. *The Secret of Our Success: How Culture Is Driving Human Evolution, Domesticating Our Species, and Making Us Smarter.* Princeton, NJ: Princeton University Press, 2015.［ジョセフ・ヘンリック『文化がヒトを進化させた――人類の繁栄と〈文化－遺伝子革命〉』今西康子訳、白揚社、2019年］

Rosenberg, Karen, et al. “Did Australopithecines (or Early Homo) Sling?” *Behavioral and Brain Sciences* (August 2004).

Stringer, Chris. *Lone Survivors: How We Came to Be the Only Humans on Earth.* New York: Times Books, 2012.

Scheffler, Cara-Wall, et al. “Infant Carrying: The Role of Increased Locomotory Costs in Early Tool Development.” *American Journal of Physical Anthropology* (June 2007).

Taylor, Timothy. *The Artificial Ape: How Technology Changed the Course of Human Evolution.* New York: St. Martin’s Press, 2010.

Walter, Chip. *The Last Ape Standing: The Seven-Million-Year Story of How and Why We Survived.* New York: Bloomsbury, 2013.［チップ・ウォルター『人類進化700万年の物語――私たちだけがなぜ生き残れたのか』長野敬／赤松眞紀訳、青土社、2014年］

Wong, Kate. “Why Humans Give Birth to Helpless Babies.” *Scientific American,* August 28, 2012.

コーディー・キャシディー（Cody Cassidy）

サンフランシスコを拠点とするライター。インターネットニュースサイト「Zimbio.com」のスポーツ担当編集者や、スタンフォード大学スポーツチーム担当のスポーツ記者、『コーチ』誌ライターの経歴をもつ。『WIRED』に寄稿。著書に『とんでもない死に方の科学』（ポール・ドハティーと共著、梶山あゆみ訳、河出書房新社）。

梶山あゆみ（かじやま・あゆみ）

翻訳家。東京都立大学人文学部英文科卒業。訳書に、チップ・ウォルター『この6つのおかげでヒトは進化した』（早川書房）、ユヴァル・ノア・ハラリ他『漫画　サピエンス全史　文明の正体編』（河出書房新社）、デビッド・A・シンクレア／マシュー・D・ラプラント『LIFESPAN』（東洋経済新報社）など多数。

人類《じんるい》の歴史《れきし》をつくった17の大発見《だいはっけん》
——先史時代《せんしじだい》の名《な》もなき天才《てんさい》たち

2021年11月20日　初版印刷
2021年11月30日　初版発行

著　者　コーディー・キャシディー
訳　者　梶山あゆみ
装　画　中島ミドリ
装　幀　木庭貴信（オクターヴ）
発行者　小野寺優
発行所　株式会社河出書房新社
〒151-0051　東京都渋谷区千駄ヶ谷2-32-2
電話03-3404-1201［営業］　03-3404-8611［編集］
https://www.kawade.co.jp/
印　刷　株式会社亨有堂印刷所
製　本　小泉製本株式会社
Printed in Japan
ISBN978-4-309-22837-2

とんでもない死に方の科学

コーディー・キャシディー
ポール・ドハティー
梶山あゆみ訳

もし生きたまま埋葬されたら？
もし隕石が当たったら？
もしエレベーターのケーブルが切れたら？
もし無数の蚊に刺されつづけたら？
もしクジラに飲みこまれたら？
そのとき、あなたは具体的にどう死ぬのか——。

45の「とんでもない死に方のシナリオ」を
あらゆる科学知識で考察する、
不謹慎で大マジメな思考実験エンターテインメント！

河出文庫